KB094838

독자의 **1초**를 아껴주는 정성!

세상이 아무리 바쁘게 돌아가더라도
책까지 아무렇게나 빨리 만들 수는 없습니다.
인스턴트 식품 같은 책보다는
오래 익힌 술이나 장맛이 밴 책을 만들고 싶습니다.

길벗이지톡은 독자여러분이
우리를 믿는다고 할 때 가장 행복합니다.
나를 아껴주는 어학도서,
길벗이지톡의 책을 만나보십시오.

독자의 1초를 아껴주는
정성을 만나보십시오.

미리 책을 읽고 따라해본 2만 베타테스터 여러분과
무따기 체험단, 길벗스쿨 엄마 2% 기획단,
시나공 평가단, 토익 배틀, 대학생 기자단까지!
믿을 수 있는 책을 함께 만들어주신 독자 여러분께 감사드립니다.

홈페이지의 '독자마당'에 오시면
책을 함께 만들 수 있습니다.

(주)도서출판 길벗   www.gilbut.co.kr
길벗 이지톡   www.eztok.co.kr
길벗 스쿨   www.gilbutschool.co.kr

日本語マスター1000

일 본 어 마 스 터 1 0 0 0

오현숙 지음

길벗
이지:톡

일본어 마스터 1000
Japanese master 1000

초판 발행 · 2016년 3월 10일
초판 6쇄 발행 · 2022년 10월 25일

지은이 · 오현숙
발행인 · 이종원
발행처 · (주)도서출판 길벗
브랜드 · 길벗이지톡
출판사 등록일 · 1990년 12월 24일
주소 · 서울시 마포구 월드컵로 10길 56(서교동)
대표 전화 · 02)332-0931 | **팩스** · 02)323-0586
홈페이지 · www.gilbut.co.kr | **이메일** · eztok@gilbut.co.kr

기획 및 책임 편집 · 오윤희(tahiti01@gilbut.co.kr) | **디자인** · 신세진 | **제작** · 이준호, 손일순, 이진혁
마케팅 · 이수미, 장봉석, 최소영 | **영업관리** · 심선숙 | **독자지원** · 윤정아, 최희창

편집진행 및 교정 · 강미정 | **전산편집** · 강미정
CTP 출력 · 예림인쇄 | **인쇄** · 예림인쇄 | **제본** · 예림바인딩

ISBN 979-11-5924-008-9 03730
(길벗 도서번호 300526)

이 도서의 국립중앙도서관 출판시도서목록(CIP)은 서지정보유통지원시스템 홈페이지(http://seoji.nl.go.kr)와 국가자료공동목록시스템
(http://www.nl.go.kr/kolisnet)에서 이용하실 수 있습니다. (CIP제어번호: CIP2015034744)

정가 15,000원

독자의 1초까지 아껴주는 정성 길벗출판사
(주)도서출판 길벗 | IT교육서, IT단행본, 경제경영서, 어학&실용서, 인문교양서, 자녀교육서 www.gilbut.co.kr
길벗스쿨 | 국어학습, 수학학습, 어린이교양, 주니어 어학학습, 학습단행본 www.gilbutschool.co.kr

페이스북 · www.facebook.com/gilbuteztok
네이버 포스트 · http://post.naver.com/gilbuteztok
유튜브 · https://www.youtube.com/gilbuteztok

일본어, 이제 중고급을 공략하라!

일본어 좀 하십니까?

일본어는 우리말과 어순이 같고 비슷한 한자어가 많아서 쉽게 접근할 수 있는 언어입니다. 한국인들 사이에서는 '일본어는 쉽다!'라는 인식이 있죠. 덕분에 일본어를 쉽게 시작할 수 있다는 장점이 있습니다. 하지만 일본어를 배우고 6개월 정도 지나면 일본어가 한국어와 비슷하다는 점이 도리어 단점으로 작용하기도 합니다. '일본어는 외국어'임에도 불구하고 한국식으로 생각하고 단순히 단어만 일본어로 바꾸면 된다고 생각하기 때문이죠. 일본 특유의 표현법을 고려하지 않고 지극히 한국어스러운 일본어를 구사하면 JLPT 합격증이 있고, JPT 고득점자라도 실제 일본어는 '초급' 수준으로 보일 수밖에 없습니다.

일본어 좀 하시는 여러분의 진짜 일본어 실력은 어떻습니까?

1000문제로 네이티브처럼 말하고 쓰는 방법을 익힌다!

초급을 탈피해서 중고급 일본어를 구사하고 싶다면 네이티브처럼 말하고 쓰는 방법을 익혀야 합니다. 한국인의 한계를 뛰어넘어 네이티브처럼 생각하고 표현해야 하는 거죠. 이 책은 중고급 일본어를 목표로 하는 학습자들이 자주 틀리거나 헷갈려하는 어휘, 표현, 문법, 뉘앙스 등을 1000개의 문제를 풀면서 익힐 수 있도록 구성되었습니다. 문제만 풀어도 자연스럽게 네이티브 표현 감각과 언어 습관을 머릿속에 익힐 수 있죠. 이 1000문제는 입문, 프리토킹, 영상 일본어, JPT, 일본 사회문화, 번역 등 20년 간 다양한 분야의 강의를 하면서 축적한 경험을 토대로, 한국인 일본어 학습자에게 꼭 필요한 문제들만 엄선했습니다. 특히 통번역 수업, 일본어 작문 수업에서 전공자들이 흔히 실수하고 많이 틀리는 문제 위주로 뽑았기 때문에 나름 일본어 실력자라고 자부하는 분들도 1000문제가 만만하지는 않을 겁니다. 생각지도 못한 곳에 복병이 숨어 있을 수 있으니까요.

이번 기회에 자신의 일본어를 제대로 점검해 보세요! 한 단계 도약한 일본어 실력이 여러분을 기다리고 있을 겁니다.

오현숙

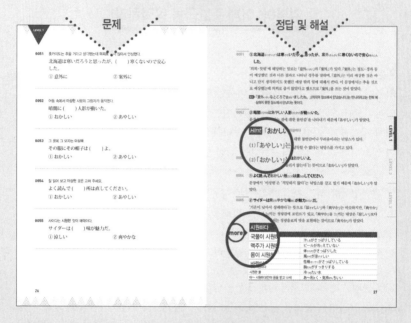

구성

문제 .... **정답 및 해설**

문제는 0001~1000번까지 이어서 왼쪽 페이지에
배열하였습니다.

▶ 난이도에 따라 Level 1~3으로 나누어, Level 1
300문제, Level 2 300문제, Level 3 400문제
로 총 1000문제입니다.

▶ 중요 문법이나 표현은 변형 문제를 이어서 배치
하거나, 유형을 바꿔 넣어 문제를 반복해 풀면
서 확실하게 자신의 것으로 만들 수 있습니다.

문제를 풀고 오른쪽 페이지에서 바로 정답과 해
설을 확인할 수 있습니다.

Hint 문제의 핵심 용법·문법·어휘 등을 비교
설명하여 학습자의 이해를 도왔습니다.

more 각종 시험에 많이 출제되는 관용구를 비롯
하여 잘못 쓰기 쉬운 용어·표현 등 유용
한 정보를 실었습니다.

부록 **일본어 지식 족보** : 중급, 고급 문법을 위주로 주요 학습 팁을 정리했습니다.
INDEX : 정답 및 해설의 Hint 코너와 more에 제시된 학습 정보를 쉽게 찾아볼 수 있도록 한글 자음 순
과 かな 순으로 정리했습니다.

**일러
두기** 요미가나는 '정답 및 해설' 페이지에만 넣었으며, 반복 사용되거나 초급 수준 어휘의 요미가나는 가독성
을 위해 생략하기도 했습니다.
참고 참고 | **동** 동의어 | **반** 반의어

각 레벨에 따라 양자택일, 사지선다, 괄호 쓰기 등 다양한 형식의 문제를 제시하여 JPT, JLPT, EJU 등의 시험에도 대비할 수 있도록 하였습니다.

공인 일본어 시험과 레벨 비교	Level 1 초중급	Level 2 중급	Level 3 고급
JLPT	N3~N4 수준	N2 수준	N1 수준
JPT	600점대 수준	600~800점 수준	800점 이상 수준

LEVEL 1

양자택일 100문제

사지선다 100문제

괄호 쓰기 100문제

0001 겨울 방학에 친척이 있는 일본에 간다.

冬休みに親戚の(　　　)日本へ行く。

① ある　　　　　　　　　　② いる

0002 길에 개가 있어서 무서웠다.

道に犬が(　　　)、こわかった。

① あって　　　　　　　　　　② いて

0003 나는 돈이 있으면 있는 대로 써버린다.

私はお金が(　　　)使ってしまう。

① あればあるだけ　　　　　② いればいるだけ

0004 이것이 좋다고 생각합니다.

これが(　　　)と思います。

① いい　　　　　　　　　　② いいだ

0005 요즘 자주 보네요.

最近よく(　　　)。

① 見ますね　　　　　　　　② 会いますね

0001 ② **冬休**ふゆやす**みに親戚**しんせき**のいる日本**にほん**へ行**い**く。**

사람의 존재를 나타내므로 「いる」를 써야 한다.

Hint 「いる/ある」 있다

「いる」는 능동적 존재(자신의 능력・의지・책임에 의해서 존재하는 것)를 나타내고, 「ある」는 사물의 수동적 존재(다른 것에 의한 작용의 결과이거나 본래부터 존재하는 것)를 나타낸다. 그러므로 보통 「いる」는 사람이나 동물처럼 자신의 의지로 움직인다고 인정되는 경우에 쓰고, 「ある」는 물건・식물 등 자기 의지로 움직인다고 인정할 수 없는 경우에 쓴다. 생물일 경우라도 다음과 같은 경우는 「ある」를 사용한다.

(1) '소유'를 나타낼 때

⑨ 山田やまださんには子供こどもが三人さんにんあります。

야마다 씨에게는 아이가 셋 있습니다.

(2) 생선 가게의 벽보 등에서 상품화하여 말할 때

⑨ うなぎあります。 장어 있습니다.

(3) 옛날이야기처럼 인격이나 생활성을 고려하지 않고 객관적이고 추상적으로 존재를 파악할 때

⑨ むかしむかし、あるところにおじいさんとおばあさんがありました。

옛날 옛적에 어떤 곳에 할아버지와 할머니가 있었습니다.

0002 ② **道**みち**に犬**いぬ**がいて、こわかった。**

동물의 존재를 나타내므로 「いる」를 써야 한다.

0003 ① **私**わたし**はお金**かね**があればあるだけ使**つか**ってしまう。**

사물이 존재하는 것이므로 「ある」가 알맞다. 「ある」의 부정은 「ない」이다.

0004 ① **これがいいと思**おも**います。**

우리말의 형용사는 '~다'로 끝나기 때문에 모어 간섭이 일어나는 경우가 있다. 이 경우 「～いだと思う」를 쓰면 안 된다는 점에 주의해야 한다.

0005 ② **最近**さいきん**よく会**あ**いますね。**

우리말의 '보다'에는 '보다'의 뜻 외에 '만나다'의 뜻도 있지만, 일본어의 「見みる」에는 '만나다'의 뜻은 없다. 이 문장에서 '보네요'는 '만나네요'의 뜻이므로 「会あう」를 써야 한다.

0006 오늘은 머리가 아파서 빨리 집으로 왔다.

今日は頭が痛くてはやく家に（　　　）。

① 来た　　　　　　　　　　② 帰った

0007 비는 내리는데 우산이 없었습니다.

雨は（　　　）のに、傘がなかったのです。

① 降りる　　　　　　　　　② 降る

0008 차가 많이 다니는 길이니까 조심하세요.

車がたくさん（　　　）道だから、気をつけてください。

① 通う　　　　　　　　　　② 通る

0009 더워서 공부가 잘되지 않습니다.

暑くて勉強がよく（　　　）。

① なりません　　　　　　　② できません

0010 밥이 다 되어서 아이들을 불렀다.

ご飯が（　　　）ので、子供たちを呼んだ。

① なった　　　　　　　　　② できた

0011 어제 친구와 만나서 극장에서 영화를 보았다.

きのう、友だちに会って（　　　）で映画を見た。

① 劇場　　　　　　　　　　② 映画館

0006 ② 今日_{きょう}は頭_{あたま}が痛_{いた}くてはやく家_{いえ}に帰_{かえ}つた。

「くる」는 '저쪽에서 이쪽으로 다가오다'의 뜻이고, 「かえる」는 '사람이 도로 제자리로 가다, 돌아가야 할 곳으로 가다'의 뜻으로 쓴다. 따라서 이 문장에서 '집에 오다'는 '본래의 자리로 돌아오다(돌아가다)'의 뜻이므로 「帰_{かえ}る」를 써야 한다.

0007 ② 雨_{あめ}は降_ふるのに、傘_{かさ}がなかったのです。

하늘에서 눈·비·우박 등이 내리는 것은 「降_ふる」를 쓴다. 「降_おりる」는 탈것에서 내릴 때 쓴다.

0008 ② 車_{くるま}がたくさん通_{とお}る道_{みち}だから、気_きをつけてください。

문장에서 '다니다'는 '지나가다·통과하다'의 뜻이므로 「通る」를 써야 한다. 「通_{かよ}う」는 '사람이 왕래하다·출입하다·다니다'의 뜻으로 쓴다.

0009 ② 暑_{あつ}くて勉強_{べんきょう}がよくできません。

「なる」와 「できる」는 모두 '되다'라고 번역되지만, 「なる」는 어떤 상태에서 다른 상태로 변화하는 것을 말한다. 그러나 이 문장처럼 '어떤 행위를 할 수 있다·가능하다' 등으로 쓸 때는 「できる」가 알맞다.

0010 ② ご飯_{はん}ができたので、子供_{こども}たちを呼_よんだ。

문장에서 '되다'는 '완성되다'의 뜻이므로 「できる」가 알맞다.

0011 ② きのう、友_{とも}だちに会_あって映画館_{えいがかん}で映画_{えいが}を見_みた。

「劇場_{げきじょう}」는 연극이나 음악회, 무용 발표회 등을 할 수 있는 무대와 시설이 갖추어진 회관을 뜻하고, 영화를 상영하는 곳은 「映画館」이라고 한다.

「黒」가 들어가는 관용구	
クロ	'범인이라고 단정하는 것, 범죄 용의가 강한 것'을 나타내는 말. ↔シロ
黒星_{くろぼし}	'패배'를 나타내는 말. ↔白星_{しろぼし}(성공, 공훈)
黒幕_{くろまく}	표면에는 나오지 않지만, 안에서 여러 가지로 조종하고 있는 거물·막후 인물
黒山_{くろやま}	사람들이 무리 지어 모여 있는 모습

0012 기린은 긴 목을 늘려서 높은 곳에 있는 나무의 잎을 먹습니다.

キリンは長い (　　　) を伸ばして高い所にある木の葉を食べます。

① 喉　　　　　　　　　　　② 首

0013 그는 목을 매서 자살했다.

彼は (　　　) をつって自殺した。

① 喉　　　　　　　　　　　② 首

0014 생선 가시가 목에 걸렸다.

魚の骨が (　　　) にささった。

① 喉　　　　　　　　　　　② 首

0015 슬퍼서 밥이 목(구멍)으로 넘어가지 않는다.

悲しくて飯が (　　　) を通らない。

① 喉　　　　　　　　　　　② 首

0016 이 옷 저한테는 너무 작아서 입지 못하겠습니다.

この服、私には (　　　) すぎて着られません。

① 小さい　　　　　　　　　② 小さ

0017 아이들은 싸워도 금방 화해한다.

子供たちはけんかしてもすぐ (　　　) する。

① 仲直り　　　　　　　　　② 和解

0012　②キリンは長ながい首くびを伸のばして高たかい所ところにある木きの葉はを食たべます。

文장에서는 몸체 중에서 목 부분을 나타내는 것이므로「首」를 써야 한다.

참고 해고하다(목을 자르다)：首くびをする

Hint 「喉のど/首くび」목

(1)「喉」는 목구멍・목소리・목청 등의 뜻

(2)「首」는 머리와 몸체를 잇는 목・머리의 뜻

0013　②彼は首くびをつって自殺じさつした。

문장에서 '목'은 '머리'의 뜻이기 때문에「首」를 써야 한다.

0014　①魚さかなの骨ほねが喉のどにささった。

문장에서 '목'은 '목구멍'을 뜻하므로「喉」가 알맞다.

참고 목캔디：喉飴のどあめ

0015　①悲かなしくて飯めしが喉のどを通とおらない。

문장에시 '목'은 '목구멍'을 뜻하므로「喉」가 알맞다.

0016　②この服ふく、私わたしには小ちいさすぎて着きられません。

'너무 ~하다'는「동사・형용사의 ます형 + すぎる」의 형태가 돼야 하므로「小ちいさ」가 알맞다.

0017　①子供こどもたちはけんかしてもすぐ仲直なかなおりする。

문장은 아이들끼리의 다툼을 나타내므로「仲直り」가 알맞다.

Hint 「仲直なかなおり/和解わかい」화해

(1)「仲直り」는 일상생활의 사소한 일에 대해서 쓰고, 어른뿐만 아니라 아이들의 싸움에도 사용된다.

(2)「和解」는「仲直り」보다도 정식적인 것으로 부부・친구・어른들 사이에서는 쓰이지만, 아이들의 싸움에 대해 쓰면 이상한 문장이 된다. 또한 사소한 부부싸움 정도에 써도 과장된 느낌을 준다.

(3) 법률 다툼으로까지 번진 분쟁, 특히 단체 간의 싸움 등에는「仲直り」가 아니라「和解」만 쓴다.

0018 이 옷은 작년에 산 것입니다.

この服は（　　　）買ったものです。

① 去年 ② 去年に

0019 옛날 옛적에 어떤 곳에 할아버지 할머니가 살고 있었습니다.

（　　　）、ある所におじいさんとおばあさんがありました。

① 昔々 ② 昔々に

0020 이번에 옆집에 이사 온 사사키입니다. 잘 부탁합니다.

（　　　）となりに引っ越してきた佐々木です。どうぞよろしく。

① 今度 ② 今度に

0021 아버지는 다음 달에 돌아옵니다.

父は（　　　）帰ってきます。

① 来月 ② 来月に

0022 아침에는 빵을 먹습니다.

（　　　）はパンを食べます。

① 朝 ② 朝に

0018　① この服ふくは去年きょねん買かったものです。

'작년에'를 표현할 때는「に」를 붙이지 않기 때문에「去年」이 알맞다.

Hint 시간 표현 +「に」

시간을 표현할 때는「に」를 붙여 쓰는 것, 붙이지 않는 것, 양쪽 다 괜찮은 것이 있다는 사실에 주의해서 사용해야 한다.

(1)「に」를 붙이지 않는 것: 이야기의 현재와 관계를 나타내는 것

今日きょう	明日あした・あさって	昨日きのう	おととい
本日ほんじつ	今晩こんばん	今いま	今度こんど
さっき	いつ	いつも	去年きょねん
来週らいしゅう	昔むかし	先週せんしゅう	今月こんげつ
今朝けさ	毎日まいにち	毎月まいつき	毎年まいとし
朝あさ	一日中いちにちじゅう	一年中いちねんじゅう	一週間いっしゅうかん
六日間むいかかん	長ながい間あいだ		

(2)「に」를 붙이는 것: 시간의 흐름 중 한 지점이나 범위를 나타내는 것

10時に	8時半はんに	一月いちがつに	8日ようかに
2013年に	日曜日にちようびに	休日きゅうじつに	休やすみに
江戸時代えどじだいに	一日いちにちに		

(3) 양쪽 다 괜찮은 것: (1)(2)의 성격을 모두 갖는 것

午後ごご(に)	正月しょうがつ(に)	暮くれ(に)	春はる(に)
昼ひる(に)	夜よる(に)	～ごろ(に)	～とき(に)
うち(に)	まえ(に)		

0019　① 昔々むかしむかし、ある所ところにおじいさんとおばあさんがありました。

'옛날 옛적에'는「に」를 붙이지 않기 때문에「昔々」가 알맞다.

0020　① 今度こんどとなりに引ひっ越こしてきた佐々木ささきです。どうぞよろしく。

'이번에'는「に」를 붙이지 않기 때문에「今度」가 알맞다.

0021　① 父ちちは来月らいげつ帰かえってきます。

'다음 달에'는「に」를 붙이지 않기 때문에「来月」가 알맞다.

0022　① 朝あさはパンを食たべます。

'아침에'는「に」를 붙이지 않기 때문에「朝」가 알맞다.

0023 커피를 좋아해서 매일 아침 모닝 컵으로 가득 담아 마신다.

コーヒーが好きなので、毎朝モーニング(　　　)でたっぷり飲む。

① カップ　　　　　　　　　② コップ

0024 테이블 위에는 종이컵이 놓여 있었다.

テーブルの上には、紙(　　　)が置いてあった。

① カップ　　　　　　　　　② コップ

0025 3시까지 이 서류를 정리해야 한다.

３時(　　　)この書類を整理しなければならない。

① まで　　　　　　　　　② までに

0026 숙제는 내일까지 내세요.

宿題は明日(　　　)出してください。

① まで　　　　　　　　　② までに

0027 아픈 것이 완전히 나을 때까지는 격한 운동은 되도록 삼가 주세요.

痛みがすっかり治る(　　　)激しい運動は控えてください。

① まで　　　　　　　　　② までに

0028 접수는 오후 5시까지입니다.

受付は午後５時(　　　)です。

① まで　　　　　　　　　② までに

0023 **① コーヒーが好**す**きなので、毎朝**まいあさ**モーニングカップでたっぷり飲**の**む。**

「カップ」는 영어 'cup'에서 온 말로, 요리할 때 사용하는 계량컵 또는 커피 등을 마실 때 사용하는 '손잡이가 달린 잔'을 나타낸다.

0024 **② テーブルの上**うえ**には、紙**かみ**コップが置**お**いてあった。**

「コップ」는 네덜란드어 'kop'에서 온 말로, 물·청량음료·우유 등을 마실 때 사용하는 손잡이가 없는 잔을 나타낸다.

0025 **② 3時**さんじ**までにこの書類**しょるい**を整理**せいり**しなければならない。**

문장에서는 서류 정리는 3시까지 끝내야 하고 3시가 지나면 안 된다는 말이므로 「までに」가 알맞다.

Hint 「まで／までに」~까지

모두 우리말로 '~까지'라고 번역되지만, 쓰임은 각각 다르다.

⑴ 「まで」는 「A まで B」의 형태로 쓰여, 'A에서 B까지' 즉 기간을 나타낸다. 그리고 B는 '상태 또는 계속되는 것'을 나타낸다.

⑵ 「までに」는 'A 전이라면 어느 시점이든지 괜찮지만 A가 지나면 안 된다'는 뜻이다.

0026 **② 宿題**しゅくだい**は明日**あした**までに出**だ**してください。**

숙제는 내일까지 제출해야 하고 내일이 지나면 안 된다는 뜻이므로 「までに」를 써야 한다.

0027 **① 痛**いた**みがすっかり治**なお**るまで激**はげ**しい運動**うんどう**は控**ひか**えてください。**

문장은 아픈 것이 나을 때까지 쭉 운동을 삼가라는 말이므로 「まで」가 알맞다.

0028 **① 受付**うけつけ**は午後**ごご**5時までです。**

접수는 5시까지 계속된다는 말이므로 「まで」가 알맞다.

0029 사장님, 수고하셨습니다.

社長、（　　　）。

① ご苦労様でした　　　　　　　② お疲れさまでした

0030 일부러 공항까지 와 주셔서 고맙습니다.

（　　　）空港まで来ていただいてありがとうございます。

① わざわざ　　　　　　　　　② わざと

0031 시합에 일부러 지다니 선수답지 못한 행동이다.

試合に（　　　）負けるなんて、選手らしくない行動だ。

① わざわざ　　　　　　　　　② わざと

0032 영어로 생각하는 것은 어렵다.

英語で（　　　）のは難しい。

① 思う　　　　　　　　　　② 考える

0033 곧 다가올 여름 방학을 생각하면 가슴이 두근거립니다.

もうすぐやってくる夏休みを（　　　）と、心がおどります。

① 思う　　　　　　　　　　② 考える

0029 ② **社長**しゃちょう**、お疲**つか**れさまでした。**

「ご苦労様くろうさまでした。」는 우리말로는 "수고하셨습니다."로 번역되기 때문에 아무런 문제가 없어 보이지만, 이 말은 윗사람이 아랫사람에게 쓰는 표현이다. 이 문장에서는 윗사람에게 쓰는 말로「お疲れさまでした。」또는「お疲れさまでございました。」라고 해야 한다. 이것은 원래 가부키(일본의 전통적인 연극) 세계의 습관인데, 선배에 대해서는「お疲れさま。」, 선배는 후배에게「ご苦労さま。」로 답했던 것이다. 「ご苦労さま。」는 문자 그대로 "고생을 시켰군.", "잘했어."라고 치하하는 말이다. 「お疲れさま。」는 "피곤하시죠?"라는 위로의 뜻이 포함되어 있다. 수업이 끝났을 경우에 선생님에게는「お疲れさまでした。」는 적당하지 않고「ありがとうございました。」를 쓰는 것이 알맞다.

0030 ① **わざわざ空港**くうこう**まで来**き**ていただいてありがとうございます。**

> **Hint**「**わざわざ/わざと**」일부러

(1)「わざわざ」는 상대를 위해서 선의를 베푸는 것을 뜻하여 긍정적인 의미가 있다.

(2)「わざと」는 '고의로'의 뜻이 포함되어 부정적인 의미를 갖는다.

(3) 따라서 '고의로'로 번역해서 문장이 자연스러우면「わざと」를 쓰고 자연스럽지 않을 때는「わざわざ」를 쓴다.

0031 ② **試合**しあい**にわざと負**ま**けるなんて、選手**せんしゅ**らしくない行動**こうどう**だ。**

'고의로'의 뜻이 포함되어 부정적인 의미를 지니기 때문에「わざと」가 알맞다.

0032 ② **英語**えいご**で考**かんが**えるのは難**むずか**しい。**

논리적인 사고를 나타내므로「考える」가 알맞다.

> **Hint**「**思**おも**う/考**かんが**える**」생각하다

(1)「思う」는 마음속으로 대상의 이미지(감각, 정서)를 의식하는 것이며, 판단·결심·추량·바람·상상·회상·연모 등의 대상으로서 사람·물건·사항 등을 들어 그것에 대해 마음을 움직이는 것이다. 직관적·정서적인 성격을 갖는다.

(2)「考える」는 머릿속으로 대상에 대해서 지력을 작용시키고, 이것저것 지성을 짜내어 두뇌의 움직임을 전개시키는 행위이다. 논리적·과정적 성격을 갖는다.

0033 ① **もうすぐやってくる夏休**なつやす**みを思**おも**うと、心**こころ**がおどります。**

정서적인 성격을 가지고 있으므로「思う」가 알맞다.

0034 A : 일본어 잘하시네요.   B : 아니에요, 아직 멀었어요.

A : 日本語がお上手ですね。

B : いいえ、（　　　）。

① まだ遠いです　　　　　　　　② まだまだです

0035 「一貫」도「一環」도「一巻」도 모두「いっかん」이라고 읽지만, 의미의 차이는 한자를 보면 바로 알게 된다.

「一貫」も「一環」も「一巻」も、みな「いっかん」と読むが、意味の違いは、漢字を見ればすぐ（　　　）。

① 知る　　　　　　　　　　② 分かる

0036 크게 두 팔을 벌리고 아침의 신선한 공기를 마셨다.

大きく両手を広げて、朝の新鮮な空気を（　　　）。

① 飲んだ　　　　　　　　　　② 吸った

0037 선글라스를 벗으니 그녀의 인상은 180도 달라졌다.

サングラスを（　　　）と、彼女の印象は180度変わった。

① 脱ぐ　　　　　　　　　　② 外す

0038 A4 용지가 떨어져서 프린트를 할 수 없었다.

A4用紙が（　　　）プリントできなかった。

① 落ちたので　　　　　　　　② 切れたので

0034 ② A：日本語_{にほんご}がお上手_{じょうず}ですね。

B：いいえ、まだまだです。

문장에서 "아직 멀었어요."는 거리가 멀리 떨어져 있다는 뜻이 아니라, 일본어를 잘하게 되기까지는 오랜 시간이 필요하다는 뜻이기 때문에「まだまだ」를 써야 한다.

0035 ②「一貫」も「一環」も「一巻」も、みな「いっかん」と読_よむが、意味_{いみ}の違_{ちが}いは、漢字_{かんじ}を見_みればすぐ分_わかる。

'보고 이해하다'의 뜻이므로「分かる」가 알맞다.

> *Hint* 「知_しる/分_わかる」알다

(1)「知る」는 일반적인 사물을 두뇌로 포착하는 작용·행위이다. 또는 아직 머릿속에 몰랐던 사실을 학습에 의해서 외부로부터 지식을 획득하는 것이다.

(2)「分かる」는 본디 존재하는 사항(내용·성질·가치·의미·원인·이유·결과 등)을 이해하는 것, 주로 무의식적인 행위·작용을 나타낼 때 사용하는 자동사로 희망을 나타내는 표현이다. 수동형·가능형으로는 쓸 수 없다. 또한 들어서 이해하고 읽어서 이해하는 일에 대해 쓴다.

0036 ②大_{おお}きく両手_{りょうて}を広_{ひろ}げて、朝_{あさ}の新鮮_{しんせん}な空気_{くうき}を吸_すった。

기체일 때는「すう」만 쓸 수 있다.

> *Hint* 「のむ/すう」마시다, 삼키다

(1)「のむ」는 액체에 대해서는 언제나 쓸 수 있다. 고체라도 알약을 먹거나 사탕을 씹지 않고 삼키거나 아이가 동전을 잘못 삼켰다는 뜻으로도 쓸 수 있다.

例 あめ玉_{だま}を飲_のんでしまう。 사탕을 그냥 삼켜버리다.

子供_{こども}が誤_{あやま}って銅貨_{どうか}を飲_のんでしまった。 아이가 잘못해서 동전을 삼켜버렸다.

(2) 대상이 공기·가스 등 기체일 때는「すう」만 쓸 수 있다.

0037 ②サングラスを外_{はず}すと、彼女_{かのじょ}の印象_{いんしょう}は180度_{ひゃくはちじゅうど}変_かわった。

「ぬぐ」와「はずす」는 모두 '벗다'로 번역되지만,「ぬぐ」는 의복·양말·신발·모자 등에 쓰고, '안경'과 같이 '부착돼 있는 것을 떼어낸다'는 뜻으로는「はずす」또는「取_とる」를 써야 한다. ▶取_とる

0038 ②A4用紙_{ようし}が切_きれたのでプリントできなかった。

문장에서 '떨어지다'는 '다 쓰고 없다, 바닥 나다'의 뜻이므로「落_おちる」가 아니라「切れる」를 써야 한다.

0039 "그래도 지구는 돈다."고 갈릴레오는 중얼거렸다고 한다.

「それでも地球は(　　　)。」と、ガリレオはつぶやいた
そうだ。

① 巡る　　　　　　　　　　② 回る

0040 비행기의 프로펠러는 무척 빨리 돈다.

飛行機のプロペラは大変速く(　　　)。

① 巡る　　　　　　　　　　② 回る

0041 미국에서 유럽을 돌아서 일본으로 돌아왔다.

アメリカからヨーロッパを(　　　)日本に帰ってきた。

① 巡って　　　　　　　　　② 回って

0042 아버지는 상당히 취기가 도는 듯 얼굴이 새빨개졌다.

父はだいぶ酔いが(　　　)らしく、顔が真っ赤になっている。

① 巡った　　　　　　　　　② 回った

0043 오늘은 눈이 돌 정도로 바빴다.

今日は目が(　　　)ほど、忙しかった。

① 巡る　　　　　　　　　　② 回る

0044 봄이 돌아오면 우리 집 처마 밑에 제비가 둥지를 튼다.

春が(　　　)くると、ぼくの家の軒下にツバメが巣を作る。

① 巡って　　　　　　　　　② 回って

0039 ②「**それでも地球**ちきゅう**は回**まわ**る。」と、ガリレオはつぶやいたそうだ。**

문장에서 '돌다'는 축을 중심으로 그 자체가 빙글빙글 도는 것이므로「まわる」가 알맞다.

Hint「回まわる/巡めぐる」돌다

(1)「まわる」쪽이 폭넓게 쓰인다. 'ⓐ팽이·풍차·물레방아·프로펠러·선풍기 등과 같이 축을 중심으로 그 자체가 빙글빙글 돌다, ⓑ차례로 돌다·차례가 돌아오다·돌아서 가다·우회하다·들르다, ⓒ취기·독 등이 퍼지다, ⓓ잘 움직이다·잘 돌아가다·바쁘거나 어지러워서 눈이 돌아가다'의 뜻으로는「まわる」만 쓸 수 있다.

(2)「まわる」와「めぐる」양쪽 다 쓸 수 있는 것은「地球ちきゅうは太陽たいようの周まわりをまわる(=めぐる)。」(지구는 태양의 주위를 돈다.)와 같이 동그랗게 돌아서 목적지로 돌아오는 경우 뿐이다.

0040 ②**飛行機**ひこうき**のプロペラは大変**たいへん**速**はや**く回**まわ**る。**

문장에서 '돌다'는 축을 중심으로 빙글빙글 도는 것이므로「まわる」를 써야 한다.

0041 ②**アメリカからヨーロッパを回**まわ**って日本**にほん**に帰**かえ**ってきた。**

문장에서 '돌다'는 돌아서 간다는 뜻으로 쓰였으므로「まわる」만 쓸 수 있다.

0042 ②**父はだいぶ酔**よ**いが回**まわ**ったらしく、顔**かお**が真**まっ**赤**か**になっている。**

문장에서 '돌다'는 '취기·독 등이 퍼지다'의 뜻이다.

0043 ②**今日は目**め**が回**まわ**るほど、忙**いそが**しかった。**

문장에서 '돌 지경'은 바쁘거나 어지러워서 눈이 돌아갈 지경이라는 뜻이므로「まわる」를 써야 한다.

0044 ①**春**はる**が巡**めぐ**ってくると、ぼくの家**いえ**の軒下**のきした**にツバメが巣**す**を作**つく**る。**

문장에서 '돌아오면'은 '순환하다·다시 돌아오다'의 뜻이기 때문에「まわる」는 쓸 수 없고,「めぐる」를 써야 한다.

0045 또다시 크리스마스가 돌아왔다.

再びクリスマスが（　　　）きた。

① 巡って　　　　　　　　　　② 回って

0046 강을 따라서 내려갔다.

川に（　　　）下った。

① ついて　　　　　　　　　　② 沿って

0047 기차는 여기서부터 잠시 해안선을 따라서 달립니다.

汽車は、ここからしばらく海岸線に（　　　）走ります。

① ついて　　　　　　　　　　② 沿って

0048 올바른 루트를 **따라** 오르면 겨울 산이 아닌 한 조난하는 일은 좀처럼 없습니다.

正しいルートに（　　　）登れば、冬山でもない限り遭難すること
はめったにありません。

① ついて　　　　　　　　　　② 沿って

0049 엄마를 따라 슈퍼에 갔습니다.

母に（　　　）スーパーに行きました。

① ついて　　　　　　　　　　② 沿って

0050 내가 나갈 때, 언제나 개가 **따라**오려고 한다.

私が出かけるとき、いつも犬が（　　　）こようとする。

① ついて　　　　　　　　　　② 沿って

0045 ① 再ふたたびクリスマスが巡めぐってきた。

'다시 돌아오다'의 뜻으로 쓰였으므로 「めぐる」만 쓸 수 있다.

0046 ② 川かわに沿そって下くだった。

문장에서 '따라서'는 '~에서 떨어지지 않고 계속되다'의 뜻으로 쓰였으므로 「そって」
가 알맞다.

> *Hint* 「ついて/沿そって」 ~을 따라서
>
> 「ついて」는 '뒤에 따라가다'의 뜻으로 쓰고, 「そって」는 '~에서 떨어지지 않고 계속되
> 다'라는 뜻을 나타낼 때 쓴다.

0047 ② 汽車きしゃは、ここからしばらく海岸線かいがんせんに沿そって走はります。

문장에서 '따라서'는 '~에서 떨어지지 않고 계속되다'의 뜻으로 쓰였으므로, 「そって」
가 알맞다.

0048 ② 正ただしいルートに沿そって登のぼれば、冬山ふゆやまでもない限かぎり遭難そうなんすること
はめったにありません。

문장에서 '따라서'는 '~에서 벗어나지 않고 계속되다'의 뜻으로 쓰였으므로, 「そって」
가 알맞다.

0049 ① 母ははについてスーパーに行いきました。

문장에서 '따라서'는 '뒤에 따라가다'의 뜻이므로 「ついて」가 알맞다.

0050 ① 私わたしが出でかけるとき、いつも犬いぬがついてこようとする。

문장에서 '따라오려고'는 '뒤따라 오다'의 뜻이므로 「ついて」가 알맞다.

0051 홋카이도는 추울 거라고 생각했는데 의외로 춥지 않아서 안심했다.

北海道は寒いだろうと思ったが、（　　　）寒くないので安心した。

① 意外に　　　　　　　　　　② 案外に

0052 어둠 속에서 이상한 사람의 그림자가 움직였다.

暗闇に（　　　）人影が動いた。

① おかしい　　　　　　　　　② あやしい

0053 그 옷에 그 모자는 이상해.

その服にその帽子は（　　　）よ。

① おかしい　　　　　　　　　② あやしい

0054 잘 읽어 보고 이상한 곳은 고쳐 주세요.

よく読んで（　　　）所は直してください。

① おかしい　　　　　　　　　② あやしい

0055 사이다는 시원한 맛이 매력이다.

サイダーは（　　　）味が魅力だ。

① 涼しい　　　　　　　　　　② 爽やかな

0051 ②**北海道**ほっかいどう**は寒**さむ**いだろうと思ったが、案外**あんがい**に寒くないので安心**あんしん**した。**

'의외·뜻밖'에 해당하는 말로는 「意外いがい」와 「案外」가 있다. 「案外」는 정도·경과 등이 예상했던 것과 다른 결과로 나타난 경우를 말하며, 「意外」는 미리 예상한 것은 아니고 단지 생각지도 못했던 예상 밖의 일에 대해서 쓴다. 이 문장에서는 추울 것으로 예상했는데 의외로 춥지 않았다고 했으므로 「案外」를 쓰는 것이 알맞다.

참고 「意外いがいなところで会あいましたね。」(의외의 장소에서 만났습니다.)는 만나리라고는 전혀 예상하지 못한 장소에서 만났다는 뜻이다.

0052 ②**暗闇**くらやみ**にあやしい人影**ひとかげ**が動**うご**いた。**

문장은 '보이지 않는 것에 대한 불안감'을 나타내기 때문에 「あやしい」가 알맞다.

Hint 「おかしい/あやしい」 이상하다

⑴「あやしい」는 미지의 것에 대한 불안감이나 두려움이라는 뉘앙스가 있다.

⑵「おかしい」는 이성적으로 납득할 수 없다는 뉘앙스를 가지고 있다.

0053 ①**その服**ふく**にその帽子**ぼうし**はおかしいよ。**

문장에서 '이상해'는 '어울리지 않는다'는 뜻이므로 「おかしい」가 알맞다.

0054 ①**よく読**よ**んでおかしい所**ところ**は直**なお**してください。**

문장에서 '이상한'은 '적당하지 않다'는 뉘앙스를 갖고 있기 때문에 「おかしい」가 알맞다.

0055 ②**サイダーは爽**さわ**やかな味**あじ**が魅力**みりょく**だ。**

'기온이 낮아서 상쾌하다'는 뜻으로 「涼すずしい」와 「爽やか」는 비슷하지만, 「爽やか」는 사람이 느끼는 청량감에 포인트가 있고, 「爽やか」를 느끼는 대상은 「涼しい」보다 넓다. 이 문장에서는 청량음료의 맛을 표현하는 것이므로 「爽やか」가 알맞다.

시원하다	
국물이 시원하다	汁しるがさっぱりしている
맥주가 시원하지 않다	ビールが冷ひえていない
몸이 시원하다(상쾌하다)	体からだがさっぱりした
바람이 시원하다	風かぜが涼すずしい
성격이 시원하다	性格せいかくがさっぱりしている
속이 시원하다	胸むねがすっきりする
시원한 물	冷つめたい水
아~ 시원하다(안마 등을 받고 나서)	あ~利きく・気持きもちいい

0056 신들은 제우스 신전에서 하늘과 땅에서 일어난 모든 일에 대해서 이야기를 나눴다.

神々はゼウス神殿で、（　　　）と地のあらゆるできごとについて話し合った。

① 空　　　　　　　　　　　② 天

0057 아이는 하늘이 주신 것이므로 소중히 해야 한다.

子供は（　　　）がくださったものだから、大切にしなければならない。

① 空　　　　　　　　　　　② 天

0058 하늘은 스스로 돕는 자를 돕는다.

（　　　）はみずから助ける者を助ける。

① 空　　　　　　　　　　　② 天

0059 윗사람과 이야기할 경우에는 경어를 써야 한다.

目上の人と話す（　　　）には、敬語を使わなければならない。

① 場合　　　　　　　　　　② 境遇

0060 언제나 뒷길로 학교에 간다.

いつも（　　　）を通って学校へ行く。

① 裏道　　　　　　　　　　② 後ろ道

0056　② 神々かみがみはゼウス神殿しんでんで、天てんと地ちのあらゆるできごとについて話はなし合あった。

문장에서 '하늘'은 신이 살고 있는 세계라는 뜻으로 쓰였으므로 「天」이 알맞다.

Hint「空そら/天てん」하늘

(1)「空」는 '지면에서 멀리 떨어진 곳으로, 태양·달·별 등이 있는 곳' 또는 '날씨'를 나타낼 때 쓴다.

(2)「天」은 「空」가 가지고 있는 뜻 이외에도 '인간의 힘으로는 어쩔 수 없는 운명' 또는 '신이 살고 있는 세계·천국'의 뜻도 있다.

0057　② 子供こどもは天がくださったものだから、大切たいせつにしなければならない。

문장에서 '하늘'은 인간의 힘으로는 어쩔 수 없는 운명이라는 뜻이므로 「天」이 알맞다.

0058　② 天てんはみずから助たすける者ものを助たすける。

문장에서 '하늘'은 신이 살고 있는 세계라는 뜻이므로 「天」이 알맞다.

0059　① 目上めうえの人ひとと話はなす場合ばあいには、敬語けいごを使つかわなければならない。

'경우'를 그대로 직역하면 「境遇きょうぐう」가 되는데, 일본어에서 「境遇」는 어떤 사람이 처해 있는 가정 환경·경제 상태·친구 관계 등의 상태를 의미하며, '처지·형편·환경' 등으로 번역된다. 우리말의 '경우'는 '사정·때'의 뜻이고, 여기에 알맞은 말은 「場合ばあい」이다.

0060　① いつも裏道うらみちを通とおって学校がっこうへ行いく。

여기서 '뒷길'은 '안쪽에 있는 길'을 뜻하기 때문에 「裏道」라고 한다.

참고 서로 상대가 되는 관련 어휘를 기억해 두자.

「前まえ(앞) ↔ 後うしろ(뒤)」「表おもて(겉·밖) ↔ 裏うら(안·뒤)」「表通おもてとおり·大通おおとおり(한길·큰길) ↔ 裏通うらどおり(뒷길)」「表門おもてもん(앞문) ↔ 裏門うらもん(뒷문)」「表話おもてばなし(겉으로 드러난 이야기) ↔ 裏話うらばなし(뒷이야기)」

0061 일할 마음만 있다면 일은 얼마든지 있습니다.

働く (　　) さえあれば、仕事はいくらでもあります。

① 心　　　　　　　　　　　② 気

0062 오늘은 머리가 아파서 공부할 마음이 나지 않는다.

今日は頭が痛いので、勉強する (　　) がしない。

① 心　　　　　　　　　　　② 気

0063 나는 일요일에는 마음 내키는 대로 여러 가지 책을 읽습니다.

私は日曜日には (　　) の向くままに、いろいろの本を読みます。

① 心　　　　　　　　　　　② 気

0064 시험이 가까워져서 마음이 무겁다.

試験が近づいたので (　　) が重い。

① 心　　　　　　　　　　　② 気

0065 형은 나와 같은 반인 하나코에게 마음이 있는 것 같다.

兄は、ぼくの同級生の花子さんに (　　) があるらしい。

① 心　　　　　　　　　　　② 気

0066 그는 내가 말한 것이 마음에 들지 않는다며 물건을 내던졌다.

彼は、ぼくが言ったことが (　　) にくわないからといって、物を投げた。

① 心　　　　　　　　　　　② 気

0061 ② 働_{はたら}く気_きさえあれば、仕事_{しごと}はいくらでもあります。

'뭔가를 하려고 하거나 하고 싶다는 마음'의 뜻이므로 「気_き」를 써야 한다.

Hint 「心_{こころ}/気_き」마음

양쪽 다 '마음'의 뜻이 있지만, 「気」가 「心」보다 쓰임이 넓다. '뭔가를 하려고 하거나 하고 싶다는 마음·생각, 여러 가지로 생각하는 마음, 마음 씀씀이, 걱정, 배려' 등의 뜻을 나타낼 때, 그리고 관용 표현에서는 「心」는 쓸 수 없고 「気」를 써야 한다.

0062 ② 今日は頭_{あたま}が痛_{いた}いので、勉強_{べんきょう}する気_きがしない。

0063 ② 私は日曜日には気_きの向_むくままに、いろいろの本_{ほん}を読_よみます。

0064 ② 試験が近_{ちか}づいたので気_きが重_{おも}い。

문장에서 '마음'은 '걱정하는 마음'의 뜻이므로 「気」를 써야 한다.

0065 ② 兄_{あに}には、ぼくの同級生_{どうきゅうせい}の花子_{はなこ}さんに気_きがあるらしい。

문장에서 '마음'은 '여러 가지로 생각하는 마음'을 나타내기 때문에 「気」를 써야 한다.

0066 ② 彼は、ぼくが言_いったことが気_きにくわないからといって、物_{もの}を投_なげた。

문장에서 '마음'은 '여러 가지로 생각하는 마음'을 나타내기 때문에 「気」를 써야 한다.

인터넷·컴퓨터 용어 I	
골뱅이(@)	アットマーク
그림판	ペイント
글꼴	フォント
(인터넷에) 글을 올리다	書_かき込_こむ
길잡이	アシスタント
내 문서	マイドキュメント
내 컴퓨터	マイコンピューター
내게 필요한 옵션	ユーザー補助_{ほじょ}
넷맹	インターネット音痴_{おんち}
노트북 컴퓨터	ノートパソコン
녹음기	サウンドレコーダー
닫기	閉_とじる

0067 동물과 달리 사람은 언어를 사용하여 생활한다.

動物と違って、(　　　)は言葉を使って生活している。

① 人 　　　　　　　　　② 人間

0068 그 사건 이후로 아버지는 사람이 바뀐 것처럼 일하기 시작했다.

あの事件以来、父は(　　　)が変わったように働きはじめた。

① 人 　　　　　　　　　② 人間

0069 형은 사람이 좋기 때문에 뭔가 부탁받으면 거절하지 못한다.

兄は(　　　)がいいから何か頼まれると断ることができない。

① 人 　　　　　　　　　② 人間

0070 세상 사람이 뭐라고 하든지 나는 절대로 내 주장을 바꾸지 않을 거예요.

世間の(　　　)が何と言おうと、私は絶対に自分の主張を変えないわ。

① 人 　　　　　　　　　② 人間

0071 저는 기시라는 사람입니다만 요다 씨 계십니까?

私は岸という(　　　)ですが、依田さんいらっしゃいますか。

① 人 　　　　　　　　　② 者

0067 ②動物どうぶつと違ちがって、人間にんげんは言葉ことばを使つかって生活せいかつしている。

문장은 '객관적인 사람'을 묘사하였기 때문에「人間」을 써야 한다.

Hint「人ひと/人間にんげん/者もの」사람

(1)「人」는 개체로서 사람 또는 남을 나타내는 말이다. 그런데 자신을 표현하는 경우도 있는데, 이것은 다른 사람의 불쾌한 말이나 행동에 대해 화난 감정을 나타낼 때도 쓴다.

　　囫 ここでは人の目めにつくから、どこか喫茶店きっさてんにでも行いって話はなしをしま しょう。여기서는 남의 눈에 띄니까 다방에라도 가서 이야기합시다.

　　 人ひとをバカにしている。사람을 업신여긴다.

(2)「人間」은 거리를 두고 제삼자나 방관자, 객관적인 입장에서 사람 자체를 나타낼 때 쓴다.

(3)「者」는 자신을 가리킬 때는 낮추는 말로 쓰며, 다른 사람에 대해 쓸 때는 깔보는 뜻 이 되므로 조심해서 써야 한다.

0068 ①あの事件じけん以来いらい、父は人ひとが変かわったように働はたらきはじめた。

문장에서 '사람'은 '개체로서의 사람'을 나타내기 때문에「人」가 알맞다.

0069 ①兄は人ひとがいいから何か頼たのまれると断ことわることができない。

문장에서 '사람'은 '개체로서의 사람'을 나타내기 때문에「人」가 알맞다.

0070 ①世間せけんの人ひとが何と言いおうと、私わたしは絶対ぜったいに自分の主張しゅちょうを変かえ ないわ。

문장에서 '사람'은 '개체로서의 사람'을 나타내기 때문에「人」가 알맞다.

0071 ②私わたくしは岸きしという者ものですが、依田よださんいらっしゃいますか。

문장에서 '사람'은 자신을 낮추어서 말하는 경우이므로「者」가 알맞다.

0072 공항 면세점에서 선물을 샀다.

空港の免税店で、(　　　) を買った。

① お祝い　　　　　　　　② お土産

0073 친구 집에 놀러갈 때 선물로 케이크를 사 가기로 했다.

友だちの家に遊びに行くとき、(　　　) にケーキを買って行くことにした。

① 贈り物　　　　　　　　② お土産

0074 결혼하는 친구에게 뭔가 선물을 하고 싶다.

結婚する友だちに、何か (　　　) をしたいと思う。

① 贈り物　　　　　　　　② お土産

0075 의사 중에 아는 사람이 있으면 여러모로 편리하다.

医者に (　　　) がいると、何かと便利だ。

① 顔見知り　　　　　　　② 知り合い

0076 오늘은 춥기 때문에 스웨터 안에 셔츠를 입었다.

今日は寒いので、セーターの (　　　) にシャツを着た。

① 中　　　　　　　　　　② 下

0077 좌석은 안쪽부터 순서대로 앉아 주십시오.

座席は (　　　) から順番におかけください。

① 中　　　　　　　　　　② 奥の方

②**空港**くうこう**の免税店**めんぜいてん**で、お土産**みやげ**を買**か**った。**

문장에서 '선물'은 '여행지에서 사 오는 선물'이므로 「お土産」가 알맞다.

🔁 土産物みやげもの

Hint 「お土産みやげ・土産物みやげもの / 贈おくり物もの / プレゼント / お祝いわい」 선물

(1)「お土産・土産物」는 '여행지에서 가족이나 동료를 위해서 사 오는 그 지방의 산물'을 뜻하며, 외출했다가 집에 돌아올 때 사 오는 과자・과일・장난감 등과 출장 갔다가 돌아올 때 사 오는 그 지방의 과자・떡 등이 여기에 해당한다. 남의 집을 방문할 때 가지고 가는 케이크나 와인 등의 간단한 선물을 말할 때도 쓴다.

(2)「贈り物」「プレゼント」는 남에게 주는 물건을 나타낼 때 쓴다. 결혼・출산・생일・입학・졸업 등을 축하하거나 감사하는 뜻에서 주는 선물이다.

(3) 특히, 결혼 등의 축하 선물일 때는 '~을 축하하는 선물'이라는 뜻을 지닌 「~祝いわい」의 형태로 쓴다.

②**友**とも**だちの家**いえ**に遊**あそ**びに行**い**くとき、お土産**みやげ**にケーキを買**か**って行**い**くことにした。**

문장에서 '선물'은 '남의 집을 방문할 때 가지고 가는 케이크나 와인 등의 간단한 선물'의 뜻이므로, 「お土産」가 알맞다. 🔁 土産物みやげもの

①**結婚**けっこん**する友だちに、何か贈**おく**り物**もの**をしたいと思う。**

문장에서는 '결혼 선물'을 뜻하므로 「贈り物」「プレゼント」「お祝い」를 써야 한다.

②**医者**いしゃ**に知**し**り合**あ**いがいると、何**なに**かと便利**べんり**だ。**

'아는 사람'에 해당하는 말로는 「顔見知かおみしり」와 「知しり合あい」가 있다. 「顔見知り」는 '얼굴 정도 아는 사이'란 뜻이고, 「知り合い」는 '어느 정도 친분 관계가 있는 사이'의 뜻으로 쓴다. 이 문장에서는 「知り合い」가 알맞다.

②**今日**きょう**は寒**さむ**いので、セーターの下**した**にシャツを着**き**た。**

안에 입는 옷을 나타낼 때는 「中なか」가 아니라 「下した」를 써야 한다.

참고 내복：下着したぎ, 양말(구두 속에 신는 것)：靴下くつした

②**座席**ざせき**は奥**おく**の方**ほう**から順番**じゅんばん**におかけください。**

'안'에 해당하는 말로는 「中なか」와 「奥おく」가 있다. 「中」는 「外そと」(밖)의 상대가 되는 말이다. 「奥」는 '출입구 쪽에서 먼 곳, 깊숙한 곳'을 가리킨다. 이 문장에서는 「奥の方」라고 해야 한다.

LEVEL 1

LEVEL 2

LEVEL 3

0078 더 큰 소리로 말하지 않으면 모두에게 들리지 않아요.

もっと大きい（　　　）で言わないと、みんなに聞えませんよ。

① 声　　　　　　　　　② 音

0079 소리 내지 마. 겨우 아기가 잠이 들었으니까.

（　　　）を立てないでね。やっと赤ちゃんが寝ついたところだから。

① 声　　　　　　　　　② 音

0080 "불이야!"라는 소리가 들려서, 허둥지둥 밖으로 뛰쳐나왔어요.

「火事だ」という（　　　）がしたので、慌てて外へ出ました。

① 声　　　　　　　　　② 音

0081 이번 정책에 관해서는 정부에 대한 비난의 소리가 높았다.

今度の政策に関しては、政府に対する非難の（　　　）が高かった。

① 声　　　　　　　　　② 音

0082 새 우는 소리에 눈을 떴더니 아직 5시였다.

鳥の泣き（　　　）に目をさましたが、まだ5時だった。

① 声　　　　　　　　　② 音

0083 일요일 아침, 어디선가 피아노 소리가 들려왔다.

日曜日の朝、どこからピアノの（　　　）が聞えてきた。

① 声　　　　　　　　　② 音

0078 ①もっと大_{おお}きい声_{こえ}で言_いわないと、みんなに聞_きこえませんよ。

문장은 '사람이 내는 소리'이기 때문에 「声」가 알맞다.

> *Hint* 「声_{こえ} / 音_{おと}」 소리
>
> (1) 「声」는 사람이나 동물의 입에서 나는 소리·목소리
>
> (2) 「音」는 악기·자동차 등 사람이나 동물 이외의 것에서 나는 소리

0079 ①声_{こえ}を立_たてないでね。やっと赤_{あか}ちゃんが寝_ねついたところだから。

문장에서 '소리'는 사람의 입에서 나는 소리이므로 「声」가 알맞다.

0080 ①「火事_{かじ}だ」という声_{こえ}がしたので、慌_{あわ}てて外_{そと}へ出_でました。

사람이 지르는 목소리이므로 「声」가 알맞다.

0081 ①今度_{こんど}の政策_{せいさく}に関_{かん}しては、政府_{せいふ}に対_{たい}する非難_{ひなん}の声_{こえ}が高かった。

사람들의 목소리를 나타내므로 「声」가 알맞다.

0082 ①鳥_{とり}の泣_なき声_{こえ}に目をさましたが、まだ5時だった。

새 소리를 나타내므로 「声」가 알맞다.

0083 ②日曜日の朝_{あさ}、どこからピアノの音_{おと}が聞_きこえてきた。

문장에서 '소리'는 '피아노 소리'이기 때문에 「音」가 알맞다.

인터넷·컴퓨터 용어 II	
답메일	送信_{そうしん}メール
닷컴(.com)	ドットコム
대화 상자	ダイアログボックス
데스크톱 컴퓨터	デスクトップコンピューター
댓글	コメント
도구	ツール
도구함	ツールボックス
도움말	ヘルプ
돋보기	拡大鏡_{かくだいきょう}
동영상	動画_{どうが}
두 번 클릭	ダブルクリック
등록 정보	プロパティー
디스크 조각 모음	ディスクデフラグ

0084 바이올린은 높은 소리를 내지만, 콘트라베이스는 낮은 소리를 낸다.

バイオリンは高い (　　) を出すが、コントラバスは低い
(　　) を出す。

① 声 / 声　　　　　　　　　　② 音 / 音

0085 집 앞에 자동차가 멈추는 소리가 났기 때문에 나가 보았다.

家の前に車の止まる (　　) がしたので出てみた。

① 声　　　　　　　　　　　② 音

0086 기차 소리를 들으면 여행하고 싶어진다.

汽車の (　　) を聞くと旅行したくなる。

① 声　　　　　　　　　　　② 音

0087 합격할 수 있도록 해달라고 하느님께 빌었다.

合格するように、と神様に (　　)。

① 謝った　　　　　　　　　② 祈った

0088 전철 문에 기대지 마세요.

電車のドアに (　　) ないでください。

① もたれ　　　　　　　　　② 頼ら

0089 힘들 때는 내게 기대도 돼요.

つらい時は、私に (　　) いいですよ。

① もたれても　　　　　　　② 頼っても

0084　②バイオリンは高_{たか}い音_{おと}を出_だすが、コントラバスは低_{ひく}い音を出_だす。

문장에서 '소리'는 악기 소리이기 때문에 「音」가 알맞다.

0085　②家_{いえ}の前_{まえ}に車_{くるま}の止_とまる音_{おと}がしたので出てみた。

문장에서 '소리'는 자동차 소리이기 때문에 「音」가 알맞다.

0086　②汽車_{きしゃ}の音_{おと}を聞_きくと旅行_{りょこう}したくなる。

문장에서 '소리'는 기차 소리이기 때문에 「音」가 알맞다.

0087　②合格_{ごうかく}するように、と神様_{かみさま}に祈_{いの}った。

문장에서 '빌다'는 '기원하다, 기도하다'의 뜻이므로 「祈_{いの}る」가 알맞다.

0088　①電車_{でんしゃ}のドアにもたれないでください。

이 문장에서는 물체에 비스듬히 기대는 것이므로 「もたれる」가 알맞다.

> **Hint** 「もたれる/頼_{たよ}る」기대다, 의지하다
>
> (1) 「もたれる」는 물체나 사람에게 비스듬하게 기댈 때 쓴다.
>
> (2) 「頼る」는 정신적으로 의지한다는 뜻을 나타낼 때 쓴다.

0089　②つらい時_{とき}は、私に頼_{たよ}ってもいいですよ。

정신적으로 의지한다는 뜻을 나타내고 있으므로 「頼る」가 알맞다.

인터넷 · 컴퓨터 용어 Ⅲ	
로그아웃	ログアウト
로그인	ログイン
맞춤법 및 영문법 검사	文章_{ぶんしょう}校正_{こうせい}
미리보기	プレビュー
바둑판식 배열	並_{なら}べて表示_{ひょうじ}
바로가기 아이콘	ショートカット
바이러스	ウイルス
바탕화면	壁紙_{かべがみ}
받은 편지함	受信_{じゅしん}トレイ
방문자 수	集客数_{しゅうきゃくすう}
방화벽	ファイアウォール
보기	表示_{ひょうじ}
보낸 편지함	送信_{そうしん}済_ずみトレイ

0090 4월 4일부터 8일까지 사이에 일어난 사건 수입니다.

四月四日から八日までの（　　　）に起った事件の数です。

① あいだ　　　　　　　　② ま

0091 시즈오카는 도쿄와 나고야 사이에 있다.

静岡は東京と名古屋の（　　　）にある。

① あいだ　　　　　　　　② ま

0092 그 사고 이후로 두 사람 사이에 틈이 생기고 말았다.

あの事故以来、二人の（　　　）に溝ができてしまった。

① あいだ　　　　　　　　② ま

0093 우리 부자 사이에 비밀은 없다.

私たち親子の（　　　）に秘密はない。

① あいだ　　　　　　　　② ま

0094 그 호텔은 싸고 깨끗해서 여행객들 사이에 인기가 있다.

そのホテルは安くてきれいなので、旅行者たちの（　　　）で人気
がある。

① あいだ　　　　　　　　② ま

0095 두 사건 사이에는 관계가 있는 것 같다.

二つの事件の（　　　）には関係があるようだ。

① あいだ　　　　　　　　② ま

0090 ① 四月しがつ四日よっかから八日ようかまでの間あいだに起おこった事件じけんの数かずです。

일정 기간을 나타내는 말이기 때문에 「間あいだ」를 써야 한다.

> *Hint*「間ま/間あいだ」사이, 틈
>
> (1) 「あいだ」에 비해 「ま」의 쓰임은 한정적이다. 구체적으로 보면 수에 관해서 말할 경우, 또는 거리가 먼 경우도 「ま」를 쓸 수 없다. 또한 사람과 사람의 사이(관계)나 사건의 관계라는 뜻으로 쓰일 때도 「ま」는 쓸 수 없다.
>
> (2) 그러나 '틈·겨를'의 뜻으로 쓰일 경우는 「ま」만 쓸 수 있다.

0091 ① 静岡しずおかは東京とうきょうと名古屋なごやの間あいだにある。

문장에서 '사이'는 거리가 먼 경우이므로 「あいだ」가 알맞다.

0092 ① あの事故じこ以来いらい、二人ふたりの間あいだに溝みぞができてしまった。

문장에서 '사이'는 사람과 사람의 관계를 나타내므로 「あいだ」가 알맞다.

0093 ① 私たち親子おやこの間あいだに秘密ひみつはない。

문장에서 '사이'는 사람과 사람의 관계를 나타내므로 「あいだ」가 알맞다.

0094 ① そのホテルは安やすくてきれいなので、旅行者りょこうしゃたちの間あいだで人気にんきがある。

문장에서 '사이'는 사람들 사이를 나타내므로 「あいだ」가 알맞다.

0095 ① 二ふたつの事件じけんの間あいだには関係かんけいがあるようだ。

문장은 '두 사건 사이'라는 뜻이므로 「あいだ」가 알맞다.

LEVEL 1

LEVEL 2

LEVEL 3

 뉴스 생활·사회면 용어 I

거북이 운전	のろのろ運転うんてん
거짓말탐지기	嘘発見器うそはっけんき
건널목	踏ふみ切きり
노숙자	ホームレス
빈집털이	空あき巣す狙ねらい
뺑소니	ひき逃にげ

0096 일이 바빠서 쉴 새도 없다.

仕事が忙しくて休む (　　　) もない。

① あいだ　　　　　　　　　② ま

0097 접수하는 사람에게 인사를 하고 사무실에 들어갔다.

受付の人に (　　　) をして事務所へ入った。

① 挨拶　　　　　　　　　② お礼

0098 도쿄를 안내해 주신 인사로 오늘밤 식사라도 함께하시면 어떨까요?

東京を案内していただいた (　　　) に、今晩お食事でも一緒にいかがでしょうか。

① 挨拶　　　　　　　　　② お礼

0099 근처에 사는 아줌마가 소포를 맡아 줬기 때문에 인사를 하고 찾아왔다.

近所のおばさんが小包を預かっておいてくれたので、(　　　) を言って受け取ってきた。

① 挨拶　　　　　　　　　② お礼

0100 다리가 굵어서 고민이에요.

足が (　　　) 困ります。

① 厚くて　　　　　　　　② 太くて

0096　② 仕事しごとが忙いそがしくて休やすむ間まもない。

문장에서 '새(사이)'는 '틈·겨를'의 뜻으로 쓰였기 때문에 「ま」를 써야 한다.

0097　① 受付うけつけの人に挨拶あいさつをして事務所じむしょへ入った。

문장에서 '인사'는 예의 차린 말을 하는 것이기 때문에 「挨拶」가 알맞다.

> **Hint** 「挨拶 / お礼れい」인사

(1) 우리말의 '인사'를 그대로 「人事じんじ」라고는 쓰지 않는다. 「人事」라는 말은 「人事課 じんじか」(인사과) 「人事移動じんじいどう」(인사이동) 등의 뜻으로만 쓰인다.

(2) 「挨拶」는 '사람을 만났을 때 예의 차린 말이나 동작', '식(式)이나 모임 등의 경우에 예의로서 마음을 표현하는 것, 또는 그 말'의 뜻으로 쓴다.

(3) 「お礼」는 '감사의 뜻을 표현하는 말과 행동'을 나타낸다.

0098　② 東京とうきょうを案内あんないしていただいたお礼れいに、今晩こんばんお食事しょくじでも一緒 いっしょにいかがでしょうか。

문장에서 '인사'는 '감사의 뜻을 표현하는 말이나 행동'의 뜻으로 쓰였기 때문에 「お礼」가 알맞다.

0099　② 近所きんじょのおばさんが小包こづつみを預あずかっておいてくれたので、お礼れいを言っ て受うけ取とってきた。

문장에서 '인사'는 '감사 인사'의 뜻이기 때문에 「お礼」가 알맞다.

0100　② 足あしが太ふとくて困こまります。

문장에서 '굵다'는 '가늘다'의 반대이므로 「厚あつい」(두껍다)가 아니라 「太い」가 알맞다.

두껍다, 굵다	
다리가 굵다	足あしが太ふとい
얼음이 두껍게 얼다	分厚ぶあつく凍こおる
옷을 두껍게 입다	厚着あつぎする
책이 두껍다	本ほんが分厚ぶあつい
팬 층이 두껍다	ファンの層そうが厚あつい
화장이 두껍다(진하다)	厚化粧あつげしょうをする

0101 은행에 이력서를 넣었다.

銀行に履歴書を (　　　)。

① 入れた 　　　② 出した 　　　③ 入った 　　　④ まとめた

0102 아기에게 우유를 먹이는 것도 요령이 필요해요.

赤ん坊にミルクを (　　　) にもコツがいるんですよ。

① 食べさせる 　② 食わせる 　　③ 飲ませる 　　④ 吸わせる

0103 좋은 사람을 만나서 행복한 가정을 꾸미고 싶다.

いい人に出会って、幸せな家庭を (　　　) たい。

① 飾り 　　　　② 装飾し 　　　③ 築き 　　　　④ 守り

0104 다니던 수학 학원을 끊었다.

通っていた数学の塾を (　　　)。

① 切った 　　　② 断った 　　　③ 消した 　　　④ やめた

0105 입에 담기도 어려운 말을 태연하게 한다.

口に (　　　) さえ難しいことを平気で言っている。

① 入れる 　　　② 盛る 　　　　③ 通る 　　　　④ する

0106 사진에 한 폭의 그림 같은 설경을 담았다.

写真に一幅の絵のような雪景を (　　　)。

① 入れた 　　　② 盛った 　　　③ 収めた 　　　④ 描いた

0101 ② 銀行ぎんこうに 履歴書りれきしょを 出だした。

문장에서 '넣다'는 '(서류 등을) 제출하다'의 뜻이다. 일본어의 「入いれる」에는 '제출하다'의 뜻이 없다. 따라서 「出だす」를 써야 한다. 🔁 提出ていしゅつする

0102 ③ 赤あかん坊ぼうにミルクを 飲のませるにもコツがいるんですよ。

우리말은 '먹다'와 '마시다'를 구분하지 않고 모두 '먹다'를 쓰는 경우가 많은데 일본어에서는 고체는 「食たべる」, 액체는 「飲のむ」, 기체는 「吸すう」를 쓴다. 다만 건더기가 있는 국 등은 「飲のむ」「吸すう」「啜すする」를 쓴다. 따라서 이 문장에서는 「飲のませる」가 적당하다.

0103 ③ いい人ひとに 出会であって、幸しあわせな 家庭かていを 築きずきたい。

문장에서 '꾸미다'는 '장식하다'의 뜻이 아니라 '만들다·구축하다'의 뜻이므로 「築きずく」를 써야 한다.

0104 ④ 通かよっていた 数学すうがくの 塾じゅくをやめた。

문장에서 '끊다'는 '그만두다'의 뜻이므로 「やめる」를 써야 한다.

0105 ④ 口くちにするさえ 難むずかしいことを 平気へいきで 言いっている。

문장에서 '담다'는 '집어넣다'가 아니라 '말을 하다'의 뜻이다. 따라서 「入いれる」 또는 「盛もる」를 쓰면 안 되고 「する」를 써야 한다.

0106 ③ 写真しゃしんに 一幅ひとはばの 絵えのような 雪景せっけいを 収おさめた。

문장에서 '담다'는 '어떤 내용이나 현상을 문장·그림·사진 등에 수록하다'의 뜻이므로 「収おさめる」를 써야 한다.

(more) | **담다** | |
| --- | --- |
| 마음을 담다 | 心こころを 込こめる |
| 사진에 설경을 담다 | 写真しゃしんに 雪ゆき景色けしきを 収おさめる |
| 입에 담다 | 口くちにする |
| 접시에 김치를 담다 | 皿さらにキムチを 盛もる |
| 책을 가방에 담다 | 本ほんをかばんに 入いれる |

0107 친구의 기타를 잠깐 쳐 봤더니 좋은 소리가 났다.

友だちのギターをちょっと (　　　) みたら、いい音がした。

① 弾いて　　　② 打って　　　③ 叩いて　　　④ して

0108 얼음이 녹아서 물이 되었다.

氷がとけて水 (　　　) なった。

① を　　　　② に　　　　③ で　　　　④ が

0109 지하철을 타고 학교에 다니고 있다.

地下鉄 (　　　) 乗って学校に通っている。

① を　　　　② に　　　　③ で　　　　④ が

0110 허리 통증은 주사를 놓으면 곧 나아요.

腰の痛みは注射を (　　　) とすぐ治ります。

① 置く　　　② 打つ　　　③ 放す　　　④ 取る

0111 잡은 새를 놓아 주었다.

捕まえた鳥を (　　　) やった。

① 置いて　　　② 打って　　　③ 放して　　　④ 取って

0112 제주도에서는 말을 놓아기른다.

済州道では馬を (　　　) 飼いにしている。

① 置き　　　② 打ち　　　③ 放し　　　④ 取り

0107 ① **友ともだちのギターをちょっと弾ひいてみたら、いい音おとがした。**

'악기를 연주하다'의 뜻으로 쓰인 '치다'라는 말은 각 악기에 알맞은 동사를 써야 한다. 기타는 줄을 켜는 악기이므로「弾く」를 써야 한다.

0108 ② **氷こおりがとけて水みずになった。**

사물이나 상태의 변화에 따른 어떤 결과를 나타낼 때는「に」를 써야 한다.

0109 ② **地下鉄ちかてつに乗のって学校がっこうに通かよっている。**

'~을 타다'를 표현할 때는「～を」를 쓸 수 없고, 동작·작용의 귀착점을 나타내는 조사「に」를 써서「～に乗る」라고 한다. 반대로 '~을(에서) 내리다'는「～を(から)降おりる」가 된다.

0110 ② **腰こしの痛いたみは注射ちゅうしゃを打うつとすぐ治なおります。**

'주사를 놓다'는 '찔러넣다'는 뜻으로「打つ」를 사용해서「注射を打つ」라고 한다. 마찬가지로 '침을 놓다'도「針はりを打うつ」라고 한다.

> 참고 주사를 맞다 : 注射ちゅうしゃを打うってもらう

0111 ③ **捕つかまえた鳥とりを放はなしてやった。**

문장에서 '놓다'는 '잡거나 구속하지 않고 마음대로 하게 두다'의 뜻으로 쓰였으므로「放す」를 써야 한다.

0112 ③ **済州道チェジュドでは馬うまを放はなし飼がいにしている。**

문장에서 '놓다'는 '잡거나 구속하지 않고 마음대로 하게 두다'의 뜻으로 쓰였으므로「放す」를 써야 한다.

놓다	
다리를 놓다	橋はしを架かける
마음을 놓다	心に安心あんしんする
말을 놓다, 반말하다	ため口くちで話はなす・ためくちを利きく
불을 놓다	火ひをつける
세를 놓다	間貸まがしする
염려 놓으세요.	心配しんぱいしないでください。
이 손 놔.	この手てを放はなしなさい。
일을 놓다	やっていた仕事しごとをやめる
정신을 놓다	念頭ねんとうにぼんやりする
주사를 놓다	注射ちゅうしゃを打うつ
퇴짜를 놓다	拒絶きょぜつする
훼방을 놓다	邪魔じゃまする

0113 어제 친구를 만나 영화를 봤다.

きのう友だち（　　）会って映画を見た。

① を 　　　② に 　　　③ で 　　　④ が

0114 감기에 걸려서 마스크를 했다.

風邪（　　）引いてマスクをした。

① を 　　　② に 　　　③ で 　　　④ が

0115 이 약은 하루에 세 번, 식후에 드십시오.

この薬は一日三回、食後に（　　）ください。

① 食べて 　　　② 飲んで 　　　③ 噛んで 　　　④ 吸って

0116 목이 마를 때는 시원한 물이 맛있다.

喉がかわいている時には（　　）水がうまい。

① 涼しい 　　　② 暑い 　　　③ 冷たい 　　　④ ぬるい

0117 대학에서 의학을 공부할 생각입니다.

大学で医学を（　　）するつもりです。

① 勉強 　　　② 工夫 　　　③ 大工 　　　④ 選考

0118 여기는 남녀노소 모두가 즐길 수 있는 곳입니다.

ここは（　　）みんなが楽しめる所です。

① 男女老少 　　　② 老少男女 　　　③ 老若男女 　　　④ 男女老若

LEVEL 1

LEVEL 2

LEVEL 3

0113 ② **きのう友**だち**に会**あっ**て映画**えいが**を見**みた。

'~을 만나다'는 「~に会う」이다.

0114 ① **風邪**かぜ**を引**ひ**いてマスクをした。**

'감기에 걸리다'는 「風邪を引く」라고 한다.

0115 ② **この薬**くすり**は一日**いちにち**三回**さんかい**、食後**しょくご**に飲**の**んでください。**

'약을 먹다'를 표현할 때는 「食べる」를 쓰지 않는다.

Hint 「食たべる／飲のむ」 먹다

(1) 「食べる」의 사전적 정의를 보면 「食物たべものをかんで飲のみ込こむ。」(음식물을 씹어서 삼키다.)라고 나와 있다.

(2) 「飲む」는 사전에 기본적으로 액체를 마신다는 뜻으로 나와 있지만, 「固形物こけいぶつをかみくだかずに腹はらに入いれる。」(고형물을 씹지 않고 뱃속으로 집어넣다.)라는 뜻도 있다.

0116 ③ **喉**のど**がかわいている時**とき**には冷**つめ**たい水**みず**がうまい。**

'시원한 물'를 직역해서 「涼すずしい水みず」라고 할 수는 없다. 「涼すずしい」는 기온을 표현할 때 쓰고, 기온 이외에 온도가 낮은 것을 표현할 때는 「冷つめたい」를 쓴다. 단, 「冷たい」에는 쾌감의 느낌은 없고, 객관적으로 온도가 낮다는 뜻만 나타낸다.

0117 ① **大学**だいがく**で医学**いがく**を勉強**べんきょう**するつもりです。**

일본어의 「工夫くふう」는 '궁리하다・연구하다・생각하다'의 뜻으로 쓰는 말이다. 이 문장에서는 「勉強」를 써야 한다.

참고 공부벌레 : 勉強べんきょうの虫むし

0118 ③ **ここは老若男女**ろうにゃくなんにょ**みんなが楽**たの**しめる所**ところ**です。**

'남녀노소'는 한자어 그대로 「男女老少」라고는 쓰지 않는다.

참고 215쪽 〈잘못 쓰기 쉬운 한・일 한자성어 I〉참조

0119 언니는 노래자랑에 나가 우승했다.

姉は (　　) に出て優勝した。

① 歌自慢　　② 歌手自慢　　③ 喉自慢　　④ 声自慢

0120 다음 주 놀이공원에 가자고 아이와 약속했다.

来週 (　　) に行こうと子供と約束した。

① 遊び公園　　② 遊びパーク　③ 行楽地　　④ 遊園地

0121 그는 영어는 물론 독일어도 할 수 있다.

彼は英語はもちろん、(　　) も話せる。

① 独逸語　　② 独語　　③ ドイチ語　　④ ドイツ語

0122 어제 친구와 술집에 가서 밤늦게까지 술을 마셨다.

きのう、友だちと (　　) へ行って夜遅くまでお酒を飲んだ。

① 酒屋　　② 酒家　　③ 飲み屋　　④ 飲み家

0123 눈이 아파서 안약을 넣었다.

目が痛くて (　　) をさした。

① 眼薬　　② 丸薬　　③ 目薬　　④ 目楽

0124 매일 세 번 양치질을 해야 합니다.

毎日 3 回 (　　) をしなければなりません。

① 養歯　　② 洗歯　　③ 歯みがき　　④ 歯洗い

0119 ③ 姉(あね)は喉自慢(のどじまん)に出(で)て優勝(ゆうしょう)した。

'노래'란 '가창력' 즉 '목소리'를 말한다. 그러므로 '노래자랑'은「喉自慢」이라고 한다.「喉(のど)」는 '목'이란 뜻 이외에 '목소리'란 뜻이 있다.「歌自慢(うたじまん)」이라고는 하지 않는다.

0120 ④ 来週(らいしゅう)遊園地(ゆうえんち)に行(い)こうと子供(こども)と約束(やくそく)した。

직역해서「遊(あそ)び公園(こうえん)」이라고 하지 않는다.

0121 ④ 彼は英語(えいご)はもちろん、ドイツ語(ご)も話(はな)せる。

'독일어'를「独逸語」「独語」라고 쓰지 않는다.

0122 ③ きのう、友だちと飲(の)み屋(や)へ行(い)って夜遅(よるおそ)くまでお酒(さけ)を飲(の)んだ。

'술집'을 나타내는 말로「酒屋(さかや)」와「飲(の)み屋(や)」가 있다.「酒屋」는 술을 마시는 곳이 아니라, 주류를 파는 가게로 쌀·소금·된장·설탕·간장 같은 식료품을 곁들여 팔기도 한다. 술을 마시는 곳은「飲(の)み屋」라고 한다.

> 참고 「飲(の)み屋(や)」의 종류로는「縄暖簾(なわのれん)」「赤提灯(あかちょうちん)」「居酒屋(いざかや)」「炉端焼(ろばたやき)」등이 있다.

0123 ③ 目(め)が痛(いた)くて目薬(めぐすり)をさした。

'안약(眼藥)'이라고 하여「がんやく」라고 발음하면 듣는 사람이「丸薬(がんやく)」(알약)으로 알아듣기 때문에 뜻에 따라 구분하여 써야 한다.

0124 ③ 毎日(まいにち)3回歯(かいは)みがきをしなければなりません。

뉴스 생활·사회면 용어 II	
새집증후군	シックハウス症候群(しょうこうぐん)
새치기	割(わ)りこみ
쓰레기 무단 투기	ゴミのポイ棄(す)て
에너지 절약	省(しょう)エネ
연쇄 추돌 사고	玉突(たまつ)き事故(じこ)
재소자	在監者(ざいかんしゃ)
함정 수사	おとり捜査(そうさ)
합의금	示談金(じだんきん)
현장 검증	実況見分(じっきょうけんぶん)
조류독감	鳥(とり)インフルエンザ
합승	相乗(あいの)り
혈중 알코올 농도	血中(けっちゅう)アルコール濃度(のうど)

LEVEL 1

LEVEL 2

LEVEL 3

0125 채소가게에서 양배추와 무를 샀다.

（　　　）でキャベツと大根を買った。

① 綵素屋　　　② 野菜屋　　　③ 野菜店　　　④ 八百屋

0126 일기예보에 따르면 내일은 맑다고 한다.

（　　　）予報によると、明日は晴れるそうだ。

① 日気　　　② 天気　　　③ 天候　　　④ 気象

0127 빵과 밥 중에서 어느 쪽이 좋습니까?

パンとライスと（　　　）がよろしいですか。

① なに　　　② どれ　　　③ どちら　　　④ どんな

0128 이 상가에는 유명한 스파게티집이 있다.

この（　　　）には有名なスパゲッティ店がある。

① 商街　　　② 商売街　　　③ 商店街　　　④ 商業街

0129 전구가 나갔다.

電球が（　　　）。

① 切れた　　　② 出た　　　③ 行った　　　④ 消した

0130 집에서도 손쉽게 만들어서 먹을 수 있습니다.

家でも（　　　）作って食べられます。

① 手安く　　　② 安く　　　③ 手軽に　　　④ 身近に

0125 ④ 八百屋やおやでキャベツと大根だいこんを買かった。

'채소가게'는 「野菜店」 또는 「野菜屋」라고 하지 않는다. 「八百屋」라고 한다.

0126 ② 天気てんき予報よほうによると、明日は晴はれるそうだ。

'일기예보'는 한자어 그대로 「日気予報」라고 쓸 수 없다. 「天気予報」라고 해야 한다.

0127 ③ パンとライスとどちらがよろしいですか。

문장은 빵과 밥의 둘 중에서 선택하는 것이므로 「どちら」 또는 「どっち」를 쓴다.

　　Hint 「どちら/どっち/どれ」 어느 쪽, 어느 것

모두 '어느 것'에 해당하는 말로 둘 중에서 하나를 선택할 때는 「どちら/どっち」를 쓰고, 3가지 이상에서 선택할 때는 「どれ」를 쓴다.

0128 ③ この商店街しょうてんがいには有名ゆうめいなスパゲッティ店てんがある。

'상가'는 한자어 그대로 「商街」라고 쓸 수 없다. 「商店街」라고 한다.

0129 ① 電球でんきゅうが切きれた。

'전구가 나갔다'는 '수명이 다되었다'는 뜻이므로 「切きれる」를 써야 한다.

0130 ③ 家いえでも手軽てがるに作つくって食たべられます。

'손쉽게・간단히'의 뜻을 나타낼 때는 「手軽に」를 쓴다.

인터넷 · 컴퓨터 용어 Ⅳ	
보낼 편지함	送信そうしんトレイ
보조 프로그램	アクセサリ
복사	コピー
붙여넣기	貼はり付つけ
사용자 정의	ユーザー設定せってい
새로 고침	更新こうしん
색 구성표	カラーマトリックス
서버	サーバー
송신, 전송	配信はいしん
수직(수평) 이동 줄	スクロールバー
스팸메일	迷惑めいわくメール・スパムメール

0131 쉽게 설명해 주세요.

( ) 説明してください。

① 易く　　　② 易しく　　　③ 軽く　　　④ 短く

0132 책방에 가서 잡지를 두 권 샀다.

本屋に行って雑誌を ( ) 買った。

① 二巻　　　② 二本　　　③ 二冊　　　④ 二枚

0133 안경을 쓰고 있는 사람은 누구입니까?

眼鏡を ( ) いる人は誰ですか。

① かぶって　　② つけて　　③ かけて　　④ して

0134 수박에 소금을 뿌려 먹으면 더 달고 맛있어요.

スイカに塩を ( ) 食べると、さらに甘くておいしいです。

① まいて　　　　　　② ふりまいて

③ かけて　　　　　　④ ばらまいて

0135 일본에서는 달걀 프라이에 간장을 쳐서 먹어요.

日本では卵焼きにしょうゆを ( ) 食べます。

① うって　　　② ふって　　　③ かけて　　　④ ばらまいて

0136 버스에서 내려서 5분 정도 걸었습니다.

バス ( ) 降りてから５分ほど歩きました。

① で　　　　　② に　　　　　③ は　　　　　④ を

0131 ② 易やさしく説明せつめいしてください。

‘쉽게’의 뜻으로「易やすく」라고 잘못 쓰는 경우가 종종 있는데「やすい」가 ‘쉽다’의 뜻으로 쓰이는 경우는「동사 ます형 + やすい」형식으로 쓴다. 단독으로 ‘쉽게’의 뜻으로 쓰이는 말은「易やさしく」뿐이다.

0132 ③ 本屋ほんやに行いって雑誌ざっしを二冊にさつ買かった。

우리말로 책을 세는 단위는 ‘권(券)’을 쓰지만, 일본어는「冊さつ」를 쓴다.

0133 ③ 眼鏡めがねをかけている人ひとは誰だれですか。

‘안경을 쓰다’를 직역해서「眼鏡をかぶる」라고 하면 안 된다.「かぶる」는 ‘머리・얼굴 등에 덮어씌우는 것’을 말하기 때문에 적당하지 않다. 안경을 쓰는 것은 안경다리를 두 귀에 걸친다는 뜻으로「かける」를 쓰면 된다.

0134 ③ スイカに塩しおをかけて食たべると、さらに甘あまくておいしいです。

이 문장에서는 조미료를 뿌리는 것이므로「かける」를 써야 한다.

Hint 「まく/ばらまく/ふりまく」 뿌리다

(1)「まく」는 ‘파종하다・씨를 뿌리다’의 뜻이다.

(2)「ばらまく」는 ‘돈 등을 뿌리다・살포하다’의 뜻이다.

(3)「ふりまく」는 ‘돈이나 물을 마구 뿌리다’의 뜻이다.

0135 ③ 日本にほんでは卵焼たまごやきにしょうゆをかけて食たべます。

‘치다’는 ‘때리다’의 뜻이 아니라 조미료를 더한다는 뜻이므로「かける」를 써야 한다.

0136 ④ バスを降おりてから５分ほど歩あるきました。

‘~에서 (내리다)’는「～で降りる」가 아니라「～を降りる」이다. 조사에 주의해서 써야 한다.

0137 여기는 시골이기 때문에 찾아오는 사람도 거의 없다.

ここは田舎なので (　　　) 来る人もほとんどいない。

① 探して　　　　　　　　　　② 訪ねて

③ 取り戻して　　　　　　　　④ 下ろして

0138 시간이 나면 각지의 풍물을 찾아서 여행을 하고 싶다.

暇ができたら各地の風物を (　　　) 旅をしたい。

① 探して　　　　　　　　　　② 訪ねて

③ 取り戻して　　　　　　　　④ 下ろして

0139 아버지 회사에서 유능한 인재를 찾고 있다.

父の会社で有能な人材を (　　　) いる。

① 探して　　　　　　　　　　② 訪ねて

③ 取り戻して　　　　　　　　④ 下ろして

0140 뺑소니 사고의 목격자를 찾고 있다고 한다.

ひき逃げ事故の目撃者を (　　　) いるそうだ。

① 探して　　　　　　　　　　② 訪ねて

③ 取り戻して　　　　　　　　④ 下ろして

0141 엄마가 미아가 된 아이를 찾고 있었다.

母親が迷子になった子供を (　　　) いた。

① 探して　　　　　　　　　　② 訪ねて

③ 取り戻して　　　　　　　　④ 下ろして

0137 ② ここは田舎(いなか)なので訪(たず)ねて来(く)る人(ひと)もほとんどいない。

문장에서 '찾아오는'은 '볼일이 있어서 그곳에 가거나 오다'의 뜻이므로 「訪(たず)ねる」 또는 「訪(おとず)れる」를 써야 한다.

Hint 「受(う)け出(だ)す/下(お)ろす/訪(おとず)れる/探(さが)す/訪(たず)ねる/取(と)り戻(もど)す/取(と)る/引(ひ)く/引(ひ)き出(だ)す/見(み)つかる」 찾다

(1) 「受け出す」는 전당포 등에서 맡겼던 물건을 도로 찾는 것을 나타낸다.

(2) 「訪れる」는 볼일이 있어서 그곳에 가거나 오는 행위를 나타낼 때 쓴다.

(3) 「探す」는 잃어버린 것, 또는 필요한 것을 찾아내기 위해서 여기저기 찾아보거나 남에게 묻는 것을 나타낼 때 쓴다.

(4) 「訪ねる」는 볼일이 있어서 그곳에 가거나 오는 행위, 모르는 것을 남에게 묻는 행위, 거처를 모르는 사람이나 먼저 간 사람을 찾는 행위, 과거의 일을 더듬는 행위 등을 나타낼 때 쓴다.

(5) 「取り戻す」는 '건강 등이 회복되다'의 뜻으로 쓴다.

(6) 「取る」는 맡긴 물건, 놓고 온 물건 등을 도로 받는 행위를 나타낼 때 쓴다.

(7) 「引き出す」「下ろす」는 '은행 등에서 돈을 찾다'의 뜻이다.

(8) 「引く」는 모르는 단어를 '사전에서 찾다'의 뜻으로 쓴다.

(9) 「見つかる」는 '없어진 물건이나 사람이 발견되다'의 뜻으로 쓴다.

0138 ② 暇(ひま)ができたら各地(かくち)の風物(ふうぶつ)を訪(たず)ねて旅(たび)をしたい。

문장에서 '찾다'는 '볼일이 있어서 그곳에 가거나 오다'의 뜻이다. 图 訪(おとず)れる

0139 ① 父の会社で有能(ゆうのう)な人材(じんざい)を探(さが)している。

문장에서 '찾다'는 '필요한 것을 찾아내기 위해서 여기저기 알아보거나 남에게 묻다'의 뜻이다.

0140 ① ひき逃(に)げ事故(じこ)の目撃者(もくげきしゃ)を探(さが)しているそうだ。

문장에서 '찾다'는 '잃어버린 것이나 필요한 것을 찾아내기 위해서 여기저기 알아보거나 남에게 묻다'의 뜻이므로 「探す」를 쓴다.

0141 ① 母親(ははおや)が迷子(まいこ)になった子供(こども)を探(さが)していた。

문장에서 '찾다'는 '잃어버린 것이나 필요한 것을 찾아내기 위해서 여기저기 알아보거나 남에게 묻다'의 뜻이므로 「探す」를 쓴다.

0142 사전을 찾으면서 일본어 공부를 했습니다.

辞書を (　　　) ながら、日本語の勉強をしました。

① 探し 　　　② 取って 　　③ 引き 　　④ 下ろし

0143 다시 건강을 찾았다.

ふたたび元気を (　　　)。

① 探した 　　　　　　② 取った

③ 取り戻した 　　　　④ 見つかった

0144 잃어버린 책을 드디어 찾았다.

なくした本がやっと (　　　)。

① 探した 　　　　　　② 取った

③ 取り戻した 　　　　④ 見つかった

0145 돈을 찾으려면 통장이 필요한가요?

お金を (　　　) には通帳が必要なんですか。

① 探す 　　　② 引き出す 　　③ 取り戻す 　　④ 取る

0146 파출소에 잃어버린 물건을 찾으러 갔다.

交番に落し物を (　　　) 行った。

① 探しに 　　　　　　② 取りに

③ 取り戻しに 　　　　④ 訪れに

0142 ③ **辞書**じしょ**を引**ひき**ながら、日本語**にほんご**の勉強**べんきょう**をしました。**

'사전을 찾다'는「辞書を引ひく」라고 한다.

> **참고**「辞書じしょを探す」라고 표현하면 '잃어버린 사전을 찾다' 또는 '자신이 필요로 하는 사전을 어디에서 구할 수 있는지 찾아다니다'의 뜻이고,「辞書が見みつかる」라고 하면 '찾던 사전이 나왔다'는 뜻이다.

0143 ③ **ふたたび元気**げんき**を取り戻した。**

'건강을 찾다'는 '건강 등이 회복되다'의 뜻이므로「取り戻す」를 사용해서「元気を取り戻す」라고 하면 된다.

0144 ④ **なくした本がやっと見**み**つかった。**

「探す」는 '사물이나 사람이 어디에 있는지 찾아내려고 하는 행위 그 자체'를 가리키는 말이고,「見つかる」는 '찾은 결과'를 나타내는 말이다. 이 문장에서는「見つかる」가 알맞은 표현이다.

0145 ② **お金**かね**を引**ひき**出**だ**すには通帳**つうちょう**が必要**ひつよう**なんですか。**

문장에서 '찾다'는 '은행에 맡겨 두었던 돈을 찾다'는 뜻이므로「引き出す」또는「下ぉろす」를 써야 한다.

0146 ② **交番**こうばん**に落**おと**し物**もの**を取**と**りに行**い**った。**

문장에서 '찾다'는 '놔두고 온 물건을 찾다'는 뜻으로 쓰는「取る」를 써야 한다.

찾다	
건강을 (되)찾다	健康けんこうを取とり戻もどす
(공항에서 맡긴) 짐을 찾다	荷物にもつを取とる
(뜻을 알기 위해) 사전을 찾다	辞書じしょを引ひく
명품만 찾다	ブランド物ものばかり求もとめる
(살) 집을 찾다	家いえを探さがす
(은행에서) 돈을 찾다	お金かねを下ぉろす
일자리를 찾다	仕事を探す・働はたらき口くちを探す
(잃어버린) 사전을 찾다	辞書を探す
찾았다!	あった。
친구 집을 찾다·방문하다	友ともだちの家いえを訪たずねる

0147 세탁소에 들러서 세탁물을 찾아왔다.

クリニング屋に寄って、洗濯物を (　　　) 来た。

① 探して　　　　　　　　　② 取って

③ 取り戻して　　　　　　　④ 下ろして

0148 꾸준히 모은 저금을 찾아서 기타를 샀다.

こつこつためた貯金を (　　　)、ギターを買った。

① 探して　　　　　　　　　② 取って

③ 取り戻して　　　　　　　④ 引き出して

0149 그런 일은 전화 한 통으로 끝날 일이다.

そんなことは電話 (　　　) で済むことだ。

① 一通　　　② 一番　　　③ 一本　　　④ 一線

0150 친구의 숙제를 도와주었습니다.

友だちの宿題を手伝って (　　　)。

① あげました　　　　　　② さしあげました

③ もらいました　　　　　④ くれました

0151 야기 씨는 아즈마 씨의 짐을 들어 주었습니다.

東さんは八木さんに荷物を持って (　　　)。

① あげました　　　　　　② さしあげました

③ もらいました　　　　　④ くれました

0147 ②**クリニング屋**やに**寄**よって、**洗濯物**せんたくものを**取**とって**来**きた。

문장에서 '찾다'는 '맡겨 두었던 물건을 찾다'의 뜻으로 쓰는「取る」를 써야 한다.

0148 ④**こつこつためた貯金**ちょきんを**引**ひき**出**だして、**ギターを買**かった。

문장에서 '찾다'는 '은행에 맡겨 두었던 돈을 찾다'의 뜻이므로「引き出す」또는「下ぉろす」를 써야 한다.

0149 ③**そんなことは電話一本**いっぽんで**済**すむことだ。

전화 통화 횟수를 일컬어 '한 통·두 통'을 말할 때는「本」을 쓴다.

0150 ①**友**だちの**宿題**しゅくだいを**手伝**てつだってあげました。

내가 친구한테 해 준 것이기 때문에「〜てあげる」를 써야 한다.

0151 ③**東**あずまさんは**八木**やぎさんに**荷物**にもつを**持**ってもらいました。

야기 씨의 입장에서는 아즈마 씨의 짐을 들어준 것이고, 반대로 아즈마 씨는 '야기 씨가 짐을 드는 행위'의 도움을 받는 입장이므로「〜てもらう」를 쓰는 것이 알맞다.

> 참고 「東」가 성(姓)으로 쓰일 때는「あずま・ひがし」등으로 읽는다.

LEVEL 2

LEVEL 3

more	대상을 나타낼 때, 조사「に」만 쓸 수 있는 단어 I
가르치다	〜に教ぉしえる
건네다	〜に渡ゎたす
답하다	〜に返事へんじする
대답하다	〜に答こたえる
드리다	〜にあげる
	〜に差さし上ぁげる
듣다	〜に聞きく
말씀드리다	〜に申もうし上ぁげる
말하다	〜に言いう
묻다	〜に聞く
방문하다	〜に尋たずねる
뵙다	〜にお目めにかかる
부탁하다	〜にお願ねがいする
	〜に頼たのむ
빌려주다	〜に貸かす
빌리다	〜に借かりる

0152 야시로 씨는 히가시 씨와 결혼했습니다.

矢代さんは東さん (　　) 結婚しました。

① も　　　　② に　　　　③ と　　　　④ で

0153 인구가 50만에서 100만으로 늘어났다.

人口が50万から100万 (　　) 増えた。

① も　　　　② に　　　　③ と　　　　④ で

0154 이 채소는 샐러드로 해서 먹으면 맛있다.

この野菜はサラダ (　　) して食べるとおいしい。

① も　　　　② に　　　　③ と　　　　④ で

0155 미국은 몇 개의 주로 나뉘여 있습니까?

アメリカはいくつの州 (　　) 分かれていますか。

① も　　　　② に　　　　③ と　　　　④ で

0156 일본은 지리적으로 보아 한국과 가장 가깝다.

日本は地理的 (　　) みて、韓国と一番近い。

① も　　　　② に　　　　③ と　　　　④ で

0152 ③矢代やしろさんは東ひがしさんと結婚けっこんしました。

이 문장에서는 상대가 있어서 함께한다는 뜻이므로 「と」만 쓸 수 있다.

Hint 「と/に」~와, ~에서, ~으로

모두 '대상'을 나타내는 조사지만, 「と」는 서로가 상대가 되어 같은 행동을 한다는 뜻인데 비해, 「に」는 한 사람이 어떤 행동을 했을 때 상대를 나타낸다.

0153 ②人口じんこうが50万まんから100万まんに増ふえた。

우리말 문장의 '~(으)로'를 「で」로 잘못 번역하는 경우가 많다. 그러나 문장에서 '~(으)로 되다'는 '~(으)로 변하다'의 뜻으로 사물이나 상태가 변해서 어떻게 되는지를 나타내는 것이기 때문에 「に」를 써야 한다.

0154 ②この野菜やさいはサラダにして食たべるとおいしい。

'샐러드로'에서 '~로'는 사물이나 상태를 어떻게 변화시켜 다른 결과로 이어지는 말이기 때문에 조사는 「に」를 써서 「サラダに」로 써야 한다.

0155 ②アメリカはいくつの州しゅうに分わかれていますか。

'주(州)로'에서 '~(으)로'는 뒤에 나오는 동작이나 상태를 나타내는 말의 범위를 한정짓는 뜻으로 조사 「に」를 써야 한다.

참고 「に」와 같은 '~(으)로'로 번역되는 「で」는 원인·수단·재료 등을 나타낼 때 쓴다.

0156 ②日本にほんは地理的ちりてきにみて、韓国かんこくと一番いちばん近ちかい。

'지리적으로'에서 '~으로'는 뒤에 나오는 동작이나 상태를 나타내는 말의 범위를 한정 짓는 뜻으로 조사 「に」를 써야 한다.

대상을 나타낼 때, 조사 「に」만 쓸 수 있는 단어 II

사죄하다	~に謝あやまる
소개하다	~に紹介しょうかいする
알리다	~に知しらせる
양보하다	~に譲ゆずる
전달하다	~に伝つたえる
전보를 치다	~に電報でんぽうを打うつ
전화를 걸다	~に電話でんわをかける
주다	~にやる
주의를 주다	~に注意ちゅういする
지급하다	~に払はらう
질문하다	~に質問しつもんする

0157 외국인을 상대로 일본어를 가르치는 것은 어렵다.

外国人を相手 (　　　) 日本語を教えるのは難しい。

① も　　　　　② に　　　　　③ と　　　　　④ で

0158 1000g은 1㎏과 같다.

1000gは 1 kg (　　　) 等しい。

① も　　　　　② に　　　　　③ と　　　　　④ で

0159 벽에 부딪쳐서 머리를 다쳤다.

壁 (　　　) 当たって、頭に怪我をした。

① も　　　　　② に　　　　　③ と　　　　　④ で

0160 어머니를 따라 백화점에 갔다.

母 (　　　) ついてデパートへ行った。

① を　　　　　② に　　　　　③ と　　　　　④ で

0161 로마에 가면 로마의 법을 따르라.

ローマに行ったらローマ法 (　　　) 従え。

① を　　　　　② に　　　　　③ と　　　　　④ で

0162 그녀는 어머니를 닮았다.

彼女はお母さん (　　　) 似ている。

① を　　　　　② に　　　　　③ の　　　　　④ が

0157 ② **外国人**がいこくじん**を相手**あいて**に日本語**にほんご**を教**おし**えるのは難**むずか**しい。**

'상대로'에서 '～으로'는 상대편의 자격·역할·위치를 나타내는 「～に」를 써야 한다.

0158 ② **1000g**せんグラム**は 1 kg**いちキロ**に等**ひと**しい。**

'1*kg*과 ～'라고 해서 자칫 「と」를 쓰기 쉽지만, 等しい는 조사 「～に」와 연결되어 쓰이기 때문에 「～に等しい」로 써야 한다.

0159 ② **壁**かべ**に当**あ**たって、頭**あたま**に怪我**けが**をした。**

문장은 혼자서 하는 행동이기 때문에 「に」만 쓸 수 있다.

0160 ② **母についてデパートへ行った。**

'～을 따라가다(따라오다)'는 「～をついていく(くる)」는 쓸 수 없다. 「～についていく(くる)」이다.

0161 ② **ローマに行**い**ったらローマ法**ほう**に従**したが**え。**

'～을 따르다'는 「～を従う」는 쓸 수 없다. 「～に従う」이다.

0162 ② **彼女はお母**かあ**さんに似**に**ている。**

'～을 닮다'는 조사 「を」를 쓸 수 없고, 여기서는 비교의 기준이 되는 것을 나타내는 조사 「に」를 써서 「～に似ている」라고 한다. 또한 '～을 닮다'는 우리말로 현재 시제라고 해서 「～に似る」로 표현하면 안 된다. 일본어에서는 현재의 상태로 표현하기 때문에 「～に似ている」(닮아 있다)가 된다.

대상을 나타낼 때, 조사 「と」만 쓸 수 있는 말	
경쟁하다	～と競争きょうそうする
경주하다	～と競走きょうそうする
다투다	～と争あらそう
사이좋게 지내다	～と仲なかよくする
싸우다	～と戦たたかう
전쟁하다	～と戦争せんそうする

0163 개발을 위해 자연을 파괴하고 있다.

開発 (　　　) ために自然を破壊している。

① を 　　　　② に 　　　　③ の 　　　　④ が

0164 아키하바라에서 **노트북**을 샀다.

秋葉原で (　　　) を買った。

① ノトコンピューター 　　　　② パソコン

③ ノートブック 　　　　④ ノートパソコン

0165 순서를 기다려 주시기 바랍니다.

順番を (　　　)。

① お待ちにください 　　　　② お待ちになさってください

③ お待ちください 　　　　④ お待ちしてください

0166 안내해 드릴 테니 여기서 잠시 기다려 주시기 바랍니다.

ご案内いたしますから、(　　　) で (　　　) お待ちください。

① こっち / ちょっと 　　　　② こっち / 少々

③ こちら / ちょっと 　　　　④ こちら / 少々

0167 그럼 회의실로 안내해 드리겠습니다.

それでは会議室の方へ (　　　)。

① ご案内してさしあげます 　　② ご案内なさいます

③ ご案内いたします 　　　　④ ご案内してください

0163 ③ **開発**かいはつ**のために自然**しぜん**を破壊**はかい**している。**

'~을 위해서'를 나타낼 때 「ため」는 형식명사이기 때문에 조사 「を」를 쓸 수 없고 '체언 + 체언'의 기능을 하는 조사 「の」를 써서 「〜のために」라고 한다.

0164 ④ **秋葉原**あきはばら**でノートパソコンを買**か**った。**

「ノートブック」라고는 하지 않는다. 「ノートパソコン」이라고 써야 한다. 여기서 「パソコン」은 「パーソナルコンピューター」(퍼스널컴퓨터)의 준말이다.

0165 ③ **順番**じゅんばん**をお待**ま**ちください。**

'기다리다'의 존경 표현은 여러 가지로 표현할 수 있는데 보기 중에서는 「お待ちください」가 알맞다. 보기 ②는 「なさって」를 「なって」로 고치면 알맞은 표현이 된다.

0166 ④ **ご案内**あんない**いたしますから、こちらで少々**しょうしょう**お待**ま**ちください。**

부사어의 정중어를 물어보는 문제이다. 앞쪽은 '이쪽' 「こっち」의 정중어인 「こちら」를, 뒤쪽은 '좀, 약간'의 뜻으로 「ちょっと」의 정중어인 「少々」를 넣어야 한다.

0167 ③ **それでは会議室**かいぎしつ**の方**ほう**へご案内**あんない**いたします。**

'안내해 드리다'라는 겸양 표현을 쓰는 문제이다. 자칫 「ご案内あんないしてさしあげます」를 답으로 고르기 쉬운데 「〜てさしあげる」는 윗사람에게 물건을 주거나 자신이 그 사람을 위해서 뭔가를 할 경우에 사용하는 겸양어이긴 하지만 1인칭 주체의 행위로서는 강압적 의미가 강해지기도 하기 때문에, 이 문장에서는 「お(ご)〜する(いたす)」의 형식을 쓰는 것이 좋다.

대상을 나타낼 때, 조사 「と」와 「に」를 모두 쓸 수 있는 말	
만나다	会あう
말하다	話はなす
부딪치다	ぶつかる
상담하다	相談そうだんする
신호하다	合図あいずする
악수하다	握手あくしゅする
약속하다	約束やくそくする
연락하다	連絡れんらくする
인사하다	挨拶あいさつする
충돌하다	衝突しょうとつする
키스하다	キスする

0168 어머니는 지난달부터 입원하고 계십니다.

母は先月から入院して（　　　）。

① おられます　　　　　　　　② おります

③ いらっしゃいます　　　　　④ ございます

0169 아무것도 말씀드릴 것이 없습니다.

何も（　　　）ことはございません。

① 話してあげる　　　　　　② お話しなさる

③ おっしゃる　　　　　　　④ お話しする

0170 식기 전에 어서 차 드세요.

冷めないうちにお茶をどうぞ（　　　）。

① 飲みなさい　　　　　　　② お飲みください

③ お召し上がってください　④ お飲みしてください

0171 무거워 보이네요. 들어 드릴까요?

重そうですね。（　　　）。

① 持って上げましょうか　　② 持って差し上げましょうか

③ お持ちしましょうか　　　④ お持ちになりましょうか

0172 이 기계의 사용법은 설명서를 읽으면 알 수 있다.

この機械の（　　　）方は、説明書を読めばわかる。

① 使う　　② 使い　　③ 使っている　　④ 使った

0168 ② **母はは は先月せんげつから入院にゅういんしております。**

우리말로는 '계십니다'로 존경 표현을 쓰지만 일본어에서는 자신이 속한 그룹의 사람에 대해 말할 경우는 낮춰서 말해야 하므로 '있다'의 겸양 표현을 써야 한다.

0169 ④ **何なにもお話はなしすることはございません。**

「話はなす」(말하다)의 겸양 표현은 「お話しする」이다. 존경 표현은 「お話しになる」「お話しなさる」「おっしゃる」이다.

0170 ② **冷さめないうちにお茶ちゃをどうぞお飲のみください。**

보기 중에서 「飲のみなさい」는 손님에게 내놓은 차가 식기 전에 마시라고 권할 경우에 흔히 잘못 쓰는 예이다. 존경 표현의 변화로 언뜻 보기에는 맞는 것처럼 보이지만, 공손한 말투라도 명령형이 되면 존경의 뜻이 약해진다. 이 경우는 「お飲みください」 또는 「お飲みなさいませ」라고 하는 것이 좋다. 앞에 「どうぞ」를 붙이면 더욱 정중하게 권하는 표현이 된다.

0171 ③ **重おもそうですね。お持もちしましょうか。**

「上あげる」「差さし上あげる」는 윗사람에게 물건을 주거나 그 사람을 위해서 무언가를 할 경우에 쓰는 겸양 표현이다. 그러나 1인칭 주체의 행위로서는 강요하는 듯한 인상을 주기 때문에, 이 문장에서는 「お(ご)~する/いたす」의 형식을 사용하는 것이 좋다. 이 문장에서도 '들어 드리겠습니다'는 「お持ちしましょうか」라고 하는 것이 좋다.

0172 ② **この機械きかいの使つかい方かたは、説明書せつめいしょを読よめばわかる。**

'~하는 방법·법·방식'은 「동사ます형 + 方」로 나타낸다.

---

more	「犬」가 들어가는 관용구	
	犬いぬが西にし向むきゃ尾おは東ひがし	개가 서쪽을 향하면 꼬리는 동쪽을 향한다 ; 당연하다, 당연한 일이다
	犬も歩あるけば棒ぼうに当あたる	개도 나돌아다니면 몽둥이가 맞는다 ; 주제넘게 나서다가 낭패 보다, 이것저것 하다 보면 좋은 일이 생긴다
	犬の遠とおぼえ	(개·늑대 등이) 멀리서 짖음, 짖는 소리 ; 강한 자를 멀리서 비난함, 뒤에서 욕함.
	犬も食くわない	개도 먹지 않는다 ; 어느 누구도 상대해 주지 않을 정도로 터무니없다, 시시하다

0173 모리 씨는 발이 넓어서 그것에 대한 전문가를 소개받으면 된다.

森さんは (　　　) が広いから、それについての専門家を紹介して
もらうといい。

① 手　　　　　② 足　　　　　③ 顔　　　　　④ 腕

0174 친구가 일부러 찾아왔는데 공교롭게도 집을 비우는 바람에 만나지 못했다.

友だちが (　　　) 訪ねて来てくれたのに、あいにく留守にしてい
て会えなかった。

① わざと　　　② わざわざ　　③ 故意に　　　④ あえて

0175 실제로 읽어 보고 처음으로 고전의 재미를 알았다.

実際に読んでみて、(　　　) 古典のおもしろさを知った。

① 初め　　　　② 初めに　　　③ 初めて　　　④ 初めで

0176 일본에는 몇 번이나 왔지만 나고야는 처음이다.

日本へはなんども来たが、名古屋は (　　　) だ。

① 初め　　　　② 初めに　　　③ 初めて　　　④ 初めは

0177 내가 며칠 동안 생각해도 풀지 못한 문제를 여동생은 간단히 풀어버린다.

ぼくが何日 (　　　) 解けなかった問題を、妹はあっさりと解いて
しまう。

① 思っても　　② 考えても　　③ 覚えても　　④ 出しても

0173 ③森もりさんは顔かぉが広ひろいから、それについての専門家せんもんかを紹介しょうかいしてもらうといい。

'발이 넓다'에 해당하는 관용구는 「顔が広い」이다.

0174 ②友ともだちがわざわざ訪たずねて来きてくれたのに、あいにく留守るすにしていて会あえなかった。

'일부러'에 해당하는 말은 「わざと」와 「わざわざ」가 있는데, 「わざと」는 '고의로'의 뜻에 가깝고 부정적인 의미에 사용되며, 「わざわざ」는 '~을 위해 일부러'라는 뜻으로 긍정적인 의미에 쓰인다. 이 문장에서는 「わざわざ」를 써야 한다.

0175 ③実際じっさいに読ょんでみて、初はじめて古典こてんのおもしろさを知しった。

'처음으로'는 '지금까지 없는 경험, 이번이 첫 번째'의 뜻이므로 이 문장에서는 「初めて」를 써야 한다.

0176 ③日本へはなんども来きたが、名古屋なごやは初はじめてだ。

문장에서 '처음'은 '지금까지 없는 경험·이번이 첫 번째'의 뜻이므로 이 경우는 「初はじめ」가 아니라 「初めて」를 써야 한다.

0177 ②ぼくが何日なんにち考かんがえても解とけなかった問題を、妹いもうとはあっさりと解といてしまう。

논리적으로 생각하는 것이기 때문에 「考える」를 써야 한다.

인터넷 · 컴퓨터 용어 V	
CD에 다운받다	ＣＤ－Ｒに落ぉとす
시스템 다시 시작	再起動さいきどう
시스템 대기	スタンバイ
시스템관리 마법사	メンテナンスウィザード
시작	スタート
실행 취소	キャンセル
알림판	タスクトレイ
압축 풀기	解凍かいとう
열기	開ひらく
예약된 작업	タスク
외장 하드디스크	外付そとっけハードディスク
이머니, 사이버머니	電子でんしマネー

LEVEL 1

LEVEL 2

LEVEL 3

0178 몸에 나쁘다는 걸 알면서도 담배를 끊지 못한다.

体に悪いと知りながら、タバコが（　　　）。

① やめられない　　　　　　② 切れない

③ 吸えない　　　　　　　　④ 取れない

0179 시험 날 늦잠을 잤다.

試験の日に朝寝坊を（　　　）。

① した　　　② 寝た　　　③ 眠った　　　④ 休んだ

0180 단백질을 태우면 머리카락 타는 냄새가 난다.

たんぱく質を燃やすと、髪の毛のこげたような匂いが（　　　）。

① でる　　　② する　　　③ ある　　　④ におう

0181 잘 때는 전기 스위치를 꺼 주세요.

寝る時は、電気の（　　　）を切ってください。

① スウィチ　　② スウィッチ　　③ スイチ　　　④ スイッチ

0182 미니스커트를 입으면 아버지한테 야단맞는다.

ミニスカートを（　　　）お父さんに怒られる。

① 着ると　　　② 履くと　　　③ すると　　　④ かぶると

0178 ① 体_{からだ}に悪_{わる}いと知_しりながら、タバコがやめられない。

'끊지 못하다'에 해당하는 말로 「やめられない」와 「切_きれない」가 있다. 이 문장에서는 '그만두다'의 뜻이기 때문에 「やめられない」를 써야 한다.

0179 ① 試験_{しけん}の日_ひに朝寝坊_{あさねぼう}をした。

'늦잠을 자다'는 「朝寝坊をする」이다.

0180 ② たんぱく質_{しつ}を燃_もやすと、髪_{かみ}の毛_けのこげたような匂_{にお}いがする。

'냄새가 나다'는 「匂いがする」이다.

0181 ④ 寝_ねる時_{とき}は、電気_{でんき}のスイッチを切_きってください。

영어의 [wi]나 [wee]의 우리말 표기는 '위'이지만, 일본어에서는 「イ」로 쓴다. 'switch'는 「スイッチ」라고 써야 한다.

0182 ② ミニスカートを履_はくとお父_{とう}さんに怒_{おこ}られる。

Hint 「着る/履く」입다, 신다

(1) 「着_きる」는 「体_{からだ}」(몸통)를 덮는 경우를 말하며, 일부분(브래지어 등)만 제외하고 양복·상의·스웨터·셔츠·코트·파자마·가운 등에 쓴다.

(2) 「履_はく」는 발 또는 하체를 덮는 경우를 말하며, 구두·부츠·슬리퍼·양말·바지·스커트·팬티·스타킹 등에 쓴다.

(3) 특히, 우리말로 '입다'라고 표현하는 스커트·바지·팬티 등은 「着る」가 아니라 「履く」라는 점에 주의해야 한다.

---

more 「茶」가 들어가는 관용구

お茶_{ちゃ}の子_こ	식은 죽 먹다, 아주 쉽다, 누구도 상대해 주지 않을 정도로 터무니없다·시시하다
お茶をにごす	어물어물거리거나 속여서 그 자리를 모면하다. =口_{くち}を濁_{にご}す・ごまかす・その場_ばを言_いいつくろう・うやむやにする·一時_{いちじ}しのぎをする
お茶をひく	손님이 없다

0183 전철에 우산을 두고 내리는 사람이 많다.

電車に傘を（　　）人が多い。

① 置いて降りる　　　　　　② 置く

③ 忘れる　　　　　　　　　④ 落ちる

0184 이 신문은 시사 문제를 쉽게 해설해 준다.

この新聞は、時事問題を（　　）解説してくれる。

① たやすく　　② 容易に　　③ 易しく　　④ やすく

0185 요요기 씨는 여행을 갈 때마다 선물을 사다 준다.

代々木さんは旅行に行くたびに、（　　）を買ってきてくれる。

① 膳物　　　　② おみやげ　　③ ギフト　　④ お祝い

0186 이 상가에는 사람들이 쇼핑하러 많이 온다.

この（　　）には、人がおおぜい買いに来る。

① 商街　　　　② 店街　　　③ 商店街　　　④ 商売街

0187 친구의 생일선물로 탁상시계를 샀다.

友だちの誕生日のプレゼントに（　　）を買った。

① 卓上時計　　　　　　　　② テーブル時計

③ かけ時計　　　　　　　　④ 置き時計

0183 ③ **電車**でんしゃ**に傘**かさ**を忘**わす**れる人**ひと**が多**おお**い。**

문장에서 '두고 오다'는 '가지고 오는 것을 잊어버리다'의 뜻이므로 「置おく」는 적당하지 않다. 「置く」를 쓰면 일부러 그곳에 놓았다는 뜻이 된다. 이 문장에서는 「忘れる」를 써야 한다.

0184 ③ **この新聞**しんぶん**は、時事問題**じじもんだい**を易**やさ**しく解説**かいせつ**してくれる。**

문장에서는 '이해하기 쉽다'는 뜻을 나타내기 때문에 「易しい」를 써야 한다.

Hint 「**たやすい/容易**ように**/易**やさ**しい**」 쉽다

'쉽게 해결할 수 있다', '간단하다'라는 의미로는 모두 쓸 수 있다. 예를 들어 '쉬운 문제'는 「易しい問題」「たやすい問題」「容易な問題」 모두 쓸 수 있다. 그러나 '이해하기 쉽다·평이하다'는 뜻으로 쓰일 때는 「たやすい」와 「容易」는 쓸 수 없고, 「易しい」만 가능하다.

0185 ② **代々木**よよぎ**さんは旅行**りょこう**に行**い**くたびに、おみやげを買**か**ってきてくれる。**

문장에서는 여행지에서 사 오는 선물의 뜻이므로, 「おみやげ」가 알맞다.

0186 ③ **この商店街**しょうてんがい**には、人**ひと**がおおぜい買**か**いに来**く**る。**

'상가'는 한자어 그대로 「商街」라고 쓰지 않는다.

0187 ④ **友**とも**だちの誕生日**たんじょうび**のプレゼントに置**お**き時計**とけい**を買**か**った。**

'탁상시계'를 「卓上時計」라고 쓰지 않는다.

시계	
기둥시계	柱時計はしらどけい
벽시계	かけ時計とけい・壁時計かべどけい
손목시계	婉時計うでどけい
자명종	目覚めざまし時計とけい

0188 함께 수업을 받는 친구가 왔기 때문에 교실로 들어갔다.

いっしょに授業を (　　　) 友だちが来たので教室に入った。

① 受ける　　　② 貰う　　　③ される　　　④ あきる

0189 부탁받은 물건은 어제 사카이 씨에게 전했습니다.

頼まれた物は昨日酒井さんに (　　　) 。

① 伝えました　　　　　　② 渡しました

③ 伝達しました　　　　　④ 回しました

0190 연예인들의 말과 행동은 청소년들에게 커다란 영향을 미친다.

(　　　) らの言葉や行動は、青少年たちに大きな影響を及ぼす。

① 芸能人　　　② 演芸人　　　③ 芸術人　　　④ 演技人

0191 내 이름은 아버지가 지었다.

私の名前は父が (　　　) 。

① 作った　　　② つけた　　　③ 書いた　　　④ 取った

0192 연구에 필요한 예산을 짰다.

研究に必要な予算を (　　　) 。

① しぼった　　　② 組んだ　　　③ 編んだ　　　④ 取った

0188 ① いっしょに授業じゅぎょうを受うける友だちが来きたので教室きょうしつに入はいった。

'수업을 받다'는 '수업에 응하다'의 뜻이므로「貰もらう」는 쓸 수 없고「受ける」만 가능하다.

0189 ② 頼たのまれた物ものは昨日きのう酒井さかいさんに渡わたしました。

'전하다'에 해당하는 말로「伝つたえる」와「渡す」가 있다.「伝える」는 '안부나 말을 전하는 것'이고,「渡す」는 '편지·선물·서류·돈·물건 등을 건네주는 행위'를 뜻한다. 따라서 이 문장에서는「渡す」가 알맞다.

0190 ① 芸能人げいのうじんらの言葉ことばや行動こうどうは、青少年せいしょうねんたちに大おおきな影響えいきょうを及およぼす。

「演芸人」이라는 말은 쓰지 않는다.

0191 ② 私の名前なまえは父がつけた。

'이름을 짓다'는 표현을 할 때 이름을 만드는 것이 아니라 '이름을 붙이다(정하다)'의 뜻으로 쓰는 동사「つける」를 써야 한다.

0192 ② 研究けんきゅうに必要ひつような予算よさんを組くんだ。

「しぼる」는 비틀어서 수분을 없애는 것을 나타낸다. 이 문장에서는 '팀·멤버·예정·시간표·예산·프로그램 등을 짜다'의 뜻이 있는「組む」를 써야 한다.

LEVEL 1

LEVEL 2

LEVEL 3

인터넷 · 컴퓨터 용어 Ⅵ	
이메일	電子でんしメール
이모티콘	絵文字えもじ
인쇄 미리보기	印刷いんさつプレビュー
인터넷 뱅킹	ネットバンキング
인터넷 쇼핑	ネットショッピング
인터넷 중독	ネット依存症いぞんしょう
임시 보관함	下書したがき
자동 고침	自動じどう修正しゅうせい
자판	キーボード
잘라내기	切きり取とり
정밀 검사	完全かんぜんエラーチェック
제목 바	メニューバー
제어판	コントロールパネル

0193 어제 본 시험 결과가 벌써 나왔다.

昨日（　　　）試験の結果がもう出た。

① した　　　② 見た　　　③ 受けた　　　④ 書いた

0194 읽던 책을 덮고 잠자리에 들었다.

読んでいた本を（　　　）、寝床についた。

① かぶって　　② 覆って　　③ 閉じて　　④ して

0195 추우니까 이불을 잘 덮고 자라.

寒いから布団をちゃんと（　　　）寝なさい。

① かぶって　　② 覆って　　③ 閉じて　　④ して

0196 검은 먹구름이 하늘을 뒤덮었다.

黒い雨雲が空を（　　　）。

① かぶった　　② 覆った　　③ 閉じた　　④ した

0197 음식물을 냉장고에 넣을 때는 뚜껑을 잘 덮어 주세요.

食べ物を冷蔵庫に入れる時、きちんとふたを（　　　）ください。

① かぶって　　② 覆って　　③ 閉じて　　④ して

0193 ③ **昨日**きのう**受**うけた**試験**しけんの**結果**けっか**がもう出**でた。

'(시험을) 보다'는 '시험에 응하다'의 뜻이므로, 「試験を受ける」 또는 「試験がある」(시험이 있다)라고 표현한다.

참고 시험에 붙다 : 試験しけんにうかる

0194 ③ **読**よんでいた**本**ほんを**閉**とじて、**寝床**ねどこ**についた。**

문장은 '펼쳐 있던 것을 닫다'의 뜻이므로 「閉じる」가 알맞다.

Hint 「被かぶる/覆おおう/閉とじる」 닫다, 덮어쓰다

(1) 「被る」는 「帽子ぼうしを被る」(모자를 쓰다)와 같이 머리나 얼굴에 무언가를 씌워 전체 또는 일부를 보이지 않게 할 때 쓴다.

(2) 「覆う」는 「トタンで屋根やねを覆う」(함석으로 지붕을 덮다)와 같이 무언가를 펼쳐서 어떤 물건 위에 덮어 보이지 않게 하거나 상처가 나지 않도록 덮는 것을 나타낸다.

(3) 「閉じる」는 「傘かさを閉じる」와 같이 '열려 있거나 펼쳐 있던 것을 닫다'의 뜻으로 쓰인다.

(4) 「被る」와 「覆う」를 쉽게 구분하는 방법 중 하나는 '덮어쓰다'로 번역되면 「かぶる」를 쓰고 '뒤덮다'로 번역되면 「覆う」를 쓴다.

0195 ① **寒**さむ**いから布団**ふとん**をちゃんとかぶって寝**ね**なさい。**

문장은 '덮어쓰다'의 뜻이므로 「かぶる」가 알맞다.

0196 ② **黒**くろ**い雨雲**あまぐも**が空**そら**を覆**おお**った。**

문장은 '뒤덮다'의 뜻이므로 「覆う」가 알맞다.

0197 ④ **食**た**べ物を冷蔵庫**れいぞうこ**に入**い**れる時**とき**、きちんとふたをしてください。**

'뚜껑을 덮다'는 「ふたをする」라고만 쓸 수 있다.

0198 그림을 벽에서 떼고 가족사진을 걸었다.

絵を壁から（　　　）、家族写真をかけた。

① 外して　　　　② 離して　　　　③ 引いて　　　　④ 空けて

0199 이번 일에서 손을 떼겠습니다.

今度の仕事から手を（　　　）。

① 外します　　　② 離します　　　③ 引きます　　　④ 空けます

0200 저 사람한테 눈을 떼지 말고 잘 감시하세요.

あの人から目を（　　　）ないで監視してください。

① 外さ　　　　② 離さ　　　　③ 引か　　　　④ 空け

0198　① 絵を壁から外して、家族写真をかけた。

문장에서 '떼다'는 '붙어 있던 것을 없애다'의 뜻이므로「外す」가 알맞다.

0199　③ 今度の仕事から手を引きます。

문장에서 '떼다'는 '그만두다'의 뜻이므로「引く」가 알맞다.

0200　② あの人から目を離さないで監視してください。

문장에서 '떼다'는 '시선을 다른 곳으로 옮기다'의 뜻으로 쓰였으므로「離す」를 써야 한다.

일본어 문장 기호 I	
ー	音引おんびき
―	ダーシ・ダッシュ・全角ぜんかくダッシュ・中線ちゅうせん・つなぎ線せん・一倍棒いちばいぼう
‐	二分にぶんダーシ・二分ダッシュ・連字符れんじふ
-	ハイフン
〜	波なみ・波形なみがた・波ダッシュ・波ダーシ・ミミズ・ナメクジ
＝	二重にじゅうダーシ・二重ダッシュ・双罫そうちゅう
‥	二点にてんリーダ
…	三点さんてんリーダ・三連さんれんドット
。	句点くてん・まる・はしまる
、	読点とうてん・てん・ちょん
・	中黒なかぐろ・中点なかてん・なかぽつ・ぽつ
.	ピリオド・フルストップ・ポイント・ドット
,	カンマ・コンマ
:	コロン
;	セミコロン
'	アポストロフィ・アポ
!	感嘆符かんたんふ・雨あまだれ・びっくりマーク・エクスクラメーションマーク
‼	二重感嘆符にじゅうかんたんふ・二ふたつ雨あまだれ・雨だれ二ふたつ
¡	逆感嘆符ぎゃくかんたんふ

0201 어제 일본어능력시험을 봤다.

きのう、日本語能力試験を (　　　)。

　⋯▸ _____

0202 오늘은 일이 있어서 빨리 집으로 왔다.

今日は用事があってはやく家へ (　　　)。

　⋯▸ _____

0203 길을 잃고 울고 있는 아이를 파출소로 데려갔다.

(　　　) 泣いている子供を交番に連れて行った。

　⋯▸ _____

0204 책을 베개 삼아 낮잠을 잤다.

本をまくらにして (　　　)。

　⋯▸ _____

0205 스키를 타는 것은 오늘이 처음입니다.

(　　　) のは、今日が初めてです。

　⋯▸ _____

0206 저 사람은 나보다 키가 크다.

あの人は私より背が (　　　)。

　⋯▸ _____

0201 **きのう、日本語**にほんご**能力試験**のうりょくしけん**を受**う**けた。**

'(시험을) 보다'는 '(시험을) 응하다'의 뜻이므로, 「試験を見る」가 아니라 「試験を受ける」 또는 「試験がある」(시험이 있다)라고 한다.

> 참고 시험에 붙다 : 試験にうかる

0202 **今日は用事**ようじ**があってはやく家へ帰**かえ**った。**

「くる」는 '~에서 ~로 다가오다'의 뜻이고, 「帰かえる」는 '사람이 제자리로 다시 가다, 돌아가야 할 곳으로 가다'의 뜻이다. 따라서 문장에서 '집에 오다'는 '본래의 자리로 돌아오다(돌아가다)'의 뜻을 포함하고 있기 때문에 「帰る」를 써야 한다.

0203 **道**みち**に迷**まよ**って泣**な**いている子供**こども**を交番**こうばん**に連**つ**れて行**い**った。**

'길을 잃다'를 표현할 때는 「失うしなう」를 쓰면 안 되고 「迷まよう」를 쓴다.

0204 **本をまくらにして昼寝**ひるね**をした。**

'낮잠을 자다'는 「昼寝をする」라고 한다.

> 참고 늦잠을 자다 : 朝寝坊あさねぼうをする

0205 **スキーをするのは、今日**きょう**が初**はじ**めてです。**

'스키를 타다'에는 「乗のる」 동사를 쓸 수 없다.

0206 **あの人は私**わたし**より背**せ**が高**たか**い。**

'키가 크다(작다)'를 표현할 때는 「背せが大おおきい(小ちいさい)」가 아니라 「背せが高たかい(低ひくい)」라고 한다.

과장해서 말하다	
大口おおくちを叩たたく	자신의 실력이나 입장은 생각하지 않고, 호언장담하면서 잘난 체 하다.
おおげさに言いう	가장 일반적인 의미에서 '과장해서 말하다'의 뜻으로 쓴다.
大見得おおみえを切きる	자신 있는 모습으로 뽐내며 큰소리 치다.
おひれをつける	말을 덧붙여서 부풀려 이야기하다.

0207 맛있는 음식이 많아서 과식하고 말았다.

御馳走がたくさんあったので、（　　　）しまった。

┈▶

0208 이번 방학에는 뉴질랜드에 갈 생각입니다.

今度の（　　　）にはニュージーランドに行くつもりです。

┈▶

0209 오늘 아침은 몹시 춥네요.

（　　　）はずいぶん寒いですね。

┈▶

0210 늘 최선을 다하는 것이 그의 가장 큰 장점입니다.

常にベストを尽くすのが彼の一番の（　　　）です。

┈▶

0211 이 차는 모양은 좋지만, 연료를 많이 먹는 것이 단점입니다.

この車はかっこいいけど、燃料を食うのが（　　　）です。

┈▶

0212 대통령제의 장단점에 대해 가르쳐 주세요.

大統領制の（　　　）について教えてください。

┈▶

0207 御馳走ごちそうがたくさんあったので、食たべ過すぎてしまった。

'과식'을 한자어 그대로 써서「過食」이라고 하지 않는다.「食べ過ぎ」를 써야 한다.

0208 今度こんどの休やすみにはニュージーランドに行くつもりです。

우리나라에서 학교에서는 '방학(放學)'이라고 하고, 관청이나 회사 등에서는 '휴가'라는 말을 쓴다. 그러나 일본에서는「放学」이라는 말은 없고, 학교는「休やすみ」, 관청·회사 등에서는「休暇きゅうか」또는「休み」를 쓴다.

0209 今朝けさはずいぶん寒さむいですね。

'오늘 아침'을 직역해서「今日きょうの朝あさ」라고 하지 않는다.

0210 常つねにベストを尽つくすのが彼の一番いちばんの長所ちょうしょです。

0211 この車くるまはかっこいいけど、燃料ねんりょうを食くうのが短所たんしょです。

'장점·단점'은「長所ちょうしょ・短所たんしょ」이다.

0212 大統領制だいとうりょうせいの長所ちょうしょと短所たんしょについて教おしえてください。

'장단점'은「長短所ちょうたんしょ」또는「長所ちょうしょと短所たんしょ」라고 한다.

일본어 문장 기호 II	
「 」	鉤括弧かぎかっこ・かぎ・引ひっ掛かけ
『 』	二重にじゅうかぎ・二重かぎかっこ
( )	括弧かっこ・丸まるかっこ・パーレン・小しょうかっこ
〔 〕	亀甲きっこう・かめのこかっこ
[ ]	角がっこ・ブラケット・大かっこ
【 】	すみ付っきかっこ・すみ付パーレン・太亀甲ふときっこう・黒亀甲くろきっこう
〈 〉	山やまかっこ・山かぎ・山形やまがた・山パーレン・ギュメ
《 》	二重山かっこ・二重山形・二重ギュメ
{ }	ブレース・ブレイス・中かっこ
" "	チョンチョン・ダブルミュート・チョンチョンかっこ
' '	クォーテーションマーク・引用符いんようふ
" "	ダブルクォーテーションマーク
'	左ひだりシングル引用符いんようふ
'	右みぎシングル引用符
"	左ダブル引用符
"	右ダブル引用符

0213 일기예보에 의하면 오늘은 맑을 거라고 한다.

（　　　）によると、今日は晴れるそうだ。

…▸ _____

0214 음식은 뭘 좋아하세요?

（　　　）は何が好きですか。

…▸ _____

0215 근무처는 어디입니까?

（　　　）はどこですか。

…▸ _____

0216 저는 서울대학교 사회학과를 나왔습니다.

私はソウル（　　　）、社会学科を出ました。

…▸ _____

0217 자명종이 고장 나서 늦잠을 잤다.

（　　　）が故障して、寝坊をした。

…▸ _____

0218 자동응답전화기는 혼자 사는 사람들에게 편리한 기계다.

（　　　）はひとり暮らしの人々に便利な機械だ。

…▸ _____

0213 天気予報てんきよほう**によると、今日きょうは晴はれるそうだ。**

우리말 식으로 '일기예보'를 한자어 그대로 쓰지는 않는다.

0214 食たべ物もの**は何なにが好すきですか。**

'음식'은 「飲食いんしょく」가 아니라 「食べ物」라고 한다. 「飲食」라고 하면 '마시고 먹음', 즉 「飲のみ食くい」라는 뜻이 된다.

0215 勤つとめ先さき**はどこですか。**

'근무처'는 「勤め先」「勤務先きんむさき」「職場しょくば」라고 한다. 한자어로 「勤務処」라고 하지 않는다.

0216 **私はソウル大学だいがく、社会学科しゃかいがっかを出でました。**

우리나라에서는 종합대학은 '대학교', 단과대학은 '대학'이라고 구분하지만, 일본어로는 모두 「大学」라고 한다. 「大学校だいがっこう」는 「防衛ぼうえい大学校」「気象きしょう大学校」「保安ほあん大学校」 등 몇몇의 특수 대학만을 가리키는 점에 주의해야 한다.

0217 目覚めざまし時計どけい**が故障こしょうして、寝坊ねぼうをした。**

한자어를 그대로 쓴 「自鳴鐘」이라는 말은 없다.

0218 留守番るすばん電話でんわ**はひとり暮くらしの人々ひとびとに便利べんりな機械きかいだ。**

한자어를 그대로 쓴 「自動応答電話機」라는 말은 없다.

more	「肩」가 들어가는 관용구	
	肩かたの荷にが下おりる	어깨 짐이 내려지다, (책임이나 부담으로부터 해방되어) 어깨가 가벼워지다, 어깨가 홀가분해지다
	肩を落おとす	낙심하거나 하여 어깨를 축 늘어뜨리다
	肩を持もつ	편들다, 역성들다, 가세하다. =見方みかたになる・ひいきする

0219 제비뽑기로 정하자.

くじ(　　　)で決めよう。

⋯→ _____

0220 보너스로 새 차를 뽑았다.

ボーナスで新しい車を(　　　)。

⋯→ _____

0221 인도에서 캐치볼을 하는 것은 위험하다.

(　　　)でキャッチボールをするのは危ない。

⋯→ _____

0222 피아노를 치면서 노래를 불렀다.

ピアノを(　　　)ながら歌を歌った。

⋯→ _____

0223 바이올린을 켜 봤지만 소리가 나지 않는다.

バイオリンを(　　　)みたが、音が出ない。

⋯→ _____

0224 하프를 타는 모습이 무척 아름답네요.

ハープを(　　　)姿が本当に美しいですね。

⋯→ _____

0219 **くじ引ひきで決きめよう。**

'제비뽑기'를 직역해서「くじ選えらび」로 하면 안 된다. 일본어로 '제비뽑기'는「くじ引き」라고 한다.

0220 **ボーナスで新あたらしい車くるまを買かった。**

문장에서 '뽑다'는 '선택하다'의 뜻이 아니라 '사다'의 뜻이므로「買かう」를 써야 한다.

0221 **歩道ほどうでキャッチボールをするのは危あぶない。**

우리말에서는 '인도'와 '보도'라는 말을 모두 쓰지만 일본어로는「歩道」라고 한다.

0222 **ピアノを弾ひきながら歌を歌った。**

'치다'에 해당하는 대표적인 단어는「打うつ」가 있지만, 이 문장처럼 '악기를 연주하다'의 뜻으로 쓰이는 경우는「弾ひく」를 써야 한다.

0223 **バイオリンを弾ひいてみたが、音おとが出でない。**

문장에서 '켜다'는 '악기를 연주하다'의 뜻이기 때문에「弾ひく」를 써야 한다. '켜다'라는 말 그대로「つける」라고 하면 '전구·불 등을 켜다'의 뜻이 된다.

0224 **ハープを弾ひく姿すがたが本当ほんとうに美うつくしいですね。**

하프 연주를 하는 것은 '타다'라고 한다. 하프는 줄을 퉁기는 악기이기 때문에「弾く」를 써야 한다.

치다 I	
공을 치다	ボールを打うつ
기타를 치다	ギターを弾ひく
떡을 치다	もちをつく
박수를 치다	拍手はくしゅをする
볼을 치다	ボールを打つ
북을 치다	太鼓たいこを叩たたく
선배를 치다(때리다)	先輩せんぱいを殴なぐる
시험을 치다	試験しけんを受うける

0225 아무도 없는지 아무리 불러도 대답이 없다.

誰もいないのかいくら呼んでも（　　　）がない。

···▸ _____

0226 벌써 1주일 전에 편지를 부쳤는데 아직 답장이 오지 않는다.

もう一週間も前に手紙を出したのに、まだ（　　　）が来ない。

···▸ _____

0227 이 문제의 정답은 무엇입니까?

この問題の（　　　）は何ですか。

···▸ _____

0228 어제 친구와 테니스를 쳤다.

きのう友だちとテニスを（　　　）。

···▸ _____

0229 이 아파트에서는 애완동물을 키우면 안 됩니다.

このアパートでは（　　　）を飼ってはいけません。

···▸ _____

0230 오토바이를 탈 때는 헬멧을 써야 한다.

オートバイ（　　　）乗る時は、ヘルメットをかぶるべきだ。

···▸ _____

0225 誰<small>だれ</small>もいないのかいくら呼<small>よ</small>んでも返事<small>へんじ</small>がない。

'대답(對答)'이라는 일본어는 없고 「返事<small>へんじ</small>」를 쓴다. 「返事」에는 '대답·답장'의 뜻이 있다.

0226 もう一週間<small>いっしゅうかん</small>も前<small>まえ</small>に手紙<small>てがみ</small>を出<small>だ</small>したのに、まだ返事<small>へんじ</small>が来<small>こ</small>ない。

'답장(答狀)'이라는 일본어는 없고 「返事<small>へんじ</small>」를 쓴다.

0227 この問題<small>もんだい</small>の正解<small>せいかい</small>は何<small>なん</small>ですか。

「正答」이라고 하지 않는다.

0228 きのう友だちとテニスをした。

'테니스·배드민턴 등을 치다'에 알맞은 동사는 「する」이다. 「打<small>う</small>つ」는 쓰지 않는다.

0229 このアパートではペットを飼<small>か</small>ってはいけません。

'애완동물(愛玩動物)'이라는 말은 쓰지 않고 외래어로 「ペット」를 쓴다.

0230 オートバイに乗<small>の</small>る時<small>とき</small>は、ヘルメットをかぶるべきだ。

'~을 타다'를 표현할 때는 동작·작용의 귀착점을 나타내는 조사 「に」를 써서 「~に乗る」라고 한다.

스포츠 종목	
권투, 복싱	ボクシング
농구	バスケットボール
마라톤	マラソン
배구	バレーボール
스키	スキー
아이스하키	アイスホッケー
야구	野球<small>やきゅう</small>
양궁	アーチェリー
역도	重量挙<small>じゅうりょうあげ</small>
축구	サッカー
탁구	ピンポン
필드하키	フィールドホッケー

0231 특별히 싫어하는 것은 없습니다.

（　　　）きらいなものはありません。

⋯▶

0232 어머니는 아버지 회사에서 사무를 보고 있습니다.

母は父の会社で事務を（　　　）います。

⋯▶

0233 작년에 산 주식이 내려서 100만원이나 손해를 보았다.

去年買った株が下がって100万ウォンも損を（　　　）。

⋯▶

0234 오늘 시험은 잘 봤어?

今日の試験は（　　　）？

⋯▶

0235 아이에게 집 보기를 부탁하고 쇼핑하러 나갔습니다.

子供に（　　　）を頼んで、買い物に出かけました。

⋯▶

0236 지금부터 출석을 부르겠습니다.

今から出席を（　　　）。

⋯▶

0231 特とくにきらいなものはありません。

'특별히 ~ 않다'는 「別べっに~ない」 또는 「特に~ない」를 써서 표현한다.

0232 母は父の会社かいしゃで事務じむを執とっています。

'사무를 보다'는 '역할에 따라 정해진 일을 하다'의 뜻이 있는 「執る」를 써서 「事務を 執る」라고 한다.

0233 去年きょねん買かった株かぶが下さがって100万ウォンも損そんをした。

'손해를 보다'는 「損そんをする」라고 한다. 「見る」 동사를 쓸 수 없다.

0234 今日きょうの試験しけんはできた?

'(시험을) 잘 보다'는 「できる」 동사 하나만 써서 표현할 수 있다.

0235 子供に留守番るすばんを頼たのんで、買かい物ものに出でかけました。

문장에서 '집을 보다'는 '빈집을 지키다'의 뜻이므로 「家を見る」가 아니라 「留守(番)を する」를 써야 한다.

0236 今から出席しゅっせきを取とります。

'출석을 부르다'는 「呼ぶ」 동사를 쓰지 않는다. 「出席を取る」라고 한다.

일본어 문장 기호 Ⅲ	
?	疑問符ぎもんふ・クエスチョンマーク・はてなマーク・インターロゲー ションマーク・耳だれ・耳みみ
?	斜ななめ疑問符
¿	逆ぎゃくぎもんふ
??	二重疑問符にじゅうぎもんふ・二ふたつみみ・二つだれ・みみだれ
⁉	ダブルだれ
/	スラッシュ・斜ななめ線せん
\	バックスラッシュ・逆ぎゃく斜め線
〃	同おなじく記号きごう・同おなじく・チョンチョン・一いちの字点してん
仝	同上どうじょう記号
々	繰くり返かえし字点・漢字かんじ返かえし・同どうの字点
〱	大返おおがえし・くの字点してん
ヽ	片仮名かたかな繰くり返かえし字点
ヾ	片仮名繰り返し字点
ゝ	平仮名繰り返し字点
ゞ	平仮名繰り返し字点

LEVEL 2

LEVEL 3

0237 남동생은 운동회에서 일등을 했다.

弟は運動会で一等を (　　　)。

…▶

0238 담배를 끊겠다는 그의 결심은 3일도 못 갔다.

タバコを (　　　) という彼の決心は三日と続かなかった。

…▶

0239 아내에게 술을 끊겠다고 약속했다.

妻にお酒を (　　　) と約束した。

…▶

0240 약을 끊고 식이요법을 해 보세요.

薬を (　　　) 食餌療法をしてみてください。

…▶

0241 사장님한테 한소리 들었다.

社長に一言 (　　　)。

…▶

0242 왠지 오늘은 좋은 일이 있을 것 같은 기분이 든다.

なぜだか今日はいい事がありそうな気が (　　　)。

…▶

0237 **弟**おとうと**は運動会**うんどうかい**で一等**いっとう**を取**とった。

'일등을 하다'는 「一等を取る」라고 표현한다. 「取とる」는 어떤 일을 해서 자기 차지로 하는 경우에 많이 쓰인다.

0238 **タバコを止**やめる**という彼の決心**けっしん**は三日**みっか**と続**つづ**かなかった。

이 문장에서는 '나쁜 습관이나 관계를 끊다'의 뜻을 지닌 「止める」를 써야 한다. 「タバコを切きる」라고 하면 '담배를 부러뜨리다'의 뜻이 된다.

0239 **妻**つま**にお酒**さけ**を止**やめる**と約束**やくそく**した。

문장에서 '끊다'는 '나쁜 습관이나 관계를 끊다'의 뜻이기 때문에 「止める」가 알맞다.

0240 **薬**くすり**を止**やめて**食餌**しょくじ**療法**りょうほう**をしてみてください。

문장에서 '끊다'는 '나쁜 습관이나 관계를 끊다'의 뜻으로 쓰였기 때문에 「止める」가 알맞다.

0241 **社長**しゃちょう**に一言**ひとこと**言**い**われた。**

'한소리 들었다'는 말은 '가벼운 꾸중을 들었다, 지적 받았다'는 뜻이므로 「一言ひとこと言われる」라고 한다. 직역해서 「一言聞いた」 또는 「一言聞かれた」라고는 하지 않는다.

0242 **なぜだか今日**きょう**はいい事**こと**がありそうな気**き**がする。**

'기분이 들다'는 「気がする」라고 한다.

신경 쓰다, 걱정하다	
気きにかける	「気にする」와 상당히 가까운 느낌이며 거의 모든 경우에 대입시킬 수 있지만, 걱정하는 정도가 약간 낮아 '염두에 두어 배려하다'의 뜻도 있다. 「くよくよ・ひどく・非常ひじょうに」 등의 부사를 함께 쓰는 경우가 적다.
気にする	「気にかける」와 「気に病む」의 중간 정도의 느낌이다.
気に病やむ	우려의 정도가 크다는 것을 나타내고, 「くよくよ・ひどく・非常に」 등의 부사에 연용 수식되는 경우가 많다. 미래의 일에 대해 걱정하는 뜻은 없고, 주로 현재나 과거의 사실에 대해서 쓴다.

0243 칠판에 분필로 글자를 썼다.

(　　　) にチョークで字を書いた。

…▸ _____

0244 KAL은 한국의 대표적인 항공사이다.

KALは韓国の代表的な (　　　) である。

…▸ _____

0245 앉아 있다가 갑자기 일어서면 현기증이 난다.

座っていて急に立つとめまいが (　　　)。

…▸ _____

0246 이 부근은 밤늦게까지 자동차 소리가 나서 시끄러워서 잠을 잘 수가 없다.

この辺は夜遅くまで自動車の音が (　　　)、うるさくて寝られない。

…▸ _____

0247 감기에 걸려서 오한이 난다.

風邪を引いて寒気が (　　　)。

…▸ _____

0248 저 레스토랑 앞을 지나면 언제나 좋은 냄새가 난다.

あのレストランの前を通ると、いつもいいにおいが (　　　)。

…▸ _____

0243　黒板_{こくばん}にチョークで字_じを書_かいた。

0244　**KALは韓国_{かんこく}の代表的_{だいひょうてき}な航空会社_{こうくうがいしゃ}である。**

「航空会社」를 줄여서 「航空社」라고 하지 않는다.

0245　**座_{すわ}っていて急_{きゅう}に立_たつとめまいがする。**

'현기증이 나다'는 「めまいがする」이다.

> *Hint* 「出_でる/する」 나다

(1) 「でる」는 '생산되다'의 뜻이다.

(2) 「する」는 「〜がする」의 형태로 써서 '무엇을 느끼다, 감지하다'의 뜻이다. 따라서 '냄새·향기·맛·소리·한기 등이 나다(느껴지다)'의 뜻으로는 「〜がする」를 써야 한다.

0246　**この辺_{へん}は夜遅_{よるおそ}くまで自動車_{じどうしゃ}の音_{おと}がして、うるさくて寝_ねられない。**

문장에서 '나다'는 '무엇을 느끼다·감지하다'의 뜻으로 쓰였기 때문에 「音がする」라고 써야 한다.

0247　**風邪_{かぜ}を引_ひいて寒気_{さむけ}がする。**

문장에서 '나다'는 '무엇을 느끼다·감지하다'의 뜻으로 쓰였기 때문에 「〜がする」를 써야 한다.

0248　**あのレストランの前_{まえ}を通_{とお}ると、いつもいいにおいがする。**

문장에서 '나다'는 '무엇을 느끼다·감지하다'의 뜻으로 쓰였기 때문에 「〜がする」를 써야 한다.

나다 I	
냄새·향기가 나다	〜におい(かおり)がする
(사람·동물의) 소리가 나다	声_{こえ}がする
(자연의) 소리가 나다	音_{おと}がする
(추워서) 한기가 나다	寒気_{さむけ}がする
현기증이 나다	めまいがする

0249 엄마는 빈혈이 심해서 가끔 현기증을 일으켜서 쓰러질 때도 있다.

母は、貧血がひどく、たまに (　　　) を起こして倒れる時も
ある。

⋯▸ _____

0250 우리 가게는 거래는 전부 현금으로 하고 있습니다.

うちの店は (　　　) は全部現金でしております。

⋯▸ _____

0251 교통경찰이 속도위반을 단속하고 있다.

交通警察がスピード違反を (　　　)。

⋯▸ _____

0252 입장권이 없는 분은 매표소에서 구입해 주시기 바랍니다.

入場券のない方は、(　　　) でお求めください。

⋯▸ _____

0253 자기 전에는 꼭 문단속을 해라.

寝る前には必ず (　　　) をしなさい。

⋯▸ _____

0254 사고가 난 뒤 항공회사에는 문의 전화가 걸려 왔다.

事故の後、航空会社には (　　　) の電話がかかってきた。

⋯▸ _____

0249 母はは、貧血ひんけつがひどく、たまにめまいを起おこして倒たおれる時もある。

0250 うちの店みせは取とり引ひきは全部ぜんぶ現金げんきんでしております。

'거래'는 한자어 그대로「去来」라고 쓸 수 없다.「取り引き」라고 한다.

참고 거래액：取り引き高だか, 거래처：取り引き先さき

0251 交通警察こうつうけいさつがスピード違反いはんを取とり締しまっている。

'단속하다'는「取り締る」, '단속'은「取り締り」이다.

0252 入場券にゅうじょうけんのない方かたは、切符きっぷ売うり場ばでお求もとめください。

'매표소'는 '표 파는 장소'라는 뜻인「切符売り場」를 쓴다.「買票所」라는 말은 없다.

0253 寝ねる前まえには必かならず戸締とじまりをしなさい。

0254 事故じこの後あと、航空会社こうくうがいしゃには問とい合あわせの電話でんわがかかってきた。

「問議」라는 말은 없다.

LEVEL 2

LEVEL 3

잘못 쓰기 쉬운 가타카나어 ㅣ	
경로석	シルバーシート(silver seat)
경찰차	パト(ロール)カー
골프	ゴルフ
구조조정	リストラ
네덜란드	オランダ
네팔	ネパール
다이어트	ダイエット
단식투쟁	ハンスト(hunger strike)
독일	ドイツ
러시아워	ラッシュアワー
리셉션	レセプション
리허설	リハーサル

0255 작년의 미아 발생 건수는 천명에 이른다.

去年の (　　　) の発生件数は千人に上る。

…▸ _____

0256 매주 일요일에 근처에 있는 신사에서 벼룩시장이 열린다.

毎週日曜日に近所の神社で (　　　) が開かれる。

…▸ _____

0257 의학 연구가 진전되면, 어떤 병이라도 고칠 수 있는 날이 올 것이다.

医学の研究が進めば、どんな (　　　) でも治せる日が来るだろう。

…▸ _____

0258 복권을 살 돈이 있다면 그 돈으로 저금을 하겠다.

(　　　) を買うお金があるなら、そのお金で貯金をする。

…▸ _____

0259 은행 계좌의 비밀번호를 잊어버려서 예금을 인출하지 못했다.

銀行の口座の (　　　) を忘れてしまって預金が引き出せなかった。

…▸ _____

0255 **去年**きょねん**の迷子**まいご**の発生**はっせい**件数**けんすう**は千人**せんにん**に上**のぼ**る。**

0256 **毎週**まいしゅう**日曜日**にちようび**に近所**きんじょ**の神社**じんじゃ**でフリーマーケットが開**ひら**かれる。**
'벼룩시장'은 외래어로 「フリーマーケット」라는 말을 많이 쓴다. 틚蚤のみの市いち

0257 **医学**いがく**の研究**けんきゅう**が進**すす**めば、どんな病気**びょうき**でも治**なお**せる日**ひ**が来るだろう。**
'병'은 「病気」이다. 「病」을 단독으로는 쓰지 않는다.

0258 **宝**たから**くじを買**か**うお金**かね**があるなら、そのお金**かね**で貯金**ちょきん**をする。**
'복권'을 뜻하는 「宝くじ」는 '보물'의 뜻인 「宝たから」와 '제비・추첨'의 뜻인 「くじ」가
합쳐진 말이다.

0259 **銀行**ぎんこう**の口座**こうざ**の暗証番号**あんしょうばんごう**を忘**わす**れてしまって預金**よきん**が引**ひ**き出**だ
せなかった。**
은행 현금카드의 '비밀번호'는 「暗証番号」이다. '현금카드'는 외래어를 써서 「キャッ
シュカード」라고 한다.

LEVEL 1

LEVEL 2

LEVEL 3

날씨 용어 I	
가랑눈	小雪こゆき↔大雪おおゆき
가랑비	小雨こさめ↔大雨おおあめ
강설	降雪こうせつ
강수량	降水量こうすいりょう
강수 확률	降水確率こうすいかくりつ
건조하다	乾燥かんそうしている
고기압	高気圧こうきあつ
돌풍	スコール
번개	稲妻いなずま
벚꽃 전선	桜前線さくらぜんせん
비	雨あめ
싸라기눈	霰あられ
서리	霜しも

0260 오늘 받아쓰기 시험에서 백점을 맞았다.

今日、(　　　)の試験で百点をとった。

⋯▸ _____

0261 저는 지금 석사 논문을 쓰고 있습니다.

私は今(　　　)論文を書いています。

⋯▸ _____

0262 '원숭이도 나무에서 떨어진다.'는 속담이 있습니다. 아무리 자신이 있어도 방심하면 안 됩니다.

「猿も木から落ちる。」という(　　　)があります。いくら自信があっても、油断してはいけません。

⋯▸ _____

0263 남자친구 생일에 수제 초콜릿을 만들어 주었다.

彼の誕生日に(　　　)チョコレートを作ってあげた。

⋯▸ _____

0264 아버지는 **콧수염**을 기르고 있다.

父は(　　　)をはやしている。

⋯▸ _____

0260 今日きょう、書かき取とりの試験しけんで百点ひゃくてんをとった。

0261 私わたしは今いま修士しゅうし論文ろんぶんを書かいています。

'석사'를 우리나라 식으로 「碩士」라고 하지 않는다.

참고 '석사 논문'은 「修士しゅうし論文ろんぶん」이라고 하고, 줄여서 「修論しゅうろん」이라고 한다.

0262 「猿さるも木きから落おちる。」という諺ことわざがあります。いくら自信じしんがあっても、油断ゆだんしてはいけません。

'속담'을 「俗談」이라고 하지는 않는다.

0263 彼かれの誕生日たんじょうびに手作てづくりチョコレートを作つくってあげた。

'수제'는 '손으로 만듦'의 뜻인 「手作り」를 쓴다.

0264 父ちちは口くちひげをはやしている。

'콧수염'은 「鼻はなひげ」가 아니라 「口くちひげ」이다.

LEVEL 1

LEVEL 2

LEVEL 3

날씨 용어 II

소나기	夕立ゆうだち
안개	霧きり
엘니뇨 현상	エルニーニョ
이슬비, 는개	霧雨きりさめ
장마	梅雨つゆ
제트 기류	ジェットストリーム
천둥	雷かみなり
태풍	台風たいふう
파란 하늘, 맑은 하늘	青空あおぞら
풍향	風向かざむき
호우	豪雨ごうう
홍수	洪水こうずい
흐림	曇くもり

0265 백화점에 수영복을 사러 갔다.

デパートへ（　　　）を買いに行った。

⋯▶ _____

0266 여권의 신청 접수 및 교부를 시청에서 하고 있습니다.

パスポートの申請受付及び交付を（　　　）で行っています。

⋯▶ _____

0267 아기가 태어나면 출생신고를 해야 한다.

赤ん坊が生まれたら（　　　）をしなければならない。

⋯▶ _____

0268 혼인신고를 제출하면 법적으로 부부라는 것을 인정받는다.

（　　　）を提出すれば、法的に夫婦であると認められる。

⋯▶ _____

0269 저 정도로 큰 실수를 저질렀는데도 반성하는 기미가 없다.

あれほど大きな（　　　）を犯したのに、反省の気味がない。

⋯▶ _____

0270 사람이 쓰러져 있어서 역무원에게 알렸다.

人が倒れていたので、（　　　）に知らせた。

⋯▶ _____

0265 デパートへ水着みずぎを買かいに行いった。

0266 パスポートの申請しんせい受付うけつけ及および交付こうふを市役所しやくしょで行おこなっています。

관청을 나타내는 「役所」를 붙여서 '시청'은 「市役所しやくしょ」, '구청'은 「区役所くやくしょ」라고 한다.

0267 赤あかん坊ぼうが生うまれたら出生しゅっしょう届とどけをしなければならない。

'출생신고'는 관청에 하는 것이므로 「出生届け」라고 한다.

> **Hint** 「申告しんこく/届とどけ」 신고
>
> (1) 「申告」는 「所得しょとく申告しんこく」(소득 신고), 「税関ぜいかん申告しんこく」(세관 신고) 등에만 쓴다.
>
> (2) 「届け」는 「出生しゅっしょう届け」(출생신고), 「婚姻こんいん届け」(혼인신고), 「欠席けっせき届け」(결석계), 「欠勤けっきん届け」(결근계) 등 관청·경찰서·회사·학교 등에 제출하는 서류에 쓴다.

0268 婚姻こんいん届とどけを提出ていしゅつすれば、法的ほうてきに夫婦であると認みとめられる。

0269 あれほど大おおきなミスを犯おかしたのに、反省はんせいの気味きみがない。

'실수'를 표현할 때는 「ミス」 또는 「失敗しっぱい」를 쓴다.

0270 人が倒たおれていたので、駅員えきいんに知しらせた。

「肝」가 들어가는 관용구	
肝きもいり	안달복달하다
肝を潰つぶす	간이 콩알만 해지다, 간이 떨어지다, 몹시 놀라다
肝を冷ひやす	간담이 서늘해지다, 간이 철렁 내려앉다
肝に銘めいじる(銘ずる)	명심하다, 마음에 새기다
度肝どぎもを抜ぬく	몹시 놀라게 하다

0271 나는 연예인이 되고 싶다.

私は (　　　) になりたい。

···▶ _____

0272 영어를 공부하기 위해 영어회화 학원에 다니려고 하고 있다.

英語を勉強するために (　　　) スクールに通おうと思っている。

···▶ _____

0273 어릴 때는 인삼을 싫어했습니다.

子供のころは (　　　) が嫌いでした。

···▶ _____

0274 일회용 카메라는 한 번 쓰고 버리기 때문에 아깝다.

(　　　) カメラは一度使っただけで捨てるからもったいない。

···▶ _____

0275 일회용 상품은 환경을 오염시킨다.

(　　　) 商品は環境を汚染する。

···▶ _____

0276 환경을 위해 일회용 컵은 사용하지 않으려고 한다.

環境のために (　　　) は使わないようにしている。

···▶ _____

0271 私は芸能人_{けいのうじん}になりたい。

'연예인'을 「演芸人」이라고 쓰지 않는다.

0272 英語を勉強するために英会話_{えいかいわ}スクールに通_{かよ}おうと思_{おも}っている。

'영어회화'는 「英語会話」라고 쓰지 않고 「英会話」라고 한다. 반대로 '일어회화'는 「日語会話」가 아니라 「日本語_{にほんご}会話_{かいわ}」라고 한다.

0273 子供のころは高麗人参_{こうらいにんじん}が嫌_{きら}いでした。

단순히 「人参_{にんじん}」이라고 하면 '당근'이라는 뜻이 된다.

0274 使_{つか}い捨_すてカメラは一度_{いちど}使_{つか}っただけで捨_すてるからもったいない。

'일회용'은 '한 번 쓰고 버림'의 뜻으로 「使い捨て」라고 한다.

0275 使_{つか}い捨_すて商品_{しょうひん}は環境_{かんきょう}を汚染_{おせん}する。

0276 環境_{かんきょう}のために紙_{かみ}コップは使_{つか}わないようにしている。

'일회용 컵'에는 「使い捨て」를 쓰지 않고 「紙コップ」라고 한다.

more | 잘못 쓰기 쉬운 가타카나어 II | |
| --- | --- |
| 마라톤 | マラソン |
| 마일리지 | マイレージ |
| 매너리즘 | マンネリ(ズム) |
| 모티브 | モチーブ |
| 미디어 | メディア |
| 미얀마 | ミャンマー |
| 바이러스 | ウイルス |
| 발레 | バレエ |
| 보이스피싱 | オレオレ詐欺_{さぎ} |
| 보이시 | ボーイッシュ |
| 성희롱 | セクハラ(セクシュアル・ハラスメント) |
| 스위스 | スイス |
| 신혼여행 | ハネムーン |

0277 전세버스를 타고 수학여행을 했다.

( ) バスにのって修学旅行をした。

⋯▸ _____

0278 복잡한 계산을 할 경우에는 전자계산기를 사용하는 편이 낫다.

複雑な計算をする場合は ( ) を使った方がいい。

⋯▸ _____

0279 대도시에는 쓰레기 처리, 교통 정체 등 여러 가지 문제가 있다.

大都市にはゴミ処理、交通 ( ) など、さまざまな問題が
ある。

⋯▸ _____

0280 지하상가에서 가방을 샀다.

( ) でかばんを買った。

⋯▸ _____

0281 슈퍼에서 치약을 샀다.

スーパーで ( ) を買った。

⋯▸ _____

0282 채소가게에서 양파와 당근을 사왔다.

( ) で玉ねぎとニンジンを買ってきた。

⋯▸ _____

0277 貸かし切りリバスにのって修学しゅうがく旅行りょこうをした。

'전세'는 한자어 그대로 쓰지 않고 「貸し切り」라고 한다.

0278 複雑ふくざつな計算けいさんをする場合ばあいは電卓でんたくを使つかった方ほうがいい。

「電卓」는 「電子式でんししき卓上たくじょう計算機けいさんき」의 준말이다.

0279 大都市だいとしにはゴミ処理しょり、交通こうつう渋滞じゅうたいなど、さまざまな問題もんだいがある。

'길이 막히다'의 뜻으로 '정체'는 「渋滞」라고 한다. 「停滞」는 쓰지 않는다.

0280 地下街ちかがいでかばんを買かった。

'지하상가'는 「地下街」라고 한다. 「商街」를 붙여서 쓰지 않는다.

0281 スーパーで歯磨はみがきを買かった。

'치약'을 「歯薬はくすり」라고 하면 '충치 등으로 이가 아플 때 복용하는 약'으로 오해한다. 「歯磨き」에서 「磨き」는 「磨く」의 명사형으로, 「磨く」는 이(치아)・구두・자전거 등을 천이나 솔로 깨끗하게 문지르는 것을 말한다.

> **참고** 칫솔 : 歯はブラシ

0282 八百屋やおやで玉たまねぎとニンジンを買かってきた。

'채소가게'는 「八百屋」이다. '가게'를 뜻하는 「屋」를 붙여서 「野菜屋やさいや」라고는 하지 않는다.

LEVEL 1

LEVEL 2

LEVEL 3

깔다	
목소리를 깔다	声こえを低ひくくする
아스팔트를 깔다	アスファルトを敷しく
초고속 인터넷을 깔다	超高速ちょうこうそくインターネットを設置せっちする
카펫을 깔다	カーペットを敷しく

0283 네덜란드는 풍차와 튤립이 유명합니다.

（　　　　）は風車とチューリップが有名です。

…▸ _____

0284 안전벨트를 매 주시기 바랍니다.

（　　　）をお締めください。

…▸ _____

0285 할부로 하시겠습니까?

（　　　）にしますか。

…▸ _____

0286 일시불로 해 주세요.

（　　　）でお願いします。

…▸ _____

0287 이 차는 상당히 기름을 많이 먹는다.

この車はずいぶん（　　　）を食う。

…▸ _____

0288 은행에서 엔을 달러로 환전했다.

銀行で円を（　　　）に両替した。

…▸ _____

0283 **オランダは風車_{ふうしゃ}とチューリップが有名_{ゆうめい}です。**

'네덜란드'는 영어식 표기를 그대로 읽지 않고, 일본에서 예전부터 부르던 습관대로 「オランダ」라고 한다.

0284 **シートベルトをお締_しめください。**

'안전벨트'는 영어식 표기를 써서 「シートベルト(seat belt)」라고 한다.

0285 **分割払_{ぶんかつばら}いにしますか。**

신용카드 등의 지불 방식을 말하는 '일시불·할부' 등을 표현할 때는 「払_{ばら}い」를 붙여서 말한다.

0286 **一括払_{いっかつばら}いでお願_{ねが}いします。**

0287 **この車_{くるま}はずいぶんガソリンを食_くう。**

여기서 '기름'은 식용유가 아니기 때문에 「油_{あぶら}」라고 할 수 없다. 자동차용으로 주유소에서 파는 기름은 「ガソリン」이라고 한다.

> **참고** 주유소 : ガソリンスタンド

0288 **銀行_{ぎんこう}で円_{えん}をドルに両替_{りょうがえ}した。**

잘못 쓰기 쉬운 가타카나어 Ⅲ	
아르헨티나	アルゼンチン
야간 경기	ナイター(night + er)
어플	アプリ
언더파	アンダーパー
웹서핑	ネットサーフィン
이집트	エジプト
자책골	オウンゴール
적시 안타	タイムリーヒット
주유소	ガソリンスタンド
총파업	ゼネスト
칠레	チリ
칼럼	コラム

0289 아키하바라에서 디카를 샀다.

秋葉原で (　　　) を買った。

⋯▸ _____

0290 마라톤은 올림픽의 꽃이다.

(　　　) はオリンピックの花である。

⋯▸ _____

0291 감기가 유행할 때는 손을 씻어 바이러스에 유의합시다.

風邪がはやっている時は手を洗って (　　　) に気をつけま
しょう。

⋯▸ _____

0292 대통령이 되면 백악관에서 생활한다.

大統領になると (　　　) で暮らす。

⋯▸ _____

0293 신용카드 발행 건수가 매년 늘고 있다.

(　　　) の発行数が年々増えている。

⋯▸ _____

0294 6쪽 둘째 줄에 빨간 줄을 그으세요.

6ページ2行 (　　　) に赤い (　　　) を引いてください。

⋯▸ _____

0289 秋葉原あきはばらでデジカメを買かった。

'디지털카메라'를 줄여서 「デジカメ」라고 한다.

0290 マラソンはオリンピックの花はなである。

참고 107쪽 〈잘못 쓰기 쉬운 가타카나어 II〉 참조

0291 風邪かぜがはやっている時ときは手てを洗あらってウイルスに気きをつけましょう。

'바이러스(virus)'는 독일식으로 발음하여 「ウイルス」라고 읽는다. 「バイラス」로 쓰지 않는 점에 주의해야 한다.

0292 大統領だいとうりょうになるとホワイトハウスで暮くらす。

'백악관'은 외래어 고유명사를 그대로 사용해 「ホワイトハウス」라고 한다.

0293 クレジットカードの発行数はっこうすうが年々ねんねん増ふえている。

'신용카드'는 외래어로 써서 「クレジットカード」라고 한다.

0294 6ページ2行にぎょう目めに赤あかい線せんを引ひいてください。

문장에서 앞에 나오는 '줄'은 순서를 나타낼 때 붙이는 말이므로 「目め」를 써야 하며, 뒤에 나오는 '줄'은 '선'의 뜻이기 때문에 「線」을 써야 한다.

LEVEL 1

LEVEL 2

LEVEL 3

줄	
다섯 번째 줄	5行目ごぎょうめ
오십 줄에 들어서다	50代だいになる
줄넘기	縄跳なわとび
줄다리기	縄引なわびき
줄무늬	縞模様しまもよう
줄을 긋다	線せんを引ひく
줄을 잘 서서 출세하다	コネを利用りょうして出世しゅっせする
한 줄로 서다	一列いちれつに並ならぶ

0295 컴퓨터에 한글 프로그램을 깔았다.

パソコンにハングルのプログラムを (　　　)。

⋯⟩ _____

0296 국제교류 관계의 자원봉사 활동을 하고 있습니다.

国際交流関係の (　　　) 活動をしています。

⋯⟩ _____

0297 매일 아침 신문의 경제 칼럼을 읽습니다.

毎朝、新聞の経済 (　　　) を読みます。

⋯⟩ _____

0298 편의점에서 아이스크림을 샀다.

(　　　) でアイスクリームを買った。

⋯⟩ _____

0299 최근 이 배우가 각광을 받고 있습니다.

最近この俳優が脚光を (　　　) います。

⋯⟩ _____

0300 갑자기 비가 내려서 비를 맞았다.

急に雨が降りだして (　　　)。

⋯⟩ _____

0295 **パソコンにハングルのプログラムを設置**せっち**した。**

'깔다'는 '설치하다'의 뜻이므로 「設置する」를 써야 한다.

0296 **国際**こくさい**交流**こうりゅう**関係**かんけい**のボランティア活動**かつどう**をしています。**

'자원봉사'는 외래어로 써서 「ボランティア(volunteer)」라고 한다. 한자어로 「自願奉仕」라는 말은 쓰지 않는다.

0297 **毎朝**まいあさ**、新聞**しんぶん**の経済**けいざい**コラムを読**よ**みます。**

참고 칼럼니스트 : コラムニスト

0298 **コンビニでアイスクリームを買**か**った。**

'편의점'은 「コンビニエンスストア」를 줄여서 「コンビニ」라고 한다.

0299 **最近**さいきん**この俳優**はいゆう**が脚光**きゃっこう**を浴**あ**びています。**

'각광을 받다'는 「脚光を浴びる」라고 한다.

0300 **急**きゅう**に雨**あめ**が降**ふ**りだして雨**あめ**に降**ふ**られた。**

'비를 맞다'를 직역해서 「雨に当たる」「雨に殴なぐられる」 등으로 표현하면 안 된다. 여기서는 '비가 내리다'의 수동형을 써서 「雨に降られる」라고 한다.

LEVEL 1

LEVEL 2

LEVEL 3

맞다	
머리에 공을 맞다	頭あたまにボールが当あたる
100점을 맞다	百点ひゃくてんをもらう
비를 맞다	雨あめに降ふられる
손님을 맞다	客きゃくを向むかえる
야단을 맞다	叱しかられる
친구한테 맞다	友ともだちに殴なぐられる

LEVEL 2

양자택일 100문제

사지선다 100문제

괄호 쓰기 100문제

0301 나는 참치 샌드위치를 좋아한다.

私は (　　　) のサンドイッチが好きだ。

① まぐろ　　　　　　　　　② ツナ

0302 회의를 열 때는 미리 알려 드리겠습니다.

会議をひらくときには、(　　　) お知らせします。

① かねて　　　　　　　　　② あらかじめ

0303 식사 횟수를 줄이면 오히려 살이 찐다고 한다.

食事の数を減らすと、(　　　) 太るらしい。

① かえって　　　　　　　　② むしろ

0304 그는 학자라기보다는 오히려 저널리스트라고 하는 편이 낫다.

彼は学者というより、(　　　) ジャーナリストと言った方が
いい。

① かえって　　　　　　　　② むしろ

0305 일단 맥주 한 병 주세요. 요리는 마시면서 고를게요.

(　　　) ビール一本ください。料理は飲みながら選びます。

① とりあえず　　　　　　　② 一応

0306 양국의 분쟁은 일단 해결됐지만, 재연될 가능성도 있다.

両国の紛争は (　　　) 解決したが、再燃する可能性もある。

① とりあえず　　　　　　　② 一応

0301 ② 私はツナのサンドイッチが好_すきだ。

'참치'에 해당하는 말로는 「まぐろ」와 「ツナ」가 있는데, 이 중 「ツナ」는 샌드위치나 샐러드에 쓰이는 통조림을 말할 때 쓰고, 그 외에는 「まぐろ」를 쓴다.

0302 ② 会議_{かいぎ}をひらくときには、あらかじめお知_しらせします。

문장에서는 미래의 일을 말하고 있기 때문에 「あらかじめ」 또는 「まえもって」를 써야 한다.

Hint 「あらかじめ / まえもって / かねて / かねがね」 미리

(1) 「あらかじめ」와 「まえもって」는 과거와 미래에 모두 쓸 수 있다.

(2) 「かねて」와 「かねがね」는 과거에 대해서만 쓰고 미래에 대해서는 쓸 수 없다.

0303 ① 食事の数_{かず}を減_へらすと、かえって太_{ふと}るらしい。

Hint 「かえって / むしろ」 오히려

(1) 「かえって」는 의도나 예상과는 반대의 결과가 되었을 때 쓴다.

(2) 「むしろ」는 두 가지 사항을 비교하여 굳이 말하자면 어느 한쪽이 다른 쪽보다 정도 가 높다는 것을 나타낼 때 쓴다.

(3) 또 한 가지 구별법은 '도리어'로 번역될 경우는 「かえって」를 쓰고, '도리어'로 번역하면 어색한 경우는 「むしろ」를 쓴다.

0304 ② 彼は学者_{がくしゃ}というより、むしろジャーナリストと言_いった方_{ほう}がいい。

0305 ① とりあえずビール一本_{いっぽん}ください。料理_{りょうり}は飲みながら選_{えら}びます。

문장에서 '일단'은 '지금 서둘러서 먼저'의 뜻이므로 「とりあえず」가 알맞다.

Hint 「とりあえず / 一応_{いちおう}」 우선, 일단

(1) 「とりあえず」는 '지금 서둘러서 우선・먼저'의 뜻이다.

(2) 「一応」은 '완전하고 충분하지는 않지만(쓸데없는 일일지 모르지만) ~한다. 따라서 나중에 변경이 있을지도 모른다'는 뜻으로 쓴다.

0306 ② 両国_{りょうこく}の紛争_{ふんそう}は一応_{いちおう}解決_{かいけつ}したが、再燃_{さいねん}する可能性_{かのうせい}もある。

문장에서 '일단'은 '완전하고 충분하지는 않지만'의 뜻으로 쓰였으므로 「一応」가 알맞다.

0307 우승은 못하더라도 적어도 3위 이내에는 들고 싶다.

優勝はできなくても、(　　　) 三位以内には入りたい。

① 少なくとも　　　　　　　　② せめて

0308 올해의 실업자 수는 적어도 10만 명은 넘는다고 한다.

今年の失業者の数は、(　　　) 十万人は超えるという。

① せめて　　　　　　　　　　② 少なくとも

0309 아침에는 개어 있었는데 오후가 되어 갑자기 비가 내리기 시작했다.

朝は晴れていたのに、午後になって急に雨が降り (　　　)。

① 始めた　　　　　　　　　　② 出した

0310 폭우로 강의 수면이 올랐다.

大雨で川の水面が (　　　)。

① のぼった　　　　　　　　　② 上がった

0311 살을 빼려고 운동을 시작했지만 좀처럼 효과가 오르지 않는다.

やせようと思って運動を始めたが、なかなか効果が (　　　)。

① のぼらない　　　　　　　　② 上がらない

0312 그녀는 요즘 갑자기 성적이 올랐다.

彼女はこのごろ急に成績が (　　　)。

① のぼった　　　　　　　　　② 上がった

0307 ② 優勝ゆうしょうはできなくても、せめて三位さんい以内いないには入はいりたい。

문장에서 '적어도'는 최소한 이 정도 있으면 좋겠다는 기분을 나타내기 때문에 「せめて」가 알맞다.

Hint 「せめて / 少すくなくとも」 하다못해, 적어도

(1) 「せめて」는 '많은 기대는 하지 않지만, 최소한 이 정도 있으면 좋겠다'는 기분을 나타낸다.

(2) 「少なくとも」는 단지 객관적으로 최저 한계를 표현할 때 쓴다.

0308 ② 今年の失業者しつぎょうしゃの数は、少すくなくとも十万人は超こえるという。

문장에서 '적어도'는 객관적으로 최저 한계를 나타내기 때문에 「少なくとも」가 알맞다.

0309 ② 朝あさは晴はれていたのに、午後ごごになって急きゅうに雨あめが降ふり出だした。

'갑자기・돌연'의 뜻을 나타내는 「急に」가 앞에 왔으므로 「~出す」가 알맞다.

0310 ② 大雨おおあめで川かわの水面すいめんが上あがった。

문장은 이동의 결과를 말하고 있기 때문에 「上がる」가 알맞다.

Hint 「登のぼる / 上あがる」 오르다

둘 다 낮은 곳에서 높은 곳으로 이동한다는 뜻은 같다.

(1) 「上がる」는 이동 장소・위치・정도 등 이동의 결과 즉, '도달점'에 초점을 둔다.

(2) 「登る」는 높은 곳을 목표로 하여 서서히 이동해 가는 과정에 초점을 둔다. 기본적으로 「山に登る」「木に登る」 등과 같이 자신의 힘으로 이동하는 것에 대해서 쓴다.

0311 ② やせようと思おもって運動うんどうを始はじめたが、なかなか効果こうかが上あがらない。

문장에서 '오르다'는 정도의 변화를 나타내므로 「上がる」가 알맞다.

0312 ② 彼女はこのごろ急きゅうに成績せいせきが上あがった。

문장에서 '오르다'는 정도의 변화를 나타내므로 「上がる」가 알맞다.

0313 아버지가 불러서 2층으로 올라갔다.

父に呼ばれて二階に（　　　）。

① のぼった　　　　　　　　② 上がった

0314 불경기로 좀처럼 급료가 **오르지** 않는다.

不景気でなかなか給料が（　　　）。

① のぼらない　　　　　　　② 上がらない

0315 이번 휴일에는 산에 **오**를 생각이다.

今度の休みには、山に（　　　）つもりだ。

① 上がる　　　　　　　　　② 登る

0316 어렸을 때, 자주 나무에 **오르곤** 했다.

子供のころ、よく木に（　　　）ものだ。

① 上がった　　　　　　　　② 登った

0317 건강을 위해서 엘리베이터를 타지 않고 계단을 **오르기로** 하고 있다.

健康のために、エレベーターに乗らずに階段を（　　　）ことにしている。

① 上がる　　　　　　　　　② 登る

0318 후지산 정상에서 해가 **떠오르는** 것을 보았다.

富士山の頂上で、日が（　　　）のを見た。

① 浮かび上がる　　　　　　② 昇る

0313 ② 父_{ちち}に呼_よばれて二階_{にかい}に上_あがった。

문장에서 '오르다'는 이동의 결과를 나타내므로「上がる」가 알맞다.

0314 ② 不景気_{ふけいき}でなかなか給料_{きゅうりょう}が上_あがらない。

문장에서 '오르다'는 이동의 결과를 나타내므로「上がる」가 알맞다.

0315 ② 今度_{こんど}の休_{やす}みには、山に登_{のぼ}るつもりだ。

문장은 이동해 가는 과정에 중점을 두고 있으므로「登る」가 알맞다.

0316 ② 子供_{こども}のころ、よく木_きに登_{のぼ}ったものだ。

문장은 이동하는 과정에 중점을 두고 있으므로「登る」가 알맞다.

0317 ② 健康_{けんこう}のために、エレベーターに乗_のらずに階段_{かいだん}を登_{のぼ}ることにしている。

문장은 이동해 가는 과정에 중점을 두고 있으므로「登る」가 알맞다.

0318 ② 富士山_{ふじさん}の頂上_{ちょうじょう}で、日_ひが昇_{のぼ}るのを見た。

'해가 떠오르다'는「日が昇る」라고 한다.

> **참고**「浮_うかび上_あがる」도 '떠오르다'로 번역되지만 이것은 '가라앉았던 것이 물 위에 나타나거나 표면에 부상하다'의 뜻을 표현할 때 쓴다.

LEVEL 2

LEVEL 3

치다, 두드리다, 때리다	
두드려서 깨우다	たたき起_おこす
못을 박다	釘_{くぎ}を打_うつ
12시를 치다	12時を打_うつ
종을 치다	鐘_{かね}を打_うつ
타이프를 치다	タイプを打_うつ
한밤중에 문을 두드리다	真夜中_{まよなか}に戸_とをたたく
히트를 치다	ヒットを打_うつ

0319 한밤중에 문을 두드리는 소리에 잠이 깼다.

真夜中に戸を (　　　) 音で目が覚めた。

① 打つ　　　　　　　　　　　② 叩く

0320 엄마! 피곤하지. 어깨 두들겨 줄까?

お母さん、疲れたの。肩を (　　　) あげようか。

① 打って　　　　　　　　　② 叩いて

0321 이 절은 아침 6시, 저녁 5시에 종을 칩니다.

このお寺は、朝の６時、夕方の５時に鐘を (　　　)。

① 打ちます　　　　　　　　② 叩きます

0322 시계가 12시를 쳤습니다.

時計が12時を (　　　)。

① 打ちました　　　　　　　② 叩きました

0323 오늘날처럼 전화가 보급되지 않았던 옛날에는 급할 때는 언제나 전보를 쳤다.

今日のように電話の普及していない昔は、急ぐ時はいつも電報を (　　　)。

① 打った　　　　　　　　　② 叩いた

0324 신사의 축제에는 큰북을 칩니다.

神社の祭りには太鼓を (　　　)。

① 殴ります　　　　　　　　② 叩きます

0319 ② **真夜中**まよなか**に戸**と**を叩**たた**く音**おと**で目**め**が覚**さ**めた。**

동작이 반복적이며 주의를 환기시키는 뜻이기 때문에 「叩く」가 알맞다.

Hint 「**打**うつ**/叩**たた**く/殴**なぐ**る」** 치다, 두드리다, 때리다

(1) 「打つ」는 손이나 물체 등을 무언가에 강하게 대는 것, '소리를 내거나 물체를 날리다' 등과 같이 비교적 목적이 확실하다. 「打つ」는 「叩く」보다 순간적 기세나 충격이 있다.

(2) 「叩く」는 손이나 물체를 무언가에 부딪치도록 대거나 동작을 반복하는 느낌이 있다. 또한 주의 환기나 무언가를 찾을 때 쓴다.

(3) 「殴る」는 화가 났을 때, 흥분했을 때 등 감정이 격양된 상태에서 때리거나 두들기는 동작을 표현할 때 쓴다.

0320 ② **お母さん、疲**つか**れたの。肩**かた**を叩**たた**いてあげようか。**

문장에서 '두드리다'는 반복적인 동작을 나타내므로 「叩く」가 알맞다.

0321 ① **このお寺**てら**では、朝**あさ**の6時、夕方**ゆうがた**の5時に鐘**かね**を打**う**ちます。**

종을 치는 행동은 도구를 부딪치는 것이므로 「打つ」가 알맞다.

0322 ① **時計**とけい**が12時を打**う**ちました。**

문장에서 '두드리다'는 '괘종시계의 종을 치다'라는 뜻이므로 「打つ」를 써야 한다.

0323 ① **今日**こんにち**のように電話の普及**ふきゅう**していない昔**むかし**は、急**いそ**ぐ時**とき**はいつも電報**でんぽう**を打**う**った。**

'전보를 치다'라는 표현은 예전에 전신을 이용한 통신을 보낼 때 작은 자판과 같은 것을 친다는 뜻에서 나온 말이다. 따라서 이 문장에서는 「打つ」를 써야 한다.

0324 ② **神社**じんじゃ**の祭**まつ**りには太鼓**たいこ**を叩**たた**きます。**

「殴る」는 화가 나거나 흥분했을 때 등 감정이 격양된 상태에서 때리거나 치거나 두들기는 동작을 말한다. 이 문장에서는 북을 두들기는 것이므로 「叩く」 또는 「打つ」가 알맞다.

참고 (아침에 엄마가 아이를) 두드려서 깨우다 : たたき起おこす

0325 나는 지난달부터 꽃꽂이를 배우기 시작했다.

私は先月からお花を習い (　　　)。

① 始めた　　　　　　　　　② 出した

0326 아프리카의 작은 나라에서 쿠데타가 일어났다.

アフリカの小さな国でクーデターが (　　　)。

① 起きた　　　　　　　　　② 起こった

0327 산속의 작은 마을에서 살인 사건이 일어났다.

山奥の小さな村で、殺人事件が (　　　)。

① 起きた　　　　　　　　　② 起こった

0328 그녀는 정열적으로 플라멩코를 추었다.

彼女は情熱的にフラメンコを (　　　)。

① 舞った　　　　　　　　　② 踊った

0329 핸들을 갑자기 꺾은 탓에 차가 도랑에 빠졌다.

ハンドルを突然 (　　　) せいで車が溝にはまった。

① 折った　　　　　　　　　② 切った

0330 기적적으로 강팀을 꺾고 승리를 이어나갔다.

奇跡的に強豪チームを (　　　) 勝ち進んだ。

① 割って　　　　　　　　　② 破って

0325 **① 私は先月_{せんげつ}からお花を習_{なら}い始_{はじ}めた。**

자신의 의지에 따른 동작이나 행동에는 「〜始める」를 써야 한다.

> *Hint* 「〜始_{はじ}める/〜出_だす」 ~하기 시작하다
>
> (1) 「〜出す」는 「〜始める」보다 객관적이기 때문에 자신의 의지에 따른 동작이나 행동에는 쓰지 않는다.
>
> (2) 「〜始める」는 단순히 어떤 동작・상태의 초기라는 것을 뜻하지만, 「〜出す」는 그 동작・상태를 예상하지 못했다는 가벼운 놀라움이나 당황한 감정을 포함하고 있다. 따라서 '갑자기・돌연' 등의 부사어가 함께 쓰인 경우는 「〜出す」만 쓸 수 있다.

0326 **② アフリカの小_{ちい}さな国_{くに}でクーデターが起_おこった。**

문장은 지금까지 없었던 쿠데타가 돌연 발생했다는 뜻이므로 「おこる」가 알맞다.

> *Hint* 「起_おきる/起_おこる」 일어나다
>
> (1) 「おきる」는 '자던 사람이 눈을 뜨다・자지 않고 있다・누워 있던 사람이 일어나다' 라는 뜻으로 쓴다.
>
> (2) 「おこる」는 '지금까지 없었던 사건・사태가 갑자기 발생하다'의 뜻이다.

0327 **② 山奥_{やまおく}の小_{ちい}さな村_{むら}で、殺人_{さつじん}事件_{じけん}が起_おこった。**

문장에서 '일어나다'는 새로운 사건이 발생했다는 뜻이므로 「おこる」가 알맞다.

0328 **② 彼女は情熱的_{じょうねつてき}にフラメンコを踊_{おど}った。**

플라멩코는 외국의 춤이므로 「踊る」가 알맞다.

> *Hint* 「舞_まう/踊_{おど}る」 춤추다
>
> (1) 「舞う」는 고전 무용을 표현할 때 쓴다.
>
> (2) 「踊る」는 서양 춤과 같이 템포가 있는 춤을 나타낼 때 쓴다. 따라서 왈츠・발레 등의 경우는 「舞う」를 쓰면 안 되고 「踊る」를 써야 한다.

0329 **② ハンドルを突然_{とつぜん}切_きったせいで車が溝_{みぞ}にはまった。**

문장에서 '핸들을 꺾다'는 '핸들을 돌리다'의 뜻이다. 「ハンドルを折_おる」라고 하면 '핸들을 부러뜨리다'의 뜻이 되기 때문에 「ハンドルを切る」라고 해야 한다.

0330 **② 奇跡的_{きせきてき}に強豪_{きょうごう}チームを破_{やぶ}って勝_かち進_{すす}んだ。**

'강호 팀을 꺾는다'는 '이기다・승리하다'의 뜻이므로 「破る」를 써야 한다.

0331 식사를 하고 나면 이를 닦읍시다.

食事をしたら歯を (　　　) ましょう。

① 研ぎ　　　　　　　　　② 磨き

0332 출근하기 전에 구두를 정성스럽게 닦아 놓는다.

出勤する前に靴を丁寧に (　　　) おく。

① 研いで　　　　　　　　② 磨いて

0333 무뎌진 가위를 숫돌로 갈았다.

切れなくなった鋏をといしで (　　　)。

① 研いだ　　　　　　　　② 磨いた

0334 복권을 긁어서 당첨이 되면 상품을 받을 수 있다.

宝くじを (　　　) 当たりが出たら賞品がもらえる。

① 掻いて　　　　　　　　② こすって

0335 가려운 곳을 긁으면 어째서 기분이 좋아지는 걸까?

かゆい所を (　　　) と、どうして気持ちいいのだろうか。

① 掻く　　　　　　　　　② こする

0336 이 물약은 꽤 맛있다.

この水薬はなかなか (　　　)。

① うまい　　　　　　　　② 味がいい

0331 ②**食事**しょくじ**をしたら歯**は**を磨**みが**きましょう。**

'치아'는 날붙이가 아니기 때문에 「磨く」를 써야 한다.

Hint 「磨みがく/拭ふく/洗あらう/研とぐ」 닦다

(1) 「磨く」는 표면을 문질러서 매끈매끈하게 하는 것을 나타낸다.

　　例 靴くっをみがく。구두를 닦다. / ダイヤモンドをみがく。다이아몬드를 연마하다.

(2) 「拭く」는 종이・행주・손수건・걸레 등으로 표면을 문질러서 더러움이나 수분을 없애 깨끗하게 하는 것을 나타낸다.

　　例 雑巾ぞうきんで廊下ろうかを拭く。걸레로 바닥을 닦다.

　　　 ハンカチで汗あせを拭く。손수건으로 땀을 닦다.

(3) 「洗う」는 물을 가지고 더러움을 없애는 것을 나타낸다.

(4) 「研ぐ」는 칼날 등 날붙이를 돌이나 가죽 등으로 문질러서 잘 잘리도록 예리하게 하는 것을 나타낸다. 단, '거울을 닦다'는 「鏡かがみを磨みがく」가 맞지만, 「鏡を研ぐ」라고 할 때도 있다. 이 경우는 옛날에 쓰던 금속제 거울을 닦을 때 쓰던 말이고, 보통의 유리 거울에는 「研ぐ」를 쓰지 않는다.

0332 ②**出勤**しゅっきん**する前**まえ**に靴**くつ**を丁寧**ていねい**に磨**みが**いておく。**

구두의 광택을 낸다는 뜻이므로 「磨く」를 써야 한다.

0333 ①**切**き**れなくなった鋏**はさみ**をといしで研**と**いだ。**

가위를 돌이나 가죽 등으로 문질러서 잘 잘리도록 예리하게 한다는 뜻이므로 「研ぐ」가 알맞다.

0334 ②**宝**たから**くじをこすって当**あ**たりが出**で**たら賞品**しょうひん**がもらえる。**

뾰족한 것으로 벗겨낸다는 뜻이므로 「こする」를 써야 한다.

Hint 「掻かく/こする」 긁다

(1) 「掻く」는 가려운 것을 긁는 행위를 나타낸다.

(2) 「こする」는 손톱이나 뾰족한 것으로 벗겨내는 것을 뜻한다.

0335 ①**かゆい所を掻**か**くと、どうして気持**きも**ちいいのだろうか。**

가려운 것을 긁는 행위이므로 「掻く」를 써야 한다.

0336 ②**この水薬**みずぐすり**はなかなか味**あじ**がいい。**

「うまい」에는 '맛있다'의 뜻이 있지만, 음식물 이외에는 쓰이지 않는다.

0337 내일 시험이 있어서 도서관에 남아서 공부했다.

明日テストがあるので、図書館に(　　　) 勉強した。

① 余って 　　　　　　　　　　② 残って

0338 그녀의 얼굴에는 사고의 흔적이 남아 있다.

彼女の顔には、事故の傷跡が (　　　) いる。

① 余って 　　　　　　　　　　② 残って

0339 어제 저녁밥이 아직 남아 있다.

昨夜のご飯がまだ (　　　) いる。

① 余って 　　　　　　　　　　② 残って

0340 그의 회사는 불경기로 사람이 남는다고 한다.

彼の会社は不景気で人が (　　　) いるそうだ。

① 余って 　　　　　　　　　　② 残って

0341 10을 4로 나누면 2가 남는다.

10を 4に割ると 2が (　　　)。

① 余る 　　　　　　　　　　② 残る

0342 이렇게 하면 김치에 맛이 잘 배어들어요(스며들어요).

こうすると漬け物に味がよく (　　　) んです。

① 滲む 　　　　　　　　　　② 染みる

0337 ② **明日**あした**テストがあるので、図書館**としょかん**に残**のこ**って勉強**べんきょう**した。**

문장은 '(사람이) 일정 시간이 지난 후에도 거기에 존재한다'는 뜻이기 때문에 「残る」
가 알맞다.

Hint 「残のこる/余あまる」 남다

(1) 「残る」는 물건이나 상황·사람 등의 일부 또는 전부가 일정 시간이 지난 후에도 없
어지지 않고 남아 있는 것을 나타낸다.

(2) 「余る」는 물건·사람·시간 등이 필요한 양을 써도 아직도 있다는 뜻으로 쓴다. 수
학 용어에서 나머지의 뜻을 나타낼 때도 쓴다. 단, 사람이 주체적으로 하는 행위에
는 쓰지 않는다.

0338 ② **彼女の顔**かお**には、事故**じこ**の傷跡**きずあと**が残**のこ**っている。**

'상처가 남다'는 '없어지지 않는다'는 뜻이므로 「残る」가 알맞다.

0339 ② **昨夜**ゆうべ**のご飯**はん**がまだ残**のこ**っている。**

분량이 아직 남아 있다는 뜻이므로 「残る」가 알맞다.

0340 ① **彼の会社は不景気**ふけいき**で人が余**あま**っているそうだ。**

문장에서 '남다'는 '사람이 필요 이상으로 아직도 있다'의 뜻이므로 「余る」가 알맞다.

0341 ① **10を4に割**わ**ると2が余**あま**る。**

수학 용어로 '나머지'의 뜻이므로, 「余る」가 알맞다.

0342 ② **こうすると漬**つ**け物**もの**に味**あじ**がよく染**し**みるんです。**

「滲にじむ」와 「染しみる」는 모두 '배다·스며들다'로 번역이 된다. 「滲む」는 시각적으로
파악할 수 있는 경우만 쓴다. 이 문장처럼 맛이 배는 것은 육안으로 확인할 수 없기 때
문에 「滲む」는 쓸 수 없고, 「染みる」를 써야 한다.

(more) 넘치다, 버겁다	
분에 넘치는 영광	身みに余あまる光栄こうえい
차마 볼 수 없을 만큼 심한 행동	目めに余る行為こうい
힘에 버거운 일	手てに余る仕事しごと

0343 빨리 일을 끝내고 돌아가고 싶습니다.

早く仕事を (   ) 帰りたいのです。

① 終えて　　　　　　　　② 終わって

0344 이것으로 오늘의 간담회를 끝내겠습니다.

これをもって今日の懇親会を (   )。

① 終えます　　　　　　　② 終わります

0345 한 사람 모자라니까 야마다 씨를 더하자.

一人足りないから、山田さんを (   )。

① 足そう　　　　　　　　② 加えよう

0346 베테랑 선수에다 젊은 선수를 더해서 팀을 짰다.

ベテラン選手に若手を (   ) チームを組んだ。

① 足して　　　　　　　　② 加えて

0347 물에 기름을 더해서 잘 섞습니다.

水に油を (   ) よくかき混ぜます。

① 足して　　　　　　　　② 加えて

0343 ② 早はやく仕事しごとを終ぉわって帰かえりたいのです。

흔히 「終ぉえる」는 타동사로서 '끝내다'의 뜻으로, 「終わる」는 자동사로서 '끝나다'의 뜻으로 쓰인다. 그런데 '어떤 일을 끝내려고 하는 자신의 의사나 의지를 남에게 알린다'는 뜻으로 사용될 경우는 「終わる」가 '끝내다'라는 타동사로 쓰이게 된다. 이 경우는 「終える」를 쓸 수 없다.

0344 ② これをもって今日の懇親会こんしんかいを終ぉわります。

문장에서 '끝내다'는 '어떤 일을 끝내려고 하는 자신의 의지를 알린다'는 뜻으로 쓰였기 때문에 「終わる」가 알맞다.

0345 ② 一人ひとり足たりないから、山田やまださんを加くわえよう。

문장은 '사람'을 대상으로 했기 때문에 「加える」만 가능하다.

Hint 「足たす/加くわえる」 더하다

모두 'A에 B를 더하다'는 뜻으로 쓰이지만, '사람'을 대상으로 할 때는 「加える」만 쓸 수 있다. 만일 사람을 대상으로 「足す」를 쓰게 되면 그 더해진 사람이 도구로 취급당하고 있다는 느낌을 갖는다. 또한 「足す」는 더해지는 내용물이 같을 때만 쓸 수 있는데 비해서 「加える」는 내용물이 동일하든 동일하지 않든 모두 쓸 수 있다.

0346 ② ベテラン選手せんしゅに若手わかてを加くわえてチームを組くんだ。

'사람 수를 더하다'의 뜻이므로 「加える」를 써야 한다.

0347 ② 水みずに油あぶらを加くわえてよくかき混まぜます。

문장에서 '더하다'는 내용물이 다른 것을 더하는 것이므로 「加える」를 써야 한다.

「口」가 들어가는 관용구	
口くちが酸すっぱくなる	같은 말을 몇 번이나 되풀이하여 입이 닳다
口が滑すべる	그만 입을 잘못 놀리다
口から先さきに生うまれる	말이 많다
口を利きく	①말을 하다. ②주선하다, 소개하다
口を切きる	여럿 중에서 최초로 발언하다
口を出だす	말참견하다
口を割わる	입을 열다, 자백하다

0348 TV는 외국어 공부에 도움이 됩니다.

テレビは外国語の勉強に (　　　)。

① 助かります　　　　　　　② 役立ちます

0349 지문은 인간과 원숭이에게만 있는데, 물건을 잡을 때에 도움이 된다.

指紋は、人間と猿にあるだけだが、ものをにぎるときに

(　　　)。

① 助かる　　　　　　　　　② 役立つ

0350 모르모트는 의학 실험용으로 인간에게 도움이 되고 있다.

モルモットは医学の実験用として人間に (　　　) いる。

① 助かって　　　　　　　② 役立って

0351 여러 가지 책을 읽음으로써, 학습에 도움이 되는 지식을 얻을 수가 있다.

いろいろな本を読むことで、学習に (　　　) 知識を得ることができる。

① 助かる　　　　　　　　　② 役立つ

0352 채소가 싸져서 (가계에) 도움이 됩니다.

野菜が安くなったので、(　　　)。

① 助かります　　　　　　　② 役立ちます

0348 **②テレビは外国語ｶﾞいこくごの勉強に役立ゃくだちます。**

공부에 유용하다는 뜻을 나타내기 때문에 「役立つ」가 알맞다.

Hint 「助たすかる/役立ゃくだつ」도움이 되다

(1)「助かる」는 '(위험·죽음을) 면하다·구제되다', '부담·고통 등이 덜어져 도움이 되다'의 뜻으로 쓴다.

(2)「役立つ」는 '쓸모 있다·유용하다'의 뜻으로 쓴다.

0349 **②指紋しもんは、人間にんげんと猿さるにあるだけだが、ものをにぎるときに役立ゃくだつ。**

문장에서 '도움이 되다'는 '유용하다'의 뜻으로 쓰였으므로 「役立つ」가 알맞다.

0350 **②モルモットは医学いがくの実験用じっけんようとして人間にんげんに役立ゃくだっている。**

문장에서 '도움이 되다'는 '유용하다'의 뜻으로 쓰였으므로 「役立つ」가 알맞다.

0351 **①いろいろな本を読むことで、学習ｶﾞくしゅうに役立ゃくだつ知識ちしきを得えることができる。**

학습에 도움이 된다는 뜻을 나타내기 때문에 「役立つ」가 알맞다.

0352 **①野菜ゃさいが安ゃすくなったので、助たすかります。**

문장에서 '도움이 되다'는 부담이 줄었다는 뜻이므로 「助かる」가 알맞다.

「足」가 들어가는 관용구	
足ぁしが地ちに着っかない	①흥분하여 마음이 들뜨다, 일이 손에 잡히지 않다, 갈팡질팡하다 ②현실적이지 못하다, 이론만 앞서고 실제로 맞지 않다, 기초가 확립되어 있지 않다
足が出でる	준비한 돈으로는 모자라다, 적자가 나다, 손해보다
足が速はやい	①걸음이 빠르다 ②음식 등이 빨리 변질되다 ③잘 팔리다
足が強つよい	①(떡·반죽 등이) 차지다, 끈기 있다 ②자신의 생각을 끝까지 고집하거나 억지로 통과시키다
足がぼうになる	너무 오랫동안 서 있거나 걸어서 다리가 뻣뻣해지다
足を洗ぁらう	손 씻다, 손을 빼다, 나쁜 일에서 손을 떼다

0353 어제 친구가 이사하는 것을 도왔다.

昨日、友だちの引っ越しを（　　　）。

① 助けた　　　　　　　　② 手伝った

0354 무에는 소화를 도와주는 성분이 많이 함유되어 있다.

大根には、消化を（　　　）成分がたくさん含まれている。

① 助ける　　　　　　　　② 手伝う

0355 가계를 돕기 위해서 어머니는 아르바이트를 나가기 시작했다.

家計を（　　　）ために、母はパートを出始めた。

① 助ける　　　　　　　　② 手伝う

0356 이 사전은 사진이 풍부하게 실려 있어서 이해를 도와줍니다.

この辞典は写真が豊富に載っていて、理解を（　　　）くれます。

① 助けて　　　　　　　　② 手伝って

0357 그 점쟁이는 사람의 운세를 잘 맞춘다고 평판이 자자하다.

その占い師は人の運勢をよく（　　　）と評判だ。

① 当てる　　　　　　　　② 合わせる

0353 ② 昨日、友_{とも}だちの引_ひっ越_こしを手伝_{てつだ}った。

자질구레한 집안일을 돕는다는 뜻이므로「手伝う」가 알맞다.

Hint 「助_{たす}ける/手伝_{てつだ}う」 돕다

(1) 「助ける」는 '위험한 일이나 죽음에서 구하다', '곤경에 처한 사람이나 괴로워하는 사람을 구하다', '돕다·거들다' 등의 뜻으로 쓴다.

(2) 「手伝う」는 '돕다·거들다'의 뜻으로 쓰인다.

(3) 요리·청소·바느질 등 자잘한 집안일을 돕는다는 뜻으로는「助ける」는 쓰지 않고 「手伝う」만 쓴다.

0354 ① 大根_{だいこん}には、消化_{しょうか}を助_{たす}ける成分_{せいぶん}がたくさん含_{ふく}まれている。

문장에서 '소화를 돕다'는 집안일을 돕는 일의 범위를 벗어나기 때문에「助ける」를 써야 한다.

0355 ① 家計_{かけい}を助_{たす}けるために、母はパートを出始_{ではじ}めた。

생계에 도움이 되기 위한 행동이므로「助ける」가 알맞다.

0356 ① この辞典_{じてん}は写真_{しゃしん}が豊富_{ほうふ}に載_のっていて、理解_{りかい}を助_{たす}けてくれます。

'이해를 돕다'는 집안일의 범위를 벗어나 있으므로「助ける」가 알맞다.

0357 ① その占_{うらな}い師_しは人_{ひと}の運勢_{うんせい}をよく当_あてると評判_{ひょうばん}だ。

'맞추다'에 해당하는 말로는「当_あてる」와「合_あわせる」가 있다.「合わせる」에는 '정확하게 추측하다'의 뜻이 없다. '정확하게 추측하다'의 뜻으로 쓸 수 있는 것은「当てる」뿐이다.

명심하다, 기억하다	
肝_{きも}に銘_{めい}じる	교훈적인 것·중요한 사실·충고·지적 등을 기억하다. 감정적인 내용에는 잘 쓰지 않는다.
心_{こころ}に刻_{きざ}む	추억·이야기 등을 잊어버리지 않도록 하다
胸_{むね}に刻む	추억·이야기 등을 잊어버리지 않도록 하다

0358 어머니가 보내준 말린 생선을 구워서 먹었다.

母から送ってもらった（　　）魚を焼いて食べた。

① 乾かし　　　　　　　② 干し

0359 떫은 감을 벗겨서 굵은 실에 꿰어서 햇볕에 말리면 곶감이 된다.

渋柿をむいて、太い糸につるして日に（　　）と、（　　）柿に
なる。

① 乾かす / 乾かし　　　② 干す / 干し

0360 매실 장아찌는 매실을 소금에 절이고 나서 말린 것이다.

梅干は、梅を塩で漬けてから（　　）ものだ。

① 乾かした　　　　　② 干した

0361 비가 와서 빨래를 건조기로 말렸다.

雨なので、洗濯物を乾燥機で（　　）。

① 乾かした　　　　　② 干した

0362 칠한 페인트를 응달에서 말렸다.

塗ったペンキを日陰で（　　）。

① 乾かした　　　　　② 干した

0358 ② 母から送おくってもらった干ほし魚ざかなを焼やいて食たべた。

문장은 '햇볕이나 바람에 쐬어 내부의 수분을 빼어 오래 저장하도록 말린 생선'이므로 「干す」가 알맞다.

Hint 「乾かわかす/干ほす」 말리다

(1) 「干す」는 '오랫동안 저장하기 위해 햇볕이나 바람에 쐬어서 수분을 빼다'의 뜻이 있지만, 「乾かす」는 그런 뜻이 없다. 「~に干す」 형태로 쓴다.

(2) 「乾かす」는 물건 표면의 수분을 없애는 것으로 수단은 햇볕·바람 외에 기타 열을 이용해도 된다. 「~で乾かす」 형태로만 쓴다.

(3) 「干す」는 말리는 장소를 가리키는 말과 함께 쓸 수 있지만, 「乾かす」는 그렇지 않다.

0359 ② 渋柿しぶがきをむいて、太ふとい糸いとにつるして日ひに干ほすと、干ほし柿がきになる。

감을 햇볕에 쐬어서 수분을 말리는 것이므로 「干す」가 알맞다.

0360 ② 梅干うめほしは、梅うめを塩しおで漬つけてから干ほしたものだ。

매실을 소금에 절여서 햇볕에 수분을 말리는 것이므로 「干す」가 알맞다.

0361 ① 雨なので、洗濯物せんたくものを乾燥機かんそうきで乾かわかした。

말리기 위한 수단이 햇볕이나 바람이 아니므로 「乾かす」가 알맞다.

0362 ① 塗ぬったペンキを日陰ひかげで乾かわかした。

표면을 말리는 것이므로 「乾かす」가 알맞다.

날것을 말린 식품	
건미역	干しわかめ
건새우	干し海老えび
건초	干草ほしくさ
건포도	干し葡萄ぶどう
(고구마·감자 등) ~말랭이	切きり干ほし
곶감	干し柿がき
마른 김	干し海苔のり
말린 대구	干し鱈だら
말린 밤	干し栗ぐり
말린 생선	干魚ほしうお
말린 전복	干しあわび
매실 장아찌, 우메보시	梅干うめぼし
무말랭이	干し大根だいこん

0363 언제나 아침식사는 빵이지만, 그날만큼은 싫었다.

いつも朝食はパンなのだが、その日に限って（　　　）。

① 嫌いだった。　　　　　　　　② いやだった

0364 아직 쓸 만한 것까지 버리다니 아깝다.

まだ使えそうなものまで捨てるなんて、（　　　）。

① もったいない　　　　　　　　② 惜しい

0365 소중한 물건이지만 너에게 주는 것이라면 아깝지 않다.

大切な品だが君にあげるのなら（　　　）ない。

① もったいなく　　　　　　　　② 惜しく

0366 누구든지 자신의 목숨은 아까운 법이다.

誰だって、自分の命は（　　　）ものだ。

① もったいない　　　　　　　　② 惜しい

0367 자네에게는 아까울 정도로 예쁜 부인이다.

君には（　　　）くらいきれいな奥さんだ。

① もったいない　　　　　　　　② 惜しい

0363 ② **いつも朝食**ちょうしょく**はパンなのだが、その日**ひ**に限**かぎ**っていやだった。**

「嫌きらい」와 「いや」는 모두 '싫다'의 뜻으로 쓰이지만, 「嫌い」는 「いや」보다 객관적이고 일반적인 혐오감을 나타낸다. 따라서 좋고 싫다는 의사를 표현하는 문장에서는 「嫌い」는 장면·상황에 의존하지 않는 일반적인 혐오의 경향을 나타내고, 「いや」는 그때그때의 혐오를 나타낸다는 데서 구별된다. 또한 「嫌い」는 주체의 대상에 대한 확실한 혐오를 나타내기 때문에 일반적인 불쾌한 상황 등에 대해서는 쓰지 않는다.

0364 ① **まだ使**つか**えそうなものまで捨**す**てるなんて、もったいない。**

물건을 아까워 하는 것이므로 「もったいない」가 알맞다.

Hint 「惜おしい / もったいない」 아깝다

(1) 「惜しい」는 가치 있는 것에 대한 애석함을 나타낸다.

(2) 「もったいない」는 정당하게, 유효하게 쓰이지 않는 것에 대한 불만·개탄·유감 등의 감정을 나타내는 말이다.

0365 ② **大切**たいせつ**な品**しな**だが君**きみ**にあげるのなら惜**お**しくない。**

귀중한 가치가 있는 물건에 대한 표현이므로 「惜しい」가 알맞다.

0366 ② **誰だって、自分**じぶん**の命**いのち**は惜**お**しいものだ。**

목숨이라는 귀중한 것에 대한 표현이므로 「惜しい」가 알맞다.

0367 ① **君**きみ**にはもったいないくらいきれいな奥**おく**さんだ。**

문장에서 '아깝다'는 걸맞게 쓰이지 않은 것에 대한 유감 등의 감정을 나타내는 말이므로 「もったいない」가 알맞다.

「虎」가 들어가는 관용구	
虎とらの尾おを踏ふむ	호랑이 꼬리를 밟다, 매우 위험한 행동을 할 때 비유하는 말이다.
虎の子こ	늘 소중히 간직하고 있는 것, 비장의 금품
虎の巻まき	참고서, 자습서. =アンチョコ・とらかん
虎を野のに放はなつ	호랑이를 들에 풀어놓다, 위험한 것을 방치해 두다, 큰 재난의 원인을 만들어 내다

LEVEL 1

LEVEL 2

LEVEL 3

0368 몸을 아끼지 않고 밤새워 일하다가 몸살이 나고 말았다.

身を（　　　）夜更ししして働いていて、体調を崩してしまった。

① 大切にしないで　　　　　② 惜しまないで

0369 종이 한 장도 아껴 쓰는 습관이 몸에 배어 있다.

紙一枚も（　　　）使う習慣が身についている。

① 大切にして　　　　　　② 惜しんで

0370 아끼던 찻잔을 깨뜨리고 말았다.

（　　　）いる湯飲みを割ってしまった。

① 大切にして　　　　　　② 惜しんで

0371 선생님은 제자들을 아끼고 사랑하셨다.

先生は弟子たちを（　　　）、愛した。

① 大切にし　　　　　　② 惜しみ

0372 이것은 일본에 1개밖에 없는 희귀한 표본이다.

これは日本に一個しかない（　　　）標本だ。

① まれな　　　　　　② 珍しい

0373 레버(손잡이)를 눌러 화장실(변기) 물을 내렸다.

レバーを押してトイレの水を（　　　）。

① 下ろした　　　　　　② 流した

0368　② **身**みを**惜**おし**まないで夜更**よふか**しして働いていて、体調**たいちょう**を崩**くず**してしまった。**

문장에서 '아끼지 않고'는 '몸을 돌보지 않고'의 뜻이므로 「惜しむ」가 알맞다.

0369　② **紙**かみ**一枚**いちまい**も惜**おし**んで使**つか**う習慣**しゅうかん**が身**み**についている。**

문장에서 '아끼다'는 '절약하다'의 뜻으로 쓰였으므로 「惜しむ」가 알맞다.

0370　① **大切**たいせつ**にしている湯飲**ゆの**みを割**わ**ってしまった。**

문장에서 '아끼다'는 '소중하게 다루다'의 뜻이므로 「大切にする」가 알맞다.

0371　① **先生は弟子**でし**たちを大切**たいせつ**にし、愛**あい**した。**

문장에서 '아끼다'는 '소중하게 생각하다'의 뜻이므로 「大切にする」가 알맞다.

> **참고** 우리말의 '아끼다'는 '절약하다·소중히 생각하다'의 뜻이 있다. '절약하다'의 뜻에는 「惜しむ」를 쓰고, '소중히 생각하다(여기다)'의 뜻일 때는 「大切にする」를 쓴다.

0372　② **これは日本**にほん**に一個**いっこ**しかない珍**めずら**しい標本**ひょうほん**だ。**

「まれ」와 「珍しい」는 모두 '드물다·희귀하다'의 뜻이지만, 「まれ」는 하나밖에 없는 것에 대해서는 쓰지 않는다.

0373　② **レバーを押**お**してトイレの水**みず**を流**なが**した。**

'내리다'에 해당하는 「下ろす」는 '짐을 내리다(부리다)'와 같이 위쪽에서 아래쪽으로 이동시키는 것을 말한다. 이 문장과 같이 좁은 관을 통해 물이나 휴지 등을 이동시키는 행위는 「流す」를 써야 한다.

「左」가 들어가는 관용구	
左党さとう	술꾼, 주당
左ひだり利きき	①왼손잡이. = サウスポー ↔ 右利みぎきき ②술을 좋아하는 것, 술을 좋아하는 사람. = 辛党からとう・左利き上戸じょうご
左前ひだりまえ	장사 등이 잘되지 않아서 경제적으로 어려워지는 것
左巻ひだりまき	보통 사람보다 머리 회전이 안 됨, 머리가 둔함, 머리가 정상이 아님

0374 악취가 심했던 스미다 강에 물고기가 돌아왔다는 기쁜 소식도 들립니다.

悪臭のひどかった隅田川に魚が帰ってきたという (　　　) ニュースも聞かれます。

① 嬉しい　　　　　　　　　② 楽しい

0375 찜통더위에도 가전 메이커는 에어컨 생산에 쫓겨 즐거운 비명을 지르고 있다.

蒸し暑さにも、家電メーカーはクーラーの生産に追われ、(　　　) 悲鳴をあげている。

① 嬉しい　　　　　　　　　② 楽しい

0376 눈물이 날 정도로 기쁘다.

涙が出るほど (　　　)。

① 嬉しい　　　　　　　　　② 楽しい

0377 모기에 물린 곳이 가려워 미치겠다.

蚊に (　　　) ところがかゆくてたまらない。

① 噛まれた　　　　　　　　② 刺された

0378 개한테 물리면 반드시 알코올 등으로 소독을 해야 한다.

犬に (　　　) たら、必ずアルコールなどで消毒をしなければならない。

① 噛まれ　　　　　　　　　② 刺され

0374 ① 悪臭あくしゅうのひどかった隅田川すみだがわに魚うぉが帰かえってきたという嬉うれしいニュースも聞きかれます。

문장에서 '기쁜'은 기대했던 (또는 바람직한 방향이라고 생각하는) 상황의 변화를 알고 느끼는 쾌감을 나타내므로「嬉しい」가 알맞다.

0375 ① 蒸むし暑あっさにも、家電かでんメーカーはクーラーの生産せいさんに追ぉわれ、嬉うれしい悲鳴ひめいをあげている。

문장에서 '기쁜'은 기대했던 상황의 변화를 알고 느끼는 쾌감을 나타내므로「嬉しい」가 알맞다.

0376 ① 涙なみだが出るほど嬉うれしい。

문장에서 '기쁜'은 기대했던 상황의 변화를 알고 느끼는 쾌감을 나타내므로「嬉うれしい」가 알맞다.

0377 ② 蚊かに刺さされたところがかゆくてたまらない。

모기에 물린 것이므로「さされる」가 알맞다.

> *Hint*「噛かむ/刺さす」물다
>
> (1)「かむ」는 '이(이빨)로 물다'의 뜻이다.
>
> (2)「さす」는 곤충 등이 주사로 찌르듯이 무는 것을 나타낸다.

0378 ① 犬いぬに噛かまれたら、必かならずアルコールなどで消毒しょうどくをしなければならない。

개가 이빨로 물었기 때문에「かまれる」가 알맞다.

의약품 관련 용어	
가루약	粉薬こなぐすり
감기약	風邪薬かぜぐすり
구충제	虫下むしくだし
멀미약	酔ょい止薬どめぐすり
물약	水薬みずぐすり
발모제	育毛剤いくもうざい
보약	強壮剤きょうそうざい
알약	錠剤じょうざい
지사제, 설사약	下痢止げりどめ
캡슐	カプセル
탕약	煎せんじ薬ぐすり

0379 내일은 시험이니까 오늘밤은 자지 않고 공부할 생각이다.

明日は試験なので、今晩は（　　　）勉強するつもりだ。

① 寝なくて　　　　　　　　　② 寝ないで

0380 마음에 드는 코트가 있었지만 돈이 모자라서 살 수 없었다.

気に入ったコートがあったけど、お金が（　　　）買えなかった。

① 足りなくて　　　　　　　　② 足りないで

0381 내가 살고 있는 부근에는 공원이 많다.

私が住んでいる（　　　）は、公園が多い。

① 辺　　　　　　　　　　　　② あたり

0382 벚꽃이 피기 시작했습니다. 다음 주 언저리가 가장 볼 만할 것 같습니다.

桜が咲き始めてきました。来週（　　　）が、ちょうど見ごろになりそうです。

① 辺　　　　　　　　　　　　② あたり

0383 오늘은 이쯤에서 끝냅시다.

今日はこの（　　　）でお開きとしましょう。

① 辺　　　　　　　　　　　　② あたり

0379　② **明日は試験なので、今晩こんばんは寝ねないで勉強するつもりだ。**

'잠을 자는' 당연한 일을 하지 않고 다른 무언가를 하는 것이기 때문에 「～ないで」가 알맞다.

Hint 「～ないで / ～なくて」~ 않고, ~ 없어서

(1) 형용사문과 명사문에서는 「～なくて」만 쓰이고, 동사문에는 「～ないで」와 「～なくて」 모두 쓴다.

(2) 「～ないで」는 항상 하거나 당연히 해야 하는 것을 하지 않고 무언가를 하는 것을 나타낼 때 쓰고, 「～ずに」라는 형태로도 쓴다.

(3) 「～なくて」는 '어떤 원인이나 이유가 있지만 일이 이루어지고 있지 않다', '어떤 상태가 아니다'라고 할 때 쓴다.

0380　① **気きに入いったコートがあったけど、お金かねが足たりなくて買かえなかった。**

코트를 사고 싶은 이유가 있지만 돈이 없는 상태이기 때문에 「～なくて」가 알맞다.

0381　② **私が住すんでいるあたりは、公園こうえんが多おおい。**

Hint 「あたり / 辺へん」~쯤

(1) 「あたり」는 대략적인 장소나 시간, 사람을 나타내며, 보통 구체적인 시간·장소·사람을 나타내는 단어 뒤에 붙여서 쓴다.

(2) 「へん」은 대략적인 장소나 부분을 나타내는 말로, 단독으로는 쓰이지 않고 「この・その・あの」 등에 붙여서만 쓰인다. 단, 일단 어느 시점에서 상황을 구분하려고 할 경우는 시간의 의미로도 쓴다.

0382　② **桜さくらが咲さき始はじめてきました。来週あたりが、ちょうど見みごろになりそうです。**

구체적인 시간·장소·사람을 나타내는 단어가 나왔기 때문에 「あたり」가 알맞다.

0383　① **今日きょうはこの辺へんでお開ひらきとしましょう。**

문장에서 '쯤'은 일단 어느 시점에서 상황을 구분하려고 할 경우를 말하므로 「辺」이 알맞다.

---

more | **~쯤** | |
|---|---|
| 그쯤에서 이제 싸움은 그만둬라. | その辺へんで、もうけんかはやめなさい。 |
| 이쯤에서 오늘 일은 끝내기로 합시다. | この辺で、今日の仕事は終おわりにしましょう。 |

0384 프랑스혁명에 대해 책을 썼다.

フランス革命に（　　　）本を書いた。

① 対して　　　　　　　　　　② 関して

0385 대학에서는 일본의 풍속에 대해 연구했다.

大学では日本の風俗に（　　　）研究した。

① 対して　　　　　　　　　　② 関して

0386 교육 정책에 대한 의견을 듣고 싶습니다.

教育政策に（　　　）意見を聞きたいんです。

① 対しての　　　　　　　　　② 関しての

0387 저분의 가족에 대해서 자세한 것은 모릅니다.

あの方の家族に（　　　）詳しいことは知りません。

① 対して　　　　　　　　　　② 関して

0388 나이 드신 부모님에 대해 해드릴 수 있는 가장 큰 효도는 무엇일까요?

年老いた親に（　　　）できる最大の親孝行とは何でしょう。

① 対して　　　　　　　　　　② 関して

0389 이 조건에서는 법칙이 성립하는데 대해, 조건이 바뀌면 성립하지 않는다.

この条件では法則が成り立つのに（　　　　）、条件が変わると成り立たない。

① 対して　　　　　　　　　　② 関して

0384 **②フランス革命^{かくめい}に関^{かん}して本^{ほん}を書^かいた。**

'프랑스혁명'이 책의 내용이 되므로 「〜について」 또는 「〜に関して」를 써야 한다.

Hint 「〜に対^{たい}して」「〜について/〜に関^{かん}して」~에 대해서

(1) 「〜に対して」는 앞의 문장이 뒤의 것에 대한 방향·대상·상대·목표물이 될 경우에 쓰인다.

(2) 「〜について/〜に関して」는 앞의 문장이 그 뒤의 것에 대한 내용이나 주제가 될 경우에 쓴다.

(3) 다른 구별 방법으로 우리말로 '~에 대해서'를 '~에 관해서'로 바꿀 수 있으면 「〜について/〜に関して」를 쓰고, 바꿀 수 없을 경우는 「〜に対して」를 쓰면 된다.

0385 **②大学^{だいがく}では日本^{にほん}の風俗^{ふうぞく}に関^{かん}して研究^{けんきゅう}した。**

'일본의 풍속'은 논문의 주제가 되므로 「〜について」 또는 「〜に関して」를 써야 한다.

0386 **②教育^{きょういく}政策^{せいさく}に関^{かん}しての意見^{いけん}を聞^ききたいんです。**

'교육 정책'은 의견의 내용이 되므로 「〜について」 또는 「〜に関して」를 써야 한다.

0387 **②あの方^{かた}の家族^{かぞく}に関^{かん}して詳^{くわ}しいことは知^しりません。**

'가족'에 관한 내용이므로 「〜について」 또는 「〜に関して」를 써야 한다.

0388 **①年老^{としお}いた親^{おや}に対^{たい}してできる最大^{さいだい}の親孝行^{おやこうこう}とは何^{なん}なんでしょう。**

앞에 나오는 내용이 뒤에 나오는 내용의 대상을 나타내므로 「〜に対して」가 알맞다.

0389 **①この条件^{じょうけん}では法則^{ほうそく}が成^なり立^たつのに対^{たい}して、条件^{じょうけん}が変^かわると成^なり立^たたない。**

앞에 나오는 내용이 뒤에 나오는 내용과 상대가 되므로 「〜に対して」가 알맞다.

more | **〜에 대해서** | |
|---|---|
| 선거 제도에 대해서 비판하다. | 選挙^{せんきょ}制度^{せいど}に対^{たい}して批判^{ひはん}する。 |
| 선거 제도에 대해서 의견을 발표하다. | 選挙制度について(に関して)意見を発表^{はっぴょう}する。 |
| 소득에 대한 세율이 높아질 전망이다. | 所得^{しょとく}に対する税率^{ぜいりつ}が高^{たか}くなる見込^{みこ}みだ。 |
| 이번 주 토요일에 한국의 전통 의상에 대해서 특별 강연이 열린다. | 今週^{こんしゅう}の土曜日^{どようび}に、韓国の伝統衣装^{でんとういしょう}に関して、特別^{とくべつ}講演^{こうえん}が開^{ひら}かれる。 |
| 졸업 논문 제목은 '한국 경제의 문제점에 대해서'입니다. | 卒論^{そつろん}の題目^{だいもく}は「韓国経済^{けいざい}の問題点^{もんだいてん}に関して」です。 |
| 학생은 선생님에 대해 높임말을 써야한다. | 学生は先生に対して敬語^{けいご}を使わなければならない。 |

0390 가나는 음을 나타내기만 하는데 대해, 한자는 의미도 나타내고 있다.

仮名は音を示すだけであるのに（　　）、漢字は意味も表す。

① 対して 　　　　　　　　　　② 関して

0391 정권이 무너져 사회가 혼란에 빠졌다.

政権が（　　）、社会が混乱に陥った。

① 崩れ 　　　　　　　　　　② 倒れ

0392 햇볕을 쐐서 운동화를 말렸다.

日に（　　）運動靴を乾かした。

① 当てて 　　　　　　　　　　② 撃って

0393 양국 정부가 손을 잡고 환경 개선에 힘쓰기로 했다.

両国の政府が手を（　　）環境改善に力を取り組んでいる。

① 繋いで 　　　　　　　　　　② 結んで

0394 어머니가 피곤해하시는 것 같아서 어깨를 두들겨 드렸다.

母が疲れたようだったので、肩を（　　）あげた。

① 叩いて 　　　　　　　　　　② 殴って

0390 ① 仮名_{かな}は音_{おん}を示_{しめ}すだけであるのに対_{たい}して、漢字_{かんじ}は意味_{いみ}も表_{あらわ}す。

앞에 나오는 내용이 뒤에 나오는 내용과 상대가 되므로 「~に対して」가 알맞다.

0391 ② 政権_{せいけん}が倒_{たお}れ、社会_{しゃかい}が混乱_{こんらん}に陥_{おちい}った。

「崩_{くず}れる」와 「倒_{たお}れる」는 모두 '무너지다'의 뜻이 있지만, '국가나 정부 등 체제가
존속할 수 없게 되다'의 뜻으로 쓰이는 것은 「倒れる」이다.

0392 ① 日_ひに当_あてて運動靴_{うんどうぐつ}を乾かした。

> *Hint* 「当_あてる／映_{うつ}す」 비추다

「映す」에는 '빛・열・바람 등을 맞히다'의 뜻이 없다. 이 뜻으로 쓸 수 있는 것은 「当て
る」이다.

0393 ② 両国_{りょうこく}の政府_{せいふ}が手_てを結_{むす}んで環境_{かんきょう}改善_{かいぜん}に力_{ちから}を取_とり組_くんで
いる。

「繋_{つな}ぐ」와 「結_{むす}ぶ」 모두 '잡다'로 번역할 수 있지만 '협력하다'의 뜻으로 쓰이는
것은 「結ぶ」이다.

0394 ① 母_{はは}が疲_{つか}れたようだったので、肩_{かた}を叩_{たた}いてあげた。

> *Hint* 「叩_{たた}く／殴_{なぐ}る」 치다, 때리다, 두드리다

「叩く」는 손바닥으로 때리는 느낌이 강하고, 「殴る」는 주먹으로 때리는 느낌이 강하
다. 또한 강도도 일반적으로 「殴る」가 「叩く」보다 세다.

LEVEL 1

LEVEL 2

LEVEL 3

치다 II	
점을 치다	占_{うらな}う
주먹으로 치다	にぎりこぶで殴_{なぐ}る
(차가) 사람을 치다	人_{ひと}を轢_ひく
텐트를 치다	テントを張_はる
트럼프를 치다	トランプをする
피아노를 치다	ピアノを弾_ひく

0395 이것은 학교 물건이니까 **마음대로** 쓰면 안 됩니다.

これは学校のものですから、(　　　) 使ってはいけません。

① わがままに　　　　　　② かってに

0396 연구실에 **마음대로** 들어가서는 안 됩니다.

研究室に (　　　) 入ってはいけません。

① わがままに　　　　　　② かってに

0397 사진을 앨범에 붙이면서 **즐거웠던** 여행을 생각했다.

写真をアルバムにはりながら、(　　　) 旅を振り返った。

① 嬉しかった　　　　　　② 楽しかった

0398 아이들은 **즐겁게** 야구를 하고 있습니다.

子供たちは、(　　　) 野球をしています。

① 嬉しそうに　　　　　　② 楽しそうに

0399 파업 때문에 버스가 안 다닌다.

ストライキのためにバスが (　　　)。

① 通わない　　　　　　② 止まっている

② **これは学校のものですから、かってに使ってはいけません。**

문장에서는 구체적인 동작에 대해서 말하고 있기 때문에 「わがまま」보다는 「かって」가 더 알맞다.

> *Hint* 「**わがまま/かって**」맘대로, 제멋대로

(1) 「わがまま」는 다른 사람에게 끼치는 폐를 생각하지 않고, 자기 하고 싶은 대로 하는 것을 나타낸다.

(2) 「かって」는 일이나 인생, 사람과의 교제 등을 자신의 생각대로 하는 것 또는 그런 행동 방식을 나타낸다.

(3) 주로 「わがまま」는 성격, 「かって」는 행동에 사용한다. 단, 「わがままにふるまう」 (마음대로 행동하다)는 관용구로 기억해 두면 좋다.

② **研究室_{けんきゅうしつ}にかってに入_{はい}ってはいけません。**

문장에서 '마음대로'는 구체적인 동작에 대한 것이므로 「かって」가 알맞다.

② **写真をアルバムにはりながら、楽_{たの}しかった旅_{たび}を振_ふり返_{かえ}った。**

자신의 추억으로 느끼는 즐거움이므로 「たのしい」가 알맞다.

> *Hint* 「**嬉_{うれ}しい/楽_{たの}しい**」즐겁다, 기쁘다

(1) 「嬉しい」는 자신이 기대했던 (또는 바람직한 방향이라고 생각하는) 것과 같은 상황의 변화를 알고 느끼는 쾌감, 전쟁이 끝났거나 우리나라 선수가 시합에 이겼다든지 등 자신의 행동과 직접 관계가 없는 소식에도 「嬉しい」를 쓴다.

(2) 「たのしい」는 자신의 행동을 통한 쾌감을 나타낼 때 쓴다.

(3) '소풍을 갈 수 있다'는 사실은 사람을 기쁘게(うれしく) 하고, '소풍' 자체는 즐겁게(たのしく) 한다. 단, 생각하는 것도 하나의 행동으로, 소풍에 대해서 상상하거나 생각하는 것만으로도 즐거울(たのしい) 수 있다. 그런 점에서 「たのしい」와 「うれしい」는 비슷하다.

② **子供_{こども}たちは、楽_{たの}しそうに野球_{やきゅう}をしています。**

문장에서 '즐겁게'는 자신들의 행동을 통한 쾌감을 느끼는 것이므로 「たのしそうに」가 알맞다.

② **ストライキのためにバスが止_とまっている。**

문장에서 '다니다'는 '멈춰 섰다'는 뜻이므로 「通_{かよ}わない」는 알맞지 않다.

LEVEL 1

LEVEL 2

LEVEL 3

0400 가까운 시일 내에 시간을 내서 찾아뵙겠습니다.

近いうちに時間を (　　　)、お伺いします。

① 出して　　　　　　　　② 作って

0401 볼링에서 핀이 한 번에 전부 넘어가면 스트라이크입니다.

ボウリングで、ピンが一回で全部 (　　　) とストライクです。

① 転ぶ　　　② 越える　　　③ 倒れる　　　④ 滑る

0402 답이 맞으면 동그라미를 치세요.

答えが合っていたら、丸を (　　　) ください。

① 打って　　　② つけて　　　③ かけて　　　④ 張って

0403 딸기에 설탕을 뿌려 먹으면 더 달고 맛있어요.

イチゴに砂糖を (　　　) 食べると、さらに甘くておいしいです。

① 撒いて　　　② 注いで　　　③ かけて　　　④ ばらついて

0404 캠프장에 도착하자마자 바로 텐트를 쳤다.

キャンプ場に着くとすぐにテントを (　　　)。

① 打った　　　② つけた　　　③ かけた　　　④ 張った

0405 테니스를 치려고 네트를 쳤다.

テニスをするので、ネットを (　　　)。

① 打った　　　② つけた　　　③ かけた　　　④ 張った

0400　**② 近ちかいうちに時間を作つくって、お伺うかがいします。**

'시간을 내서'는 '시간을 만들어서, 짬을 봐서'라는 뜻이므로 「時間じかんをつくる」 또는 「暇ひまをみる」라고 하면 된다.

0401　**③ ボウリングで、ピンが一回いっかいで全部ぜんぶ倒たおれるとストライクです。**

문장에서 '넘어가다'는 '볼링 핀이 다 쓰러지다'라는 뜻이므로 「倒れる」라고 하는 것이 알맞다.

0402　**② 答こたえが合あっていたら、丸まるをつけてください。**

'동그라미를 치다'는 '○표를 하다'는 뜻이므로 「つける」를 써야 한다.

0403　**③ イチゴに砂糖さとうをかけて食べると、さらに甘あまくておいしいです。**

「撒まく」는 '파종하다'의 뜻이다. '조미료 따위를 치다'는 '수분・가루 등을 흩뿌리다'의 뜻이므로 「かける」를 써야 한다.

0404　**④ キャンプ場じょうに着つくとすぐにテントを張はつた。**

문장에서 '텐트를 치다'와 같이 어떤 것의 전체 또는 끝에서 끝까지 어떤 것을 펼친다는 뜻에는 「張はる」를 써야 한다.

0405　**④ テニスをするので、ネットを張はつた。**

'네트를 치다'의 경우는 끝에서 끝까지 어떤 것을 펼친다는 뜻의 「張る」를 써야 한다.

(more) 두 손 들다, 지다	
かぶとを脱ぬぐ・脱帽だつぼうする	패하여 상대방에게 경의를 표하는 뜻을 나타낸다. 「脱帽する」가 「かぶとを脱ぐ」보다 경의의 뜻이 강하다.
軍門ぐんもんに下さがる	져서 상대방에게 복종한다는 뜻이다.
シャッポを脱ぬぐ	경쟁이나 승부의 개념은 없다. 「彼の英語力にはシャッポを脱ぐよ。」(그의 영어 실력에는 손들었다.)
手てを上あげる・お手上てあげだ	자신으로서는 도저히 어떻게 해볼 수 없다, 두 손 들었다
白旗はっきを上あげる・旗はたを巻まく	단지 패배했다는 것을 인정하는 뜻을 나타낸다.
ひざを屈くっする	무릎을 꿇다, 상대방에게 굴복하다

155

0406 모기한테 물린 자리가 빨갛게 부어올랐다.

蚊に (　　　) ところが赤く腫れ上がった。

① くわえた　　　　　　　　② 噛まれた

③ 打たれた　　　　　　　　④ 刺された

0407 개한테 물릴 수도 있으니 조심해야 한다.

犬に (　　　) こともあるから、気をつけなければならない。

① くわえる　　② 噛まれる　　③ 打たれる　　④ 刺される

0408 아기는 젖병을 문 채 잠이 들었다.

赤ん坊は母乳瓶を (　　　) まま眠った。

① くわえた　　② 噛まれた　　③ 打たれた　　④ 刺された

0409 이 차는 몸이 불편한 사람도 쉽게 운전할 수 있습니다.

この車は体の (　　　) 人でも楽に運転できます。

① 不自由な　　② 不便な　　③ 悪い　　　④ 痛

0410 미국에는 셀프 주유소가 무척 많다.

アメリカにはセルフサービスの (　　　) がずいぶん多い。

① 注油所　　　　　　　　② ガソリンスタンド

③ サービスステーション　　④ 石油ステーション

0406 ④ **蚊かに刺さされたところが赤く腫はれ上あがった。**

'벌레에 물리다'를 직역하여 「噛まれる」를 쓰면 안 된다. 「噛かむ」는 '이'로 깨무는 것을 표현할 때 쓴다. '벌레가 물다'는 '뾰족한 침 등으로 찌르다'라는 뜻이므로 「刺さす」를 써야 하며, '물리다'는 수동형인 「刺さされる」를 쓰면 된다.

0407 ② **犬いぬに噛かまれることもあるから、気きをつけなければならない。**

'이빨에 물리다'라는 뜻이므로 「噛まれる」를 써야 한다.

0408 ① **赤あかん坊ぼうは母乳瓶ぼにゅうびんをくわえたまま眠ねむった。**

입으로 가볍게 무는 경우는 「くわえる」를 써야 한다.

0409 ① **この車は体からだの不自由ふじゆうな人ひとでも楽らくに運転うんてんできます。**

'몸이 불편한 사람'이라고 표현할 때는 「体の不自由な」를 써야 한다.

0410 ② **アメリカにはセルフサービスのガソリンスタンドがずいぶん多おおい。**

'주유소'는 「ガソリンスタンド」라고 한다. 영어 표현을 그대로 써서 「ガスステーション(gas station)」이나 「サービスステーション(service station)」이라고는 하지 않는다.

「間ま」가 들어가는 관용구	
間が抜ぬける	가장 요긴한 점이 빠지다, 얼빠지다
間が悪わるい	①운이 나쁘다. ②겸연쩍다, 어색하다
間に合あう	①시간에 맞추다. ②돈이나 기타 여러 가지 조건을 만족시키다
間もない	~할 겨를도 없다, ~할 짬도 없다
間もなく	곧, 바로
間を置おく	사이를 두다, 간격을 두다
間を持もたす	시간을 때우다

LEVEL 1
LEVEL 2
LEVEL 3

0411 내가 독일에 간 것은 법률을 공부하기 위해서였다.

私がドイツに行った (　　) は法律を勉強するためだった。

① の　　　　　② もの　　　　③ こと　　　　④ ところ

0412 일단 구입한 표는 환불이 안 됩니다.

いったん買った切符は (　　) できません。

① 還払　　　　② 払い戻し　　③ 戻し払い　　④ 支払い

0413 무척 피곤했기 때문에 곧바로 잤다.

とても疲れていたので、(　　) 寝た。

① さっそく　　② すぐ　　　　③ さき　　　　④ まだ

0414 아침이 되면 반드시 해가 떠오른다.

朝になると (　　) 日が昇ぼる。

① 必ず　　　　② ぜひ　　　　③ きっと　　　　④ 確か

0415 이 전자계산기는 전지가 떨어져서 작동하지 않습니다.

この電卓は電池が (　　) いて、動きません。

① きえて　　　② きれて　　　③ とまって　　　④ おちて

0416 무사 만루에서 4번 타자에게 타순이 돌아왔습니다.

(　　) で４番バッターに打席が回ってきました。

① 無死満塁　　　　　　　② 無事満塁

③ ノーアウト満塁　　　　④ 四球満塁

0411 ① **私がドイツに行**いった**のは法律**ほうりつ**を勉強するためだった。**

문장에서 '것'에 해당하는 말이 눈에 보이는 구체적인 것이 아니고, '것' 대신에 대치할 수 있는 명사(이유·목적·때·시기 등)가 있는 경우는「の」만 가능하다.

0412 ② **いったん買**かった**切符**きっぷ**は払**はらい**戻**もと**しできません。**

'환불'은 한자어라서 그대로 한자로 바꿔서「還払」이라고 할 것 같지만,「還払」라는 말은 쓰지 않는다. 일본어로는「払い戻し」라고 한다.

0413 ② **とても疲**つか**れていたので、すぐ寝**ね**た。**

내용상 '곧·바로'라는 뜻의 부사가 나와야 하는데, 보기에서 '곧·바로'에 해당하는 부사는「さっそく」와「すぐ」가 있다. 하지만「さっそく」는 좋은 일에만 쓰이며, 의지적인 동작에 쓰이는데 반해,「すぐ」는 좋지 않은 일, 무의지적인 문장에 쓰인다. 따라서이 문장에서는「すぐ」가 알맞다.

0414 ① **朝**あさ**になると必**かなら**ず日**ひ**が昇**のぼ**る。**

우리말의 '반드시·꼭'에 해당하는 말로는「必かならず」「きっと」「ぜひ」가 있는데, 이문장처럼 항상 명백한 논리에 따라서 어떤 결과가 얻어질 때는「きっと」와「ぜひ」는쓸 수 없고,「かならず」만 쓸 수 있다.

0415 ② **この電卓**でんたく**は電池**でんち**がきれていて、動**うご**きません。**

'전지가 떨어지다'를 표현할 때는 동사「きれる」를 쓴다.

0416 ③ **ノーアウト満塁**まんるい**で4番**よんばん**バッターに打席**だせき**が回**まわ**ってきました。**

'무사 만루'를 한자어로 그대로 바꿔서「無死満塁」로 하지 않는다.「ノーアウト満塁」라고 한다.

0417 젖은 구두는 충분히 말리지 않으면 곰팡이가 피는 경우가 있다.

ぬれた靴は十分乾かさないと、かびが (　　　) ことがある。

① できる　　　② 咲く　　　③ 生える　　　④ しみる

0418 집에 와 보니 소포가 와 있었다.

家に帰ると小包が (　　　) いた。

① 来て　　　② 行って　　　③ 帰って　　　④ 届いて

0419 발판에 올라가서 높은 곳에 있는 책을 꺼냈다.

台に (　　　) 高いところにある本を取った。

① 上がって行って　　　　　② 登って行って

③ 乗って　　　　　　　　　④ 乗って行って

0420 우리 선생님은 중요한 것을 꼭 집어서 설명해 주신다.

うちの先生は重要なものをしっかり (　　　) 説明してくれる。

① 取り上げて　　　　　　　② 取って

③ 挟んで　　　　　　　　　④ 入れて

0421 세탁물을 빨래집게로 집어서 널었다.

洗濯物をハサミで (　　　) 干した。

① 取り上げて　　　　　　　② 取って

③ 挟んで　　　　　　　　　④ 入れて

0417 ③ ぬれた靴くつは十分じゅうぶん乾かわかさないと、かびが生はえることがある。

곰팡이가 '피다'는 「生はえる」를 써야 한다. 「咲さく」는 '꽃 등이 피다'의 뜻이기 때문에 곰팡이에는 해당되지 않는다.

0418 ④ 家に帰かえると小包こづつみが届とどいていた。

'소포가 오다'는 '보낸 것이 닿다'의 뜻이므로 「届く」를 써야 한다.

0419 ③ 台だいに乗のって高たかいところにある本を取とった。

'발판에 올라가다'를 직역하여 「上あがって行く」 또는 「登のぼって行く」로 하면 안 된다. 「あがる」와 「のぼる」는 낮은 곳에서 높은 곳으로 올라가는 것을 의미하므로 쓸 수 없다. 이 문장에서는 「乗る」를 써야 한다.

0420 ① うちの先生は重要じゅうようなものをしっかり取とり上あげて説明せつめいしてくれる。

문장에서 '집다'는 '몇 가지 중에서 중요한 부분만을 지적하다'의 뜻으로 쓰였기 때문에 「取り上げる」를 써야 한다.

0421 ③ 洗濯物せんたくものをハサミで挟はさんで干ほした。

문장에서 '집다'는 빨래집게에 '끼우다'의 뜻이므로 「挟む」를 써야 한다.

집다	
빨래집게로 집다	ハサミで挟はさむ
서랍에 집어넣다	引ひき出だしに入いれる
스시를 손으로 집어먹다	寿司すしを手でつまんで食べる
젓가락으로 집다	箸はしで挟む
중요한 것을 집다	重要じゅうようなものを取とり上あげる
후추를 집다	コショウを取る

161

0422 장사가 잘되는 모양이에요.

商売がうまく（　　　）ようです。

① なってる　　② 行ってる　　③ できてる　　④ やってる

....

0423 일본어 공부는 잘되고 있어?

日本語の勉強はうまく（　　　）？

① なってる　　② 行ってる　　③ できてる　　④ やってる

....

0424 무슨 일이 있었는지 대충 상상이 된다.

何があったのか大体想像が（　　　）。

① なる　　　② できる　　　③ つく　　　④ 見える

....

0425 모두 실력이 있기 때문에 누가 이길지 예측이 안 된다.

みな実力があるので、誰が勝つか予想が（　　　）。

① ならない　　② できない　　③ つかない　　④ 見えない

....

0426 아버지는 성질이 급해서 걸핏하면 고함을 친다.

父は気が（　　　）よくどなる。

① 早くて　　　② 短くて　　　③ やさしくて　　④ いそいで

....

0427 배터리가 나가서 차가 움직이지 않는다.

バッテリーが（　　　）車が動かない。

① 出て　　　② 出て行って　　③ あがって　　④ 終わって

0422 ② **商売**しょうばい**がうまく行**い**ってるようです。**

문장에서 '되다'는 '진척되다'의 뜻이므로 「行く」를 써야 한다.

0423 ② **日本語**にほんご**の勉強はうまく行**い**ってる?**

문장에서 '되다'는 '진척되다'의 뜻이므로 「行く」를 써야 한다.

0424 ③ **何**なに**があったのか大体**だいたい**想像**そうぞう**がつく。**

'예측이나 상상이 되다'는 「つく」를 써야 한다.

0425 ③ **みな実力**じつりょく**があるので、誰**だれ**が勝**か**つか予想**よそう**がつかない。**

'예측이나 상상이 되다'는 「つく」를 써야 한다.

0426 ② **父**ちち**は気**き**が短**みじか**くてよくどなる。**

'성질이 급하다'의 뜻을 지니고 있는 말로는 「気が早はやい」와 「気が短みじかい」가 있는데, 「気が早い」에는 '화를 잘 낸다'라는 뜻은 없다.

0427 ③ **バッテリーがあがって車**くるま**が動**うご**かない。**

문장에서 '배터리가 나가다'라는 것은 '배터리 수명이 끝났다'는 뜻이다. 따라서 「バッテリーがあがる」를 써야 한다.

잘못 쓰기 쉬운 가타카나어 Ⅳ	
캄보디아	カンボジア
캐치볼	キャッチボール
캠퍼스	キャンパス
크리스마스트리	クリスマスツリー
타임캡슐	タイムカプセル
터키	トルコ
(테니스에서) 발리	ボレー
파업	スト(ライキ)
팝콘	ポップコーン
호주	オーストラリア

LEVEL 1

LEVEL 2

LEVEL 3

0428 이 샴푸는 거품이 잘 난다.

このシャンプはよく泡が(　　　)。

① 出る　　　　② 立つ　　　　③ できる　　　④ 生える

0429 아버지는 바둑을 두러 기원에 가셨다.

父は碁を(　　　)碁会所に行った。

① 置きに　　　② さしに　　　③ 打ちに　　　④ しに

0430 일요일에는 늘 아버지와 장기를 둡니다.

日曜日にはいつも父と将棋を(　　　)。

① 置きます　　② さします　　③ 打ちます　　④ します

0431 통역할 사람을 한 명 더 두어야만 하게 됐다.

通訳する人をもう一人(　　　)ならなくなった。

① 置かなければ　　　　　　② 雇わなければ

③ 打たなければ　　　　　　④ しなければ

0432 이 마을은 환경보전 농업에 역점을 두고 있다.

この村は環境保全農業に力を(　　　)いる。

① 置いて　　　② 貸して　　　③ 注いで　　　④ 入れて

0428 ②**このシャンプはよく泡_{あわ}が立_たつ。**

'거품이 나다'는 「泡が出でる」라고 직역하기 쉽지만, 이 경우는 '거품 등이 잘 일어나다'의 뜻으로 「立つ」를 써서 「泡が立つ」라고 한다.

참고 거품을 내다 : 泡_{あわ}を立_たてる

0429 ③**父_{ちち}は碁_ごを打_うちに碁会所_{ごかいしょ}に行った。**

'두다'에 해당하는 말로 「置_おく」가 있지만, 이것이 모든 경우에 적용되는 것은 아니다. '바둑을 두다'는 「碁をおく」가 아니라 「碁を打_うつ」라고 한다.

0430 ②**日曜日_{にちようび}にはいつも父と将棋_{しょうぎ}をします。**

'장기를 두다'는 「将棋を置く」라고 하면 안 된다. 말을 움직여서 하는 경기는 「さす」를 쓴다. 「将棋をさす」라고 한다.

참고 '체스'도 말을 움직여서 하는 경기이므로「チェスをさす」라고 한다.

0431 ②**通訳_{つうやく}する人をもう一人_{ひとり}雇_{やと}わなければならなくなった。**

문장에서 '두다'는 '고용하다'의 뜻이므로 「雇う」를 써야 한다.

0432 ③**この村_{むら}は環境_{かんきょう}保全_{ほぜん}農業_{のうぎょう}に力_{ちから}を注_{そそ}いでいる。**

'역점을 두다'는 「力点_{りきてん}を置_おく」 또는 「力_{ちから}を注_{そそ}ぐ」라고 한다.

두다	
가만두지 않다	放_{はな}っておかない
거리를 두다	距離_{きょり}を置_おく
그대로 두세요.	そのままにしておきなさい。
두고 보자.	今に見てな。
뜻을 두다	志_{こころざ}す
마음에 두다	心に留_とめる
바둑을 두다	碁_ごを打_うつ
여유를 두다	余裕_{よゆう}を持_もつ
염두에 두다	念頭_{ねんとう}に置_おく
장기를 두다	将棋_{しょうぎ}を指_さす
제자를 두다	弟子_{でし}をとる
직원을 두다	職員_{しょくいん}を雇_{やと}う
혐의를 두다	嫌疑_{けんぎ}を抱_{いだ}く

0433 내 나름대로 곰곰이 생각한 끝에 내린 결론이니까 아무 말도 하지 마.

私なりによく考えた (　　　) 出した結論なので、何も言わないで。

① わけで　　　② さいご　　　③ すえに　　　④ 終わりに

0434 정체 때문에 자동차가 느릿느릿 기어가고 있다.

(　　　) で車がのろのろ進んでいる。

① 停滞　　　② 渋滞　　　③ 遅滞　　　④ 統制

0435 인간관계로 이렇게 고생할 거라면 이 회사를 그만두는 편이 낫다.

人間関係でこんなに (　　　) するなら、この会社を辞めた方がいい。

① 苦労　　　② 苦生　　　③ 苦悶　　　④ 苦痛

0436 한 조사에 의하면 장애인 대부분이 차별과 편견을 경험했다고 한다.

ある調査によると、ほとんどの (　　　) が差別や偏見を体験したという。

① 障碍人　　　② 一般人　　　③ 健常者　　　④ 障害者

0437 구청에 가서 출생신고를 했다.

区役所に行って (　　　) をした。

① 出生届け　　　② 出生申告　　　③ 出生通告　　　④ 出生通報

0433 **③私**なりに**よく考**かんが**えたすえに出**だ**した結論**けつろん**なので、何**なに**も言わないで。**

'~한 끝에'를 표현할 때는 「동사 과거형 + すえに」의 형태를 쓴다.

0434 **②渋滞**じゅうたい**で車がのろのろ進**すす**んでいる。**

'정체'를 한자어 그대로 써서 「停滞」라고 하지 않는다.

0435 **①人間関係**にんげんかんけい**でこんなに苦労**くろう**するなら、この会社**かいしゃ**を辞**や**めた方**ほう**がいい。**

'고생'을 한자어 그대로 써서 「苦生」라고 하지 않는다.

0436 **④ある調査**ちょうさ**によると、ほとんどの障害者**しょうがいしゃ**が差別**さべつ**や偏見**へんけん**を体験**たいけん**したという。**

'장애인'은 「障害者」라고 한다.

0437 **①区役所**くやくしょ**に行**い**って出生届**しゅっしょうとどけ**をした。**

출생신고는 관청에 하는 것이므로 「出生届け」라고 한다.

신고	
결근계	欠勤届けっきんとどけ
결석계	欠席届けっせきとどけ
세관신고	税関ぜいかん申告しんこく
소득신고	所得しょとく申告
출생신고	出生届しゅっしょうとどけ
혼인신고	婚姻届こんいんとどけ

0438 어렵게 단독주택을 마련했다.

やっとのことで、(　　　) を手に入れた。

① 単独住宅 　　　　　　　　　② 単独の家

③ 共同住宅 　　　　　　　　　④ 一軒家

0439 결혼을 전제로 남자친구와 동거를 하고 있다.

結婚を前提に彼と (　　　) している。

① 同居 　　　　② 同住 　　　　③ 同棲 　　　　④ 同生

0440 커 가면서 딸아이는 말수가 적어졌다.

成長するにつれて、娘は (　　　) が少なくなった。

① 言葉数 　　　　② 話数 　　　　③ 言語数 　　　　④ 口数

0441 사람을 3시간이나 기다리게 해놓고서 사과도 않다니 몰상식하다.

人を３時間も待たせておいて謝りもしないなんて (　　　) だ。

① 没常識 　　　　② 非常識 　　　　③ 無常識 　　　　④ 不常識

0442 번호표를 뽑고 순서를 기다려 주세요.

(　　　) を取って順番を待ってください。

① 番号票 　　　　② 番号切符 　　　　③ 番号札 　　　　④ 順番礼

0438 ④ **やっとのことで、一軒家**いっけんや**を手**て**に入**い**れた。**

'단독주택'을 직역하여 「単独住宅」으로 쓰지 않는다. 일본어에서 '단독주택'은 「一軒家」 또는 「一戸建いっこだての家いえ」라고 한다.

0439 ③ **結婚**けっこん**を前提**ぜんてい**に彼と同棲**どうせい**している。**

'동거'를 일본어로 「同居どうきょ」라고 하면 말 그대로 '함께 사는 것'을 뜻한다. 결혼하지 않은 남녀가 함께 사는 것을 말할 때는 「同棲」를 쓴다.

0440 ④ **成長**せいちょう**するにつれて、娘**むすめ**は口数**くちかず**が少**すく**なくなった。**

'말수'를 「口数」라고 한다. '말수가 적다'는 「無口むくちだ」라고도 쓴다.

0441 ② **人を3時間も待**ま**たせておいて謝**あやま**りもしないなんて非常識**ひじょうしき**だ。**

0442 ③ **番号札**ばんごうふだ**を取**と**って順番**じゅんばん**を待**ま**ってください。**

'번호표'는 「番号札ばんごうふだ」, '이름표'는 「名札なふだ」라고 한다. 또한 '뽑다'도 「選えらぶ」가 아니라 「取る」를 쓰는 데 주의해야 한다.

「耳」가 들어가는 관용구	
耳学問みみがくもん	귀동냥, 들은풍월, 얻어들은 지식
耳みみが痛いたい	남의 말이 자신의 약점을 찔러 듣기에 괴롭다, 귀가 따갑다
耳の正月しょうがつ	즐거운 이야기나 음악 등을 듣고 즐기는 것. = 耳みみのごちそう
耳年増みみどしま	젊고 경험도 없으면서 들은 지식으로 남녀 관계 등 제법 어른스러운 말을 하는 여자
耳寄みみより	귀가 솔깃해지는 것
耳を擽くすぐる	치켜세우는 말을 하다, 부추기다
耳をそろえる	아귀를 맞추다, 돈이나 물건을 거의 갖추다
耳をつんざく	귀청을 찢다, 귀청이 떨어지다

0443 언론 시사회에 초대받았다.

（　　　）に招かれた。

① 言論試写会　　　　　　② マスメディア試写会

③ メディア試写会　　　　④ マスコミ試写会

0444 유통기한이 지난 것은 모두 버렸다.

（　　　）が過ぎたものは全部捨てた。

① 流通期限　　　　　　　② 売買期限

③ 可食期限　　　　　　　④ 賞味期限

0445 언니는 전문대학에 다니고 있습니다.

姉は（　　　）に通っています。

① 専門大学　　　　　　　② 専門学校

③ 短期大学　　　　　　　④ 短期学校

0446 첨단 기술의 도입에 따라 생산량이 비약적으로 늘었다.

（　　　）技術の導入によって生産量が飛躍的に伸びた。

① 尖端　　　② 前端　　　③ 最端　　　④ 先端

0447 자전거 바람이 빠졌어요.

自転車の空気が（　　　）。

① 嵌まりました　　　　　② 落ちました

③ 抜けました　　　　　　④ 陥りました

0443 ④**マスコミ試写会**ししゃかい**に招**まね**かれた。**

'언론시사회'을 나타낼 때는 앞에 '매스컴'을 뜻하는 말을 붙여서 「マスコミ試写会」라고 한다.

0444 ④**賞味**しょうみ**期限**きげん**が過**す**ぎたものは全部**ぜんぶ**捨**す**てた。**

'유통기한이 지나다'는 「賞味期限が切きれる」 또는 「賞味期限が過すぎる」라고 한다.

0445 ③**姉**あね**は短期大学**たんきだいがく**に通**かよ**っています。**

'전문대학'은 일본어로 「短期大学」라고 한다. 「専門せんもん学校がっこう」라는 말도 있는데, 이것은 요리·의상·미용 등 실용적인 기술을 배우는 곳으로 우리나라의 '(전문적인 기능을 배우는) 학원'에 해당한다.

0446 ④**先端**せんたん**技術**ぎじゅつ**の導入**どうにゅう**によって生産量**せいさんりょう**が飛躍的**ひやくてき**に伸**の**びた。**

'첨단'은 「先端せんたん」, '최첨단'은 「最先端さいせんたん」이라고 한다.

0447 ③**自転車**じてんしゃ**の空気**くうき**が抜**ぬ**けました。**

'바람이 빠지다'를 나타낼 때는 「抜ける」를 써야 한다.

Hint 「抜ぬける/嵌はまる/落おちる/陥おちいる」 빠지다

(1) 「抜ける」는 '머리카락·치아·바람·마개·이름 등이 빠지다, 줄어들다'의 뜻이다.

(2) 「嵌まる」는 '열중하다'의 뜻으로, 재미·슬픔·도락·사랑·잠·유혹 등에 빠지는 것을 나타낸다.

(3) 「落ちる」는 '떨어지다'의 뜻이다.

(4) 「陥る」는 '딜레마·중태에 빠지다'의 뜻이다.

빠지다	
기운이 빠지다	気きが抜ぬける
드라마에 빠지다	ドラマに嵌はまる
딜레마에 빠지다	ジレンマに陥おちいる
때가 빠지다	垢あかが取れる
머리카락이 빠지다	髪かみの毛けが抜ける
바다에 빠지다	海うみに落おちる
바람이 빠지다	空気くうきが抜ける
살이 빠지다	痩やせる・体重たいじゅうが減へる
이름이 빠지다	名前が抜ける
함정에 빠지다	罠わなに落ちる

0448 개는 냄새를 잘 맡고 귀가 밝은 동물입니다.

犬は臭いをよく嗅ぎ、耳が(　　)動物です。

① いい　　　　② 明るい　　　③ 近い　　　　④ 大きい

0449 우리 남편은 잠귀가 밝아서 문소리만 나도 잠이 깨요.

うちの主人は寝るときも耳が(　　　)、ドアの音がしても目が覚めます。

① よくて　　　② 明るくて　　③ 近くて　　　④ 大きくて

0450 우리 할머니는 귀가 어두워서 큰 소리로 말하지 않으면 잘 알아듣지 못해요.

うちのおばあさんは耳が(　　　)大きい声で言わないとちゃんと聞き取れません。

① 暗くて　　　② 遠くて　　　③ 狭くて　　　④ 小さくて

0451 어제는 친구랑 눈싸움을 했습니다.

昨日は友だちと(　　　)をしました。

① 雪けんか　　② 雪戦争　　　③ 雪合戦　　　④ 雪戦い

0452 어제는 아빠랑 눈사람을 만들었습니다.

昨日はパパと(　　　)を作りました。

① 雪人　　　　　　　　② 雪おもちゃ

③ 雪人形　　　　　　　④ 雪だるま

0448 ① 犬ぃぬは臭にぉいをよく嗅かぎ、耳みみがいい動物どうぶつです。

'귀가 밝다'는 직역해서 「耳が明あかるい」라고 하면 안 되고, '듣기 능력이 좋다'는 뜻으로 「耳がいい」라고 한다.

0449 ① うちの主人しゅじんは寝ねるときも耳みみがよくて、ドアの音おとがしても目めが覚さめます。

0450 ② うちのおばあさんは耳みみが遠とおくて大きい声で言いわないとちゃんと聞きき取とれません。

'귀가 어둡다'는 「耳が暗い」가 아니라 「耳が遠い」이다.

0451 ③ 昨日きのうは友だちと雪合戦ゆきがっせんをしました。

'눈싸움'을 직역해서 「雪ゆきけんか」라고 하면 안 된다.

0452 ④ 昨日はパパと雪ゆきだるまを作つくりました。

'눈사람'을 직역해서 「雪人」라고 하면 안 된다. 「だるま」는 '오뚝이'의 뜻인데, '눈사람'이 '오뚝이'와 닮았다고 해서 「雪だるま」라고 한다.

「胸」가 들어가는 관용구	
胸算用むなざんよう	①속셈, 꿍꿍이셈. ②전망, 예상
胸むねがすく	마음이 후련하다, 기분이 상쾌하다
胸が高鳴たかなる	기대에 부풀거나 기뻐서 가슴이 뛰다
胸が詰つまる	가슴이 메이다, 깊은 감동을 받아서 가슴이 벅차오르다, 감개무량하다
胸が塞ふさがる	(슬픔, 불안 등으로) 가슴이 막히다, 메이다, 우울해지다, 암담해지다
胸が焼やける	속이 쓰리다
胸に一物いちもつある	꿍꿍이속이 있다, 마음속에 흉계를 품고 있다
胸を借かりる	자기보다 실력이 나은 상대와 겨루어서 한 수 배우다, 자신을 향상시키다

0453 당일치기로 갈 수 있는 곳을 알려 주세요.

（　　　）で行けるところを教えてください。

① 当日帰り　　② 日帰り　　③ 夜帰り　　④ 寝帰り

0454 징검다리 연휴란 평일을 낀 연휴를 말한다.

（　　　）連休とは、休日が平日を挟んで並ぶことをいう。

① 飛び石　　　　　　② 飛び石橋

③ ゴールデンウィーク　　④ ホリデー

0455 내일 시험을 위해 벼락치기 할 생각이다.

明日試験のため、（　　　）するつもりだ。

① 一夜漬け　　　　　② 徹夜勉強

③ かみなり打ち　　　④ 山掛け

0456 오늘 도시락 반찬은 계란말이다.

今日の弁当のおかずは（　　　）だ。

① 卵巻き　　② 卵蒸し　　③ 卵焼き　　④ 卵フライ

0457 페더러의 발리는 신기(신의 기술)라고밖에는 달리 표현할 말이 없다.

フェデラーのボレーは（　　　）としか言いようがない。

① 神技　　② 神気　　③ 神術　　④ 神業

0453 ② 日帰ひがえりで行いけるところを教おしえてください。

'당일치기'는 '그날 돌아올 수 있다'는 뜻으로 「日帰り」라고 한다.

0454 ① 飛とび石いし連休れんきゅうとは、休日きゅうじつが平日へいじつを挟はさんで並ぶことをいう。

'징검다리 연휴'를 말할 때는 「飛び石」(징검돌)을 붙여서 「飛び石連休」라고 한다.

0455 ① 明日あした試験しけんのため、一夜漬いちやづけするつもりだ。

하룻밤 사이에 벼락치기로 한다는 뜻으로 「一夜漬け」라고 한다. 「徹夜勉強」는 꼭 하룻밤만으로 제한해서 말하는 것이 아니라 '밤샘 공부' 자체를 뜻하는 것이다.

0456 ③ 今日きょうの弁当べんとうのおかずは卵焼たまごやきだ。

'계란말이'를 직역해서 「卵巻たまごまき」라고 하면 안 된다.

0457 ④ フェデラーのボレーは神業かみわざとしか言いいようがない。

'신기'는 한자어 그대로 바꿔서 「神技」는 쓰지 않는다. 「神業」라고 한다.

LEVEL 1

LEVEL 2

LEVEL 3

「虫」가 들어가는 관용구	
虫むしがいい	뻔뻔하다, 염치없다, 제멋대로이다
虫が知しらせる	어쩐지 그런 예감이 든다
虫が好すかない	어쩐지 마음에 들지 않는다, 주는 거 없이 밉다
虫酸むしずが走はしる	신물이 나다, 불쾌하기 짝이 없다, 매우 역겨워지다
虫の居所いどころがわるい	기분이 안 좋아 공연히 화를 내다, 저기압이다

175

0458 나는 아이쇼핑하러 백화점에 자주 간다.

私は (　　　) をしようとデパートへよく行く。

① アイショッピング　　　　② ガラスショッピング

③ ウィンドショッピング　　④ ブランドショッピング

0459 양상추로 샐러드를 만들었다.

(　　　) でサラダを作った。

① キャベツ　　② 西洋チシャ　　③ 洋チシャ　　④ レタス

0460 이 예식장에서 결혼하려면 1년 전에 예약을 해야 한다.

この (　　　) で結婚するためには、一年前に予約をしなければならない。

① 礼式場　　② 婚姻式場　　③ 結婚式場　　④ 婚礼式場

0461 일본인은 예의범절을 중시한다.

日本人は (　　　) を重んじる。

① 礼儀作法　　② 礼儀凡節　　③ 礼儀道德　　④ 礼儀節度

0462 저 사람은 머리를 잘 굴린다.

あの人は頭をよく (　　　)。

① 転がす　　② 働かす　　③ 回す　　④ 転ばす

0458 ③私はウィンドショッピングをしようとデパートへよく行ⁱく。

'아이쇼핑'은 한국식 표현이고 일본에서는 영어 표현을 그대로 써서「ウィンドショッピング(window shopping)」이라고 한다.

0459 ④レタスでサラダを作ⁱくった。

'양상추'는 외래어를 써서「レタス(lettuce)」라고 한다.

0460 ③この結婚式場ⁱけっこんしきじょうで結婚するためには、一年前ⁱいちねんまえに予約ⁱよやくをしなければならない。

'예식장'은 말 그대로 '결혼식장'이라는 뜻으로「結婚式場」이라고 한다.

0461 ①日本人ⁱにほんじんは礼儀ⁱれいぎ作法ⁱさほうを重ⁱおもんじる。

'예의범절'을 한자어로 그대로 읽어서「礼儀凡節」이라고 하지 않도록 주의해야 한다.

0462 ②あの人は頭ⁱあたまをよく働ⁱはたらかす。

여기서 '머리를 잘 굴리다'는 '머리를 써서 해결 방안을 생각해내다'의 뜻이므로「働かす」가 알맞다.「転ⁱころがす」와「転ⁱころばす」에는 '머리를 쓰다'라는 뜻이 없다.

「頭」가 들어가는 관용구	
頭ⁱあたまが上ⁱあがらない	머리를 들지 못하다, 큰소리 치지 못하다, 꼼짝 못하다
頭が固ⁱかたい	사고방식이나 생각이 유연하지 못하고 딱딱하다
頭が切ⁱきれる	머리가 잘 돌아가다, 날카롭다, 수완이 좋다
頭が下ⁱさがる	머리가 수그러지다, 존경하지 않을 수 없다, 감복하다
頭が鈍ⁱにぶい	머리가 둔하다
頭から湯気ⁱゆげを立ⁱたてる・頭に湯気を立てる	몹시 화를 내다
頭に来ⁱくる	악이 오르다, 화가 나다
頭を痛ⁱいためる	골치를 썩다
頭を抱ⁱかかえる	머리를 싸쥐다, 고민하다
頭を切ⁱきり換ⁱかえる	생각·사고방식을 바꾸다
頭をひねる	머리를 짜다, 궁리하다

0463 식사를 할 때 코를 풀면 실례입니다.

食事をする時、鼻を (　　　) と失礼です。

① かく　　　　② かむ　　　　③ とく　　　　④ 取る

0464 직성이 풀릴 때까지 때려다오.

気が (　　　) までなぐってくれ。

① すむ　　　　② なく　　　　③ とく　　　　④ 取る

0465 그룹 채팅 기능을 사용하면 복수의 유저와 동시에 대화를 나눌 수 있습니다.

グループ (　　　　) 機能を使用すると、複数のユーザーと同時に会話ができます。

① チェディン　　　　　　② チェディング
③ チャディング　　　　　④ チャット

0466 통근 시간에는 아이폰으로 트위터에 글을 올립니다.

通勤時間にはi-phoneから (　　　) やっています。

① トウィター　② トウィタ　　③ ツイート　　④ ツイト

0467 장미 재배는 무척 손이 많이 갑니다.

バラの栽培はとても手が (　　　) ます。

① かかり　　　　② いき　　　　③ もち　　　　④ あがり

0463　② 食事しょくじをする時とき、鼻はなをかむと失礼しつれいです。

'코를 풀다'는 「鼻をかむ」라고 한다.

0464　① 気きが済すむまでなぐってくれ。

'마음이 풀리다'는 '직성이 풀리다'의 뜻으로 쓰이는 「済すむ」를 써서 「気が済む」라고
한다.

0465　④ グループチャット機能きのうを使用しようすると、複数ふくすうのユーザーと同時どうじに会話
　　　かいわができます。

우리말은 '채팅'이라고 하지만 일본어로는 「チャット」라고 쓴다.

0466　③ 通勤つうきん時間じかんにはi-phoneからツイートやっています。

'트위터(twitter)'라는 말 자체는 「ツイッター」라고 하고, 트위터에 글을 올리는 일은
「ツイート」라고 쓴다.

0467　① バラの栽培さいばいはとても手がかかります。

문장에서 '손이 가다'는 '수고와 노력이 필요하다'는 뜻이므로 「手がかかる」를 써야
한다.

「～ない」와 호응하는 진술부사 Ⅰ	
あまり	그리, 그다지, 별로 (～ 않다)
一度いちども	한 번도 (～ 않다)
一向いっこうに	전혀 (～ 않다)
必かならずしも	반드시 (～라고는 할 수 없다). 부분 부정을 나타낸다.
決けっして	결코, 결단코, 절대로 (～ 않다)
ちっとも・少すこしも	조금도, 전연 (～ 않다)
なかなか	그렇게 간단하게는, 쉽게는, 좀처럼 (～ 않다)
別べつに	별로 (～ 않다)

0468 임플란트는 보험이 안 된다.

インプラントは保険が (　　　)。

① ならない　　② いかない　　③ きかない　　④ されない

0469 우리나라는 천연자원이 부족하다.

わが国は、天然資源 (　　　) 乏しい。

① を　　　　② に　　　　③ の　　　　④ が

0470 잊으신 물건이 없도록 주의하시기 바랍니다.

(　　　) 忘れ物のないよう、(　　　) 注意ください。

① お / お　　② お / ご　　③ ご / お　　④ ご / ご

0471 손님, 짐은 이것이 전부입니까?

お客さま、お荷物はこれ (　　　) 全部ですか。

① が　　　　② で　　　　③ に　　　　④ は

0472 지금 바쁘니까 나중에 전화해 주세요.

今忙しいから、あと (　　　) お電話ください。

① が　　　　② で　　　　③ に　　　　④ は

0473 이 연필은 3자루에 1000엔입니다.

この鉛筆は三本 (　　　) 1000円です。

① が　　　　② で　　　　③ に　　　　④ は

0468　③ **インプラントは保険**ほけん**が利**き**かない。**

문장에서 '되다'는 '그 기능이 제대로 발휘되고 있다'는 뜻이므로 「利く」를 써야 한다.

0469　② **わが国**くに**は、天然**てんねん**資源**しげん**に乏**とぼ**しい。**

'~이 부족하다'는 「~に乏とぼしい」 형태로 쓴다.

0470　② **お忘**わす**れ物**もの**のないよう、ご注意**ちゅうい**ください。**

문장에서 「忘れ物」는 「和語」이므로 「お」를 붙이고, 「注意」는 한자어이므로 「ご」를 붙여야 한다.

> *Hint* 「お~/ご~」
>
> 「お~」와 「ご~」는 접두사로서 이를 붙여서 존경어·겸양어·공손어·미화어 등으로 쓴다. 「和語わご」(순일본어)에는 보통 「お」를 붙이고, 한자어에는 보통 「ご」를 붙인다.

0471　② **お客**きゃく**さま、お荷物**にもつ**はこれで全部**ぜんぶ**ですか。**

'이것이'를 직역하여 「これが」로 쓰면 「AがBだ」라는 문형이 되어 'A는 B이다'의 뜻이 되어 버린다. 그런데 「これ」와 「全部」는 동격이 될 수 없기 때문에 수량 범위의 한도를 나타내는 「で」를 써서 「これで」라고 한다. 이때 「これで」는 '이것으로'의 뜻이 되고, 「これで全部ですか。」는 "이것으로 끝이고 더는 없습니까?"라는 뜻이 된다.

0472　② **今**いま**忙**いそが**しいから、あとでお電話ください。**

우리말로 '~에'로 번역되는 조사를 무조건 「に」로 쓰면 안 되고, '~한 후', '나중에 다시' 등 막연한 때를 나타낼 경우는 「で」를 써야 한다. 따라서 '나중에'는 「あとに」가 아니라 「あとで」이다. 「に」와 「で」는 둘 다 동작이 행해지는 때를 나타내지만, 「に」는 '오전 5시', '2년 전에', '여름 방학에는' 등 시간이 확정적임을 나타낼 때에 쓰며, 「で」는 '~한 후', '나중에 다시' 등 막연한 때를 나타낼 때 쓴다.

0473　② **この鉛筆**えんぴつ**は三本**さんぼん**で1000円**えん**です。**

보통 '~에'는 「に」로, '~에서'는 「で」로 번역하면 된다고 알고 있지만, 앞에 소요 시간·가격·수량 등이 나오는 경우는 「に」가 아니라 수량을 재는 기준 등의 조건을 나타내는 조사 「で」를 써야 한다.

0474 다음 주 자네가 도쿄 본사에 가주었으면 하네.

来週君 (　　　) 東京の本社に行ってもらいたいんだ。

① が　　　　　② で　　　　　③ に　　　　　④ は

0475 사장님, 제가 할 수 있는 일이라면 무엇이든 하겠습니다.

社長、私 (　　　) できることなら何でもいたします。

① が　　　　　② で　　　　　③ に　　　　　④ は

0476 자회사가 신제품을 개발하여 성공을 거둔 후로는, 모회사도 상당히 그 은혜(혜택)를 입었다.

子会社が新製品を開発して成功を収めてからは、親会社もずいぶんその恩恵 (　　　) 浴した。

① を　　　　　② に　　　　　③ と　　　　　④ が

0477 이 비행기는 현재 런던을 향하고 있습니다.

この飛行機は現在ロンドン (　　　) 向かっています。

① を　　　　　② に　　　　　③ と　　　　　④ が

0478 적을 이기려면 우선 적을 알아야 한다.

敵 (　　　) 勝つには、まず敵を知らなければならない。

① を　　　　　② に　　　　　③ と　　　　　④ で

0479 여드름은 절대 짜지 마세요.

にきびは絶対 (　　　) ないでください。

① つぶさ　　　② おさ　　　　③ しぼら　　　④ こわさ

0474 ③ 来週らいしゅう君きみに東京とうきょうの本社ほんしゃに行ってもらいたいんだ。

「~てほしい」 또는 「~てもらいたい」는 다른 사람이 무언가 해주기를 바랄 때 쓰는 말로, '~해 주기를 바라다·~해 주었으면 하다' 등으로 번역된다. 이때 행동을 할 사람에 대한 조사는 「が」가 아니라 「に」로 써야 한다.

0475 ③ 社長、私にできることなら何なんでもいたします。

'내가'라고 해서 주격 조사 「が」로 쓰면 안 된다. 능력이나 자격이 있는지 없는지를 내용으로 할 때는 주체를 나타내는 말에 조사 「に」를 써야 한다.

0476 ② 子会社こがいしゃが新製品しんせいひんを開発かいはつして成功せいこうを収おさめてからは、親会社おやがいしゃもずいぶんその恩恵おんけいに浴よくした。

'은혜를 입다'를 표현할 때는 조사 「を」가 아니라 「に」를 써서 「恩恵に浴する」라는 구문으로 기억하자.

0477 ② この飛行機ひこうきは現在げんざいロンドンに向むかっています。

'~을 향해서'라는 방향을 나타낼 때는 「~を向かって」가 아니라, 「~に向かって」이다.

0478 ② 敵てきに勝かつには、まず敵てきを知しらなければならない。

'~을 이기다'는 「~を勝つ」가 아니라, 「~に勝つ」라고 해야 한다.

0479 ① にきびは絶対ぜったいつぶさないでください。

'여드름을 짜다'를 직역하여 「にきびをしぼる」라고 하면 안 된다. 「しぼる」는 비틀어서 물기를 없애는 것이다. '여드름을 짜다'는 '힘을 주어 원래 모습을 망가뜨리다'의 뜻이므로 「つぶす」를 써야 한다.

「気」가 들어가는 관용구	
気きが多おおい	여러 가지 일에 관심이 많다, 변덕스럽다
気きが置おけない	마음 놓을 수 있다, 허물없이 지낼 수 있다
気きが気きでない	걱정이 되어 마음을 놓지 못하다·안절부절못하다
気きにする	신경을 쓰다, 걱정하다
気きを引ひく	넌지시 남의 속을 떠보다, 상대방의 관심이 이쪽을 향하게 하다
気きを持もたせる	기대를 가지게 하다, 넌지시 비추다

0480 우리 집은 아들뿐이에요.

うちは息子(　　　)なんです。

① ばかり　　　② だけ　　　③ さえ　　　④ まで

0481 유이 씨만 집합 시간에 늦었다.

油井さん(　　　)が集合時間に遅れた。

① ばかり　　　② だけ　　　③ さえ　　　④ まで

0482 계약서에 도장을 찍었다.

契約書に判子を(　　　)。

① 押した　　　② 刺した　　　③ 打った　　　④ 入れた

0483 포크로 사과를 찍어 먹었다.

フォークでりんごを(　　　)食べた。

① 押して　　　② 刺して　　　③ 打って　　　④ 入れて

0484 회를 간장에 찍어 먹었다.

さしみを醤油に(　　　)食べた。

① 出して　　　② かけて　　　③ つけて　　　④ 入れて

0480 **① うちは息子**むすこ**ばかりなんです。**

어떤 상태를 나타내기 때문에 「ばかり」가 알맞다.

Hint 「だけ/ばかり」~만, ~뿐

(1) 「だけ」는 대상의 범위를 한정한다. 예를 들어 「末すえっ子こだけが息子むすこです。」 (막내만 아들입니다.)라고 할 때 '그 이상이나 이외의 것은 부정하고, 오직 그 범위의 것만'의 뜻이 강하다. 즉 '막내 말고는 다 딸'이라는 뜻이다.

(2) 「ばかり」는 「一時間ばかり遅れます。」(1시간 정도 늦겠습니다.)처럼 수량을 나타내는 말에 접속하면 '정도'의 뜻이 되고, 일반 명사나 사람을 나타내는 명사 「息子・娘・男・女」 등에 붙으면 범위를 한정하여 '모두 아들・딸・남자・여자'의 뜻이 된다. 또한, 어떤 동작・행위・작용 등을 전제로 하는 한정의 경우는 「ばかり」만 쓸 수 있다.

0481 **② 油井**ゆい**さんだけが集合**しゅうごう**時間に遅**おく**れた。**

문장에서 '~만'은 대상의 범위를 한정해 주기 때문에 「だけ」가 알맞다.

0482 **① 契約書**けいやくしょ**に判子**はんこ**を押**お**した。**

'도장을 찍다'는 도장을 인주에 발라서 종이에 '누르다'의 뜻이므로 「判子を押す」라고 한다.

0483 **② フォークでりんごを刺**さ**して食**た**べた。**

포크로 찍는 것이기 때문에 「刺す」를 쓴다.

0484 **③ さしみを醤油**しょうゆ**につけて食**た**べた。**

'간장에 찍다'는 「醤油につける」라고 한다.

찍다	
구두점을 찍다	句読点くとうてんを打うつ
도장을 찍다	判子はんこを押おす
사진을 찍다	写真しゃしんを撮とる
스탬프를 찍다	スタンプを押おす
이 후보를 찍다	この候補こうほに入いれる
점을 찍다	点てんを打うつ
포크로 배를 찍다	フォークで梨なしを刺さす
회를 간장에 찍다	さしみを醤油しょうゆにつける

0485   저 사람은 열심히 공부하고 있으니까 입학시험에 합격하겠지.

あの人はよく勉強している (   )、入学試験に合格するだろう。

① から   ② ので   ③ が   ④ けど

0486   하루 종일 해도 한 마리도 낚지 못했기 때문에 더 이상 낚시 따위는 가고 싶지 않다.

一日中やっても一匹もつれなかった (   )、もうつりなんか行きたくない。

① から   ② ので   ③ が   ④ けど

0487   위험하니까 만지지 마.

危ない (   )、触るな。

① から   ② ので   ③ が   ④ けど

0488   시간이 없으니까 서둘러.

時間がない (   )、急げ。

① から   ② ので   ③ が   ④ けど

0489   피곤해 보이니까 충분히 휴식을 취하세요.

疲れているようです (   )、十分に休憩を取ってください。

① から   ② ので   ③ が   ④ けど

0490   너무 늦었으니 돌아가도 돼.

もう遅い (   )、帰ってもいいよ。

① から   ② ので   ③ が   ④ けど

0485 ① **あの人はよく勉強しているから、入学試験**にゅうがくしけん**に合格**ごうかく**するだろう。**

원인이나 이유를 나타내는 표현에서 이유나 원인을 주관적으로 나타내며, 뒤에 의뢰·명령·희망·허가·권유·금지·의지·추량의 표현이 따르면「から」를 쓴다. 이 문장에서는 추량의 표현이 따르므로「から」가 알맞다.

0486 ① **一日中**いちにちじゅう**やっても一匹**いっぴき**もつれなかったから、もうつりなんか行**い**きたくない。**

이 문장에서는 희망 표현이 따르므로「から」가 알맞다.

0487 ① **危**あぶ**ないから、触**さわ**るな。**

보기 중에서「ので」는 문장 끝에 명령·금지와 같은 강한 의지 표현이 올 수 없다.

0488 ① **時間**じかん**がないから、急**いそ**げ。**

보기 중에서「ので」는 문장 끝에 명령·금지와 같은 강한 의지 표현이 올 수 없다.

0489 ① **疲**つか**れているようですから、十分**じゅうぶん**に休憩**きゅうけい**を取**と**ってください。**

문장은 추량의 뜻이 있으므로「から」가 알맞다.

0490 ① **もう遅**おそ**いから、帰**かえ**ってもいいよ。**

이 문장에서는 뒤에 허가 표현이 나오므로「から」가 알맞다.

지금, 곧	
いきなり	돌연, 갑자기. 동작의 주체는 사람이며 자연 현상에는 쓸 수 없다.
さっさと	빨랑빨랑, 재빠르게, 주저하지 말고 빨리
さっそく	(스스로) 곧, 즉시, 이내. 좋은 일에만 쓰이며 의지적인 동작에 쓰인다.
至急しきゅう	(공손한 말로) 아주 바삐
すぐ	곧, 금방
たちまち	(사태의 진행이나 변화가 상당히 빠른 모습) 금세, 곧
まもなく	이윽고, 머지않아
もうすぐ	곧, 금방. 미래의 일에 대해서만 쓴다.

0491 의견을 말하지 않은 것은 말해도 소용없다고 생각했기 때문입니다.

意見を言わなかったのは、言っても無駄だと思った（　　）です。

① から　　　　② ので　　　　③ が　　　　④ けど

0492 이 방은 깨끗해서 기분이 좋다.

この部屋は（　　）、気持ちがいい。

① きれいから　　　　　　② きれいなので

③ きれいで　　　　　　　④ きれいけど

0493 한국 학생들은 선생님에 대해 존경심이 강하기 때문에 가르치기 쉽다.

韓国の学生は、先生に（　　）尊敬の念が高いので、教えやすい。

① 関して　　　② 対して　　　③ 応じて　　　④ 概して

0494 최근 공해를 배출하는 기업에 대한 비판이 강해지고 있다.

最近、公害を出す企業に（　　）批判が強くなっている。

① 関する　　　② 対する　　　③ とっての　　　④ かけて

0495 우리 사이에 대해서는 상상에 맡기겠습니다.

ぼくたちの仲については、想像に（　　）。

① やめます　　② 預けます　　③ 託します　　④ 任せます

0491 ① **意見**いけん**を言**い**わなかったのは、言**いっても**無駄**むだ**だと思**おも**ったからです。**

「〜(の)は〜からです」와 같이 이유나 원인이 도치된 경우는 「から」만 쓸 수 있다.

0492 ③ **この部屋はきれいで、気持**きも**ちがいい。**

문장은 감정을 표현하고 있기 때문에 「で」가 알맞다.

0493 ② **韓国の学生は、先生に対**たい**して尊敬**そんけい**の念**ねん**が高いので、教**おし**えやすい。**

앞쪽 내용이 뒤쪽 내용에 대한 대상이 되기 때문에 「対する」가 알맞다.

> **Hint** 149쪽 「〜に対たいして」 「〜について/〜に関かんして」 참조

0494 ② **最近**さいきん**、公害**こうがい**を出**だ**す企業**きぎょう**に対**たい**する批判**ひはん**が強**つよ**くなっている。**

앞쪽 내용이 뒤쪽 내용에 대한 대상이 되기 때문에 「対する」가 알맞다.

0495 ④ **ぼくたちの仲**なか**については、想像**そうぞう**に任**まか**せます。**

문장에서는 '자신이 하지 않고 다른 사람에게 하게끔 하는 것', '~에 따르다'의 뜻으로
쓰였으므로 「任せる」를 써야 한다.

단정 표현과 호응하는 진술부사	
必かならず	반드시, 틀림없이. 「〜ない」는 함께 쓸 수 없다.
決きまって	(반복적인 개인의 습관이나 습성이) 어김없이, 으레. 「〜ない」는 함께 쓸 수 없다.
絶対ぜったい	절대
確たしかに	확실히. 「〜ない」는 함께 쓸 수 없다.

0496 친구가 도서관 자리를 잡아 주었다.

友だちが図書館の席を (　　　) おいてくれた。

① とらえて　　② つかまえて　③ つかんで　　④ 取って

0497 이것은 몸의 균형을 잡는 체조입니다.

これは体のバランスを (　　　) 体操です。

① とらえる　　② つかまえる　③ つかむ　　④ 取る

0498 돈은 집에 놔두면 위험하니 은행에 맡깁시다.

お金はうちにおいておくと危ないので銀行に (　　　) ましょう。

① 任せ　　　　② 託し　　　　③ 預け　　　　④ やり

0499 침을 놓아 주는 곳을 찾고 있어요.

針を (　　　) くれるところを探しています。

① 置いて　　　② 刺して　　　③ 打って　　　④ 入れて

0500 밀대로 반죽을 밀었다.

麺棒で生地を (　　　)。

① 押した　　　② 広げた　　　③ 伸ばした　　④ 引っ張った

0496 ④ **友**だち**が図書館**としょかん**の席**せき**を取っておいてくれた。**

문장에서 '자리를 잡다'는 '집다'의 뜻이 아니라 '확보하다'의 뜻이므로 「取る」만 쓸수 있다.

0497 ④ **これは体**からだ**のバランスを取る体操**たいそう**です。**

문장에서 '균형을 잡다'는 '균형을 유지하다'는 뜻이므로 「取る」만 쓸 수 있다.

0498 ③ **お金**かね**はうちにおいておくと危**あぶ**ないので銀行**ぎんこう**に預**あず**けましょう。**

이 문장과 같이 '은행에 돈을 맡기다・예금하다'라는 개념은 「預ける」에만 있고, 「託する」와 「まかせる」에는 없다.

Hint 「預あず**ける/託**たく**する/任**まか**せる」** 맡기다

(1) 「預ける」는 다른 사람에게 부탁해서 사람・물건을 상대방이 있는 곳에 두는 것을 나타낸다.

(2) 「託する」는 다른 사람이 있는 곳에 가지고 가게 하거나 전하게 하는 것을 나타낸다.

(3) 「任せる」는 자신이 하지 않고 다른 사람이 하게 하는 것, '~에 따르다'의 뜻으로 쓴다.

0499 ③ **針**はり**を打**う**ってくれるところを探**さが**しています。**

'침을 놓다'를 직역해서 「針を置おく」라고 하면 안 된다. 「針を打つ」라고 한다.

0500 ③ **麺棒**めんぼう**で生地**きじ**を伸**の**ばした。**

문장에서 '밀다'는 '눌러서 얇게 펴다'의 뜻이므로 「伸のばす」를 써야 한다.

밀다	
대표로 밀다	代表だいひょうに推おす
때를 밀다	あかすりをする
문을 밀다	ドアを押おす
반죽을 밀다	生地きじを伸のばす
수염을 밀다	ひげを剃そる

LEVEL 1

LEVEL 2

LEVEL 3

0501 아버지가 프랑스 본고장의 와인을 마시고 싶어 해서 면세점에서 한 병 샀다.

父がフランス（　　　）のワインを飲みたがっているので、免税店
で一本買った。

　⋯▶ _____

0502 잡을 수 있을 것 같은 뜬공이라도 안타가 되는 경우가 있다.

取れそうな（　　　）でも安打になることがある。

　⋯▶ _____

0503 술에 취해 길에서 소변을 보는 사람도 있다.

酔っぱらって道で小便を（　　　）人もいる。

　⋯▶ _____

0504 차를 좀 더 왼쪽으로 붙여서 세워 주세요.

車を、もう少し左に（　　　）止めてください。

　⋯▶ _____

0505 커피 한 잔 뽑아 와.

コーヒーを一杯（　　　）来て。

　⋯▶ _____

0506 차례로 줄을 서 주십시오.

順番に列を（　　　）ください。

　⋯▶ _____

0501 父がフランス本場ほんばのワインを飲みたがっているので、免税店めんぜいてんで一本いっぽん買かった。

'본고장'은 「本場ほんば」라고 한다.

0502 取とれそうなフライでも安打あんだになることがある。

야구 용어 중 '뜬공'은 영어 표현을 써서 「フライ(fly)」라고 한다.

0503 酔よっぱらって道みちで小便しょうべんをする人もいる。

'소변을 보다'는 「小便をする」이다. 동사 「する」에 주의해야 한다.

0504 車くるまを、もう少すこし左ひだりに寄よせて止とめてください。

문장에서 '붙이다'는 풀로 붙이는 것이 아니라, '가까이 대다'의 뜻이므로 「寄せる」를 써야 한다.

0505 コーヒーを一杯いっぱい買かって来きて。

문장에서 '뽑다'는 '선택하다'의 뜻이 아니라 '사다'의 뜻으로 쓰였기 때문에 「選ぶ」라고 직역하면 안 되고 「買う」를 써야 한다.

0506 順番じゅんばんに列れつを作つくってください。

'줄을 서다'는 '줄을 짓다(만들다)'라는 뜻이므로 「列を作る」라고 한다.

무의식·의도하지 않은 행위를 나타내는 부사	
あいにく	공교롭게도, 재수 없게도
うっかり	(부주의로) 깜빡, 멍청히, 무심코
思おもわず	(자연히·순간적·1회성으로) 무심코, 엉겁결에
つい	(무의식중의 행위, 본능적·습관적인 사항에 대해) 무심코
ふと	(우연이 따라서) 문득, 우연히, 어쩌다

0507 지금 공부하고 있으니까 말 시키지 마.

今勉強しているから (　　　) な。

⋯→ _____

0508 매일 도시락을 싸는 것은 보통 일이 아니다.

毎日お弁当を (　　　) のは大変だ。

⋯→ _____

0509 과자만 먹어대니까 이가 썩는 거야.

お菓子ばかり食べているから、(　　　) のよ。

⋯→ _____

0510 한국의 국보 1호는 서울의 한가운데에 자리 잡고 있는 남대문입니다.

韓国の国宝1号は、ソウルのまん中に (　　　) 南大門です。

⋯→ _____

0511 엄마는 집에 돌아오면 곧바로 화장을 지운다.

母は家に帰るとすぐに化粧を (　　　)。

⋯→ _____

0512 겨우 그는 아버지의 원수를 갚았다.

やっと彼は父の仇を (　　　)。

⋯→ _____

0507 今いま勉強べんきょうしているから話はなしかけるな。

문장에서 '말을 시키다'의 뜻은 '내가 말을 하도록 하다'는 뜻이 아니라, '말을 걸다'라는 뜻이므로 「話させる」라고 하면 안 되고, 「話かける」를 써야 한다.

0508 毎日まいにちお弁当べんとうを作つくるのは大変たいへんだ。

'도시락을 싸다'를 「弁当を包っむ」라고 하면 천이나 포장지 등으로 감싸는 것을 뜻하게 된다. 이 문장에서는 「弁当を作る」라고 써야 한다.

0509 お菓子かしばかり食たべているから、虫歯むしばになるのよ。

'이가 썩다'를 직역하여 「歯はが腐くさる」라는 말은 쓰지 않는다. '충치가 생기다'의 뜻으로는 「虫歯になる」를 써야 한다.

0510 韓国かんこくの国宝こくほう1号いちごうは、ソウルのまん中なかに位置いちしている南大門ナムデムンです。

'자리 잡고 있는'을 직역하여 「席をとっている」라고 하면 안 된다. 「席を取る」는 '장소를 일시적으로 자기 것으로 해서 사용하다'의 뜻으로, 영구적으로 위치를 잡는 경우는 쓰지 못한다. 따라서 이 문장에서는 「位置している」라고 해야 한다.

0511 母ははは家いえに帰かえるとすぐに化粧けしょうを落おとす。

'화장을 지우다'는 직역하여 「化粧を消す」라고 하기 쉬운데, 「消けす」는 글자나 녹음을 지우는 경우를 말하고, 얼룩이나 화장 등을 지울 경우는 「落とす」를 써야 한다.

0512 やっと彼は父ちちの仇あだを打うった。

'원수를 갚다'를 직역하여 「仇を返す」라고 하면 안 된다. 「仇を打つ」라고 해야 한다.

추량 표현과 호응하는 진술부사	
きっと	꼭, 틀림없이. 「～だろう・～はずだ・～に違いない」와 호응한다.
確たしか	아마. 불확실한 과거의 일을 추량할 때에 쓴다.
たぶん・おそらく	아마. 「～だろう・～んじゃない」와 호응한다.
もしかして・もしかしたら	혹시, 만일, 어쩌면. 「～かもしれない・～かなぁ・～かしら・～んじゃない」와 호응한다.

0513 커피 한잔 끓일까요?

コーヒー一杯（　　　）。

…▶

0514 라면을 맛있게 끓이려면 어떻게 해야 돼요?

ラーメンをおいしく（　　　）にはどうしたらいいですか。

…▶

0515 매일 아침 가족들을 위해 된장국을 끓입니다.

毎朝家族のために味噌汁を（　　　）。

…▶

0516 장마가 끝나면 본격적인 여름이 시작된다.

梅雨が（　　　）と、夏本番が始まる。

…▶

0517 전화 한 통으로 끝날 문제가 아니다.

電話一本で（　　　）問題ではない。

…▶

0518 아침은 토스트에다 커피 정도로 끝내는 집이 많다.

朝はトーストにコーヒーぐらいで（　　　）家が多い。

…▶

0513 コーヒー一杯いっぱい入いれましょうか。

‘끓이다’에 해당하는 일본어는 「沸わかす」지만, 「沸かす」는 차가운 물을 뜨겁게 한다는 뜻이고, 커피·홍차·녹차 등을 끓일 때는 「入れる」를 써야 한다.

0514 ラーメンをおいしく作つくるにはどうしたらいいですか。

문장에서 ‘끓이다’는 ‘음식을 만들다’의 뜻이므로 「作る」를 써야 한다.

0515 毎朝まいあさ家族かぞくのために味噌汁みそしるを作つくります。

문장에서 ‘끓이다’는 ‘음식을 만들다’의 뜻으로 쓰였기 때문에 「作る」를 써야 한다.

0516 梅雨つゆが明あけると、夏本番なつほんばんが始はじまる。

‘장마가 끝나다’는 「梅雨つゆが終おわる」라고 직역하기 쉽지만 「梅雨が明ける」가 맞는 표현이다.

참고 장마 시작:梅雨入つゆいり, 장마 끝:梅雨明つゆあけ

0517 電話でんわ一本いっぽんで済すむ問題もんだいではない。

문장에서 ‘끝나다’는 ‘해결되다·결말이 나다·도리를 다하다’의 뜻으로 쓰였기 때문에 「済すむ」가 알맞다.

0518 朝あさはトーストにコーヒーぐらいで済すます家いえが多おおい。

문장에서 ‘끝내다’는 「終おえる」라고 직역하기 쉽지만 여기서는 ‘때우다·해결하다’의 뜻으로 쓰였으므로 「終える」는 쓸 수 없고 「済ます」만 쓸 수 있다.

「〜ない」와 호응하는 진술부사 Ⅱ	
さっぱり	도무지, 전혀. 「〜ない」 등 일부 부정을 의미하는 말과 호응하며, 「違ちがう・無理むりだ」 등과는 호응하지 않는다.
全然ぜんぜん	전혀. 「〜ない」「駄目だめだ・違ちがう」 등 부정의 의미를 나타내는 말과 호응한다. 의지·추량 표현은 쓸 수 없다.
とても	도저히, 아무래도, 「(可能形)ない」 이외에도 「無理むりだ・不可能ふかのうだ」와 호응하며, 불가능한 일을 나타낸다.
まるで	전혀. 「〜ない」「駄目だめだ・違ちがう」 등 부정을 의미하는 말과 호응하며, ‘전혀 〜않다’를 나타낸다.

0519 죄송합니다. 차가 고장 나서 늦었습니다.

すみません。車が（　　　）遅れました。

⋯▸ _____

0520 펑크가 나서 타이어를 바꿨다.

（　　　）のでタイヤを替えた。

⋯▸ _____

0521 겨우 승부가 났다.

やっと勝負が（　　　）。

⋯▸ _____

0522 대졸과 고졸과는 월급이 너무 차이가 나요.

大卒と高卒では月給にとても差が（　　　）。

⋯▸ _____

0523 아기의 이가 나기 시작했다.

赤ちゃんの歯が（　　　）きた。

⋯▸ _____

0524 양말에 구멍이 났다.

靴下に穴が（　　　）。

⋯▸ _____

0519 **すみません。車が故障**こしょう**して遅**おく**れました。**

'고장 나다'는 「する」 동사를 써서 「故障する」라고 한다.

0520 **パンクしたのでタイヤを替**か**えた。**

'펑크 나다'는 「する」 동사를 써서 「パンクする」라고 한다.

0521 **やっと勝負**しょうぶ**がついた。**

'승부가 나다'는 「勝負がつく」이다.

0522 **大卒**だいそつ**と高卒**こうそつ**では月給**げっきゅう**にとても差**さ**がつきます。**

'차이가 나다'는 「差がつく」라고 한다.

0523 **赤**あか**ちゃんの歯**は**が生**は**えてきた。**

문장에서 '나다'는 치아 등이 자라는 것을 뜻하므로 '식물의 싹이나 뿌리가 나오거나 동물의 이·뿔·털 등이 나오다'라는 뜻의 「生える」를 써야 한다.

0524 **靴下**くつした**に穴**あな**が開**あ**いた。**

문장에서 '구멍이 나다'는 '구멍이 뚫리다'의 뜻이므로 「穴が開く」를 써야 한다.

나다 II	
구멍이 나다	穴あなが開あく
기운이 나다	力ちからが出でる
냄새가 나다	においがする
도로가 나다	道路どうろができる
돈이 나다	お金かねができる

0525 전원을 넣어도 TV가 안 나온다.

電源を入れてもテレビが (   )。

···▸ _____

0526 조명 덕분에 실물보다 예쁘게 나왔다.

照明によって実物よりきれいに (   ) いる。

···▸ _____

0527 다음 안건으로 넘어갑시다.

次の案件へ (   ) ましょう。

···▸ _____

0528 서브권이 상대 팀으로 넘어갔다.

サーブ権が相手チームに (   )。

···▸ _____

0529 감언이설에 넘어가 범죄를 저지르고 말았다.

口車に (   ) 犯罪を犯してしまった。

···▸ _____

0530 눈이 아파서 안약을 넣었다.

目が痛くて目薬を (   )。

···▸ _____

0525 電源でんげんを入いれてもテレビが映うつらない。

'텔레비전이 나오다'는 것은 '텔레비전 영상이 반사해서 우리 눈에 보이다'의 뜻이므로「出る」를 쓰면 안 되고「映る」를 써야 한다.

0526 照明しょうめいによって実物じつぶつよりきれいに映うつっている。

문장에서 '나왔다'는 '조명이 반사해서 우리 눈에 보이다'의 뜻이므로「映る」를 써야 한다.

0527 次つぎの案件あんけんへ移うつりましょう。

문장에서 '넘어가다'는 '이동하다'의 뜻이므로「移る」를 써야 한다.

0528 サーブ権けんが相手あいてチームに移うつった。

문장에서 '넘어가다'는 '이동하다'의 뜻이므로「移る」를 써야 한다.

0529 口車くちぐるまに乗のせられて犯罪はんざいを犯おかしてしまった。

문장에서 '넘어가다'는 '속아 넘어가다'라는 뜻이므로 관용구로「口車に乗せられる」라고 해야 한다.

0530 目めが痛いたくて目薬めぐすりをさした。

'안약을 넣다'는「目薬を入いれる」가 아니라「目薬をさす」라고 한다.「さす」는 '뾰족한 것으로 찌르다'의 뜻이 있는데, 안약은 주둥이의 뾰족한 부분으로 눈에 찌르는 듯이 흘려 넣기 때문에「目薬をさす」라고 표현한다.

more 「顔」가 들어가는 관용구	
合あわせる顔かおがない	미안하거나 부끄러워서 대할 낯이 없다
顔が売うれる	남에게 얼굴이 알려지다, 유명해지다
顔が利きく	신용이나 위력이 있어서 어지간한 억지도 통한다는 뜻으로 쓴다.
顔が立たつ	체면이 서다
顔が広ひろい	발이 넓다, 알려지다
顔から火ひが出でる	부끄러워서 낯이 화끈거리다, 얼굴이 새빨개지다
顔を貸かす	부탁을 받고 어떤 사람을 만나거나 어떤 장소에 참석하는 것을 나타낸다.
顔を繋つなぐ	모임 등에 나가서 관계가 끊어지지 않도록 하는 것을 나타낸다.
すずしい顔をする	자신이 관련되었으면서도 아무것도 모르는 척 태연한 얼굴을 한다는 뜻으로 쓴다.

0531 나는 이불을 푹 뒤집어쓰고 얼어붙은 몸을 녹였다.

私はふとんをすっぽりとかぶり、凍えた体を（　　　）。

…▸

0532 방심은 금물이야. 산의 날씨는 변화무쌍하니까.

（　　　）は禁物だよ。山の天気は変わりやすいから。

…▸

0533 이 방은 남향이라서 햇볕이 잘 든다.

この部屋は南向きなので日がよく（　　　）。

…▸

0534 이 병마개는 따기 어려워요.

このビンの栓は（　　　）にくいです。

…▸

0535 계절이 갑자기 바뀌어서인지 감기가 좀처럼 안 떨어진다.

季節が急に変わったせいか、風邪がなかなか（　　　）。

…▸

0536 그의 뻔뻔스러운 행동에는 정나미가 떨어진다.

彼のずうずうしい行動には愛想が（　　　）。

…▸

0531 私はふとんをすっぽりとかぶり、凍こごえた体からだを暖あたためた。

'(얼음을) 녹이다'는 「とかす」가 맞지만, '언 몸을 녹이다'는 '몸을 따뜻하게 하다'의 뜻이므로 「あたためる」를 써야 한다.

0532 油断ゆだんは禁物きんもつだよ。山やまの天気てんきは変かわりやすいから。

'방심하다'를 한자어로 그대로 쓴 「放心ほうしんする」는 「ぼんやりする」(멍하다)의 뜻으로, 「放心状態じょうたい」(멍한 상태)라는 용법 이외에는 거의 쓰지 않는다. 우리말의 '방심하다'의 뜻에 해당하는 말로는 「油断ゆだんする」 또는 「気をゆるめる(ぬく)」라고 해야 한다. 「油断する」는 '주의를 게을리하다'의 뜻이며, 「気をゆるめる(ぬく)」는 '긴장을 푼다'는 뜻이다. 따라서 '방심은 금물'은 「油断は禁物」 또는 「油断大敵ゆだんたいてき」라고 한다.

0533 この部屋へやは南向みなみむきなので日ひがよく当あたる。

'해가(햇볕이) 들다'는 「日が当たる」라고 한다.

0534 このビンの栓せんは開あけにくいです。

'병마개를 따다'는 '병을 열다, 병마개를 빼다'의 뜻이므로 「開あける」 또는 「抜ぬく」를 써야 한다.

참고 병따개: 栓抜せんぬき

0535 季節きせつが急きゅうに変かわったせいか、風邪かぜがなかなか治なおらない。

'감기가 떨어지다'는 '감기가 낫다'라는 뜻이다. '떨어지다'에 해당하는 일본어 「落おちる」에는 '병이 낫다'의 뜻은 없기 때문에 이 문장에서는 「治る」를 써야 한다.

0536 彼のずうずうしい行動こうどうには愛想あいそうが尽つきる。

'정나미가 떨어지다'를 표현할 때는 '다하다·바닥나다·끝나다'의 뜻이 있는 동사 「尽きる」를 써서 「愛想が尽きる」라고 쓴다.

0537 야마다 선생님은 점수가 짜다.

山田先生は点数が（　　　）。

…▸ _____

0538 우리 회사는 친환경 포장재를 사용하고 있습니다.

弊社は（　　　）包装材を使っております。

…▸ _____

0539 환경 친화적인 제품을 생산함으로써 기업의 이미지가 향상된다.

（　　　）製品を生産することで、企業のイメージがアップされる。

…▸ _____

0540 벨트를 풀어야 할 정도로 밥을 많이 먹었다.

ベルトを（　　　）なければならないほど、ご飯をたくさん食べた。

…▸ _____

0541 그는 올림픽이 끝난 후 은퇴하여 코치가 되었다.

彼はオリンピックが終わった後、（　　　）してコーチになった。

…▸ _____

0537　山田やまだ先生は点数てんすうが辛からい。

'점수가 짜다'는 「点数が辛からい」, '점수가 후하다'는 「点数が甘ぁまい」라고 한다.

0538　弊社へいしゃは環境かんきょうに優やさしい包装材ほうそうざいを使つかっております。

'친환경'을 그대로 한자어로 쓴 「親環境」이라는 말은 쓰지 않는다.

0539　環境かんきょうに優やさしい製品せいひんを生産せいさんすることで、企業きぎょうのイメージがアップされる。

'환경 친화적인'은 「環境にやさしい」라고 풀어서 써야 한다.

0540　ベルトをはずさなければならないほど、ご飯はんをたくさん食たべた。

'벨트를 풀다'는 「ベルトをはずす」라고 한다.

0541　彼はオリンピックが終ぉわった後ぁと、引退いんたいしてコーチになった。

'은퇴'는 한자에 주의하여 「引退」라고 써야 한다.

LEVEL 1

LEVEL 2

LEVEL 3

방송 용어	
雨ぁまがさ	프로야구 등의 스포츠 중계가 중지되었을 때, 대신 방송되는 프로그램
カンバケ	마지막 녹음을 끝내고 곧바로 레코드화가 가능한 상태
キュー出だし	연출자는 본 방송 5초 전부터, 출연자에게 손가락으로 나타내어, "2, 1, 0" 하고 검지를 앞으로 내민다. 이때 "큐-"라는 말을 하게 되는데, 이 신호를 「キュー出し」라고 한다.
仕出しだし	연극이나 영화 · 드라마 등에서 단역 중에서도 가장 비중이 낮은 보조 출연자
ステブレ	「ステーションブレイク」의 약자로, 프로그램과 프로그램 사이의 시간을 말한다. 민방에서는 광고를 내보낸다.
パクパク	립싱크. 「パクパク」는 입을 계속해서 여닫는 모양을 나타내는 의성어로 흔히 「口くちパク」라고 한다.
ヤラセ	스타를 띄우기 위해서 여러 가지 연출을 할 때에 쓰이는 말
ロシュツ	신인 가수 등이 음반 판매를 위해 TV · 포스터 등에 출연하는 것

more

0542 아무리 바빠도 신문 표제어는 훑어본다.

どんなに忙しくても、新聞の (　　　) には目を通す。

⋯▸ _____

0543 폭설로 교통이 마비되었다.

(　　　) で交通が麻痺した。

⋯▸ _____

0544 텔레비전 프로를 가지고 누나와 싸우다 어머니에게 야단맞았다.

テレビ (　　　) のことで姉とけんかをして、母に叱られた。

⋯▸ _____

0545 학점이 모자라서 낙제했다.

(　　　) が足りなくて落第した。

⋯▸ _____

0546 요즘은 약국에서 한약을 달여 준다.

今は薬屋で (　　　) を煎じてくれる。

⋯▸ _____

0547 옛날에 이 항구는 중국 무역의 본거지로서 번창했었다.

昔、この (　　　) は中国貿易の根拠地として栄えた。

⋯▸ _____

0542 どんなに忙いそがしくても、新聞しんぶんの見出みだしには目めを通とおす。

0543 大雪おおゆきで交通こうつうが麻痺まひした。

0544 テレビ番組ばんぐみのことで姉あねとけんかをして、母に叱しかられた。

'(라디오·텔레비전 등의) 프로그램'을 뜻하는 말은 외래어를 쓰지 않고 「番組ばんぐみ」라고 한다.

0545 単位たんいが足たりなくて落第らくだいした。

학교의 '학점'을 말할 때는 「単位」를 쓴다.

0546 今は薬屋くすりやで漢方薬かんぽうやくを煎せんじてくれる。

'한약'를 뜻하는 「漢方薬」를 줄여서 우리말처럼 「漢薬」이라고 쓰지 않는 데 주의해야 한다.

0547 昔むかし、この港みなとは中国ちゅうごく貿易ぼうえきの根拠地こんきょちとして栄さかえた。

'항구'를 한자 그대로 쓴 「港口こうこう」는 '항구의 입구'를 뜻한다. 우리말의 '항구'를 뜻 하는 말은 「港みなと」이다.

인터넷 · 컴퓨터 용어 Ⅶ	
주소	アドレス
주소 창	アドレスバー
즐겨찾기	お気きに入いり
지운 편지함	削除済さくじょずみアイテム
창	ウインドウ
찾기	検索けんさく
첨부 파일	添付てんぷファイル
클릭	クリック
탐색기	エクスプローラ
PC방	インターネットカフェ・ネットカフェー
화면 보호기	スクリーンセーバー
화상회의	テレビ会議かいぎ
휴지통	ゴミ箱ばこ
휴지통 비우기	ゴミ箱を空からにする

0548 모기향을 피워서 모기를 쫓았다.

蚊取りの（　　　）をつけて蚊を追い払った。

…▸ _____

0549 자식은 부모에게 효도해야 한다.

子供は（　　　）しなければいけない。

…▸ _____

0550 다나카 씨는 효자 다로를 교통사고로 잃고 나서 완전히 기력을 잃어버렸다.

田中さんは（　　　）の太郎を交通事故で失ってからすっかり元気
をなくしてしまった。

…▸ _____

0551 불효자였던 나도 아이를 가지고 나서야 처음으로 부모님의 은혜를 알았다.

（　　　）だった私も、子供を持って、はじめて親の恩を
知った。

…▸ _____

0552 누나는 수학여행 선물로 효자손을 사 가지고 왔다.

姉は修学旅行のお土産に（　　　）を買ってきた。

…▸ _____

0548 **蚊取**かとり**りの線香**せんこう**をつけて蚊**か**を追**おい**い払**はら**った。**
문장에서 '향'은 '향기'가 아니라 불을 피우는 '향'이므로 「線香」를 써야 한다.

0549 **子供**こども**は親孝行**おやこうこう**しなければいけない。**

0550 **田中**たなか**さんは孝行**こうこう**息子**むすこ**の太郎**たろう**を交通事故で失**うしな**ってからすっかり元気**げんき**をなくしてしまった。**

0551 **親不孝**おやふこう**だった私も、子供を持**も**って、はじめて親**おや**の恩**おん**を知**し**った。**

0552 **姉**あね**は修学**しゅうがく**旅行**りょこう**のお土産**みやげ**に孫**まご**の手**て**を買**か**ってきた。**

효도	
불효자	親不孝おやふこう
충효	忠孝ちゅうこう
효도	親孝行おやこうこう
효녀	孝女こうじょ・(親)孝行娘こうこうむすめ
효자	孝子こうし・(親)孝行息子こうこうむすこ
효심	孝心こうしん
효자손	孫まごの手て

0553 혼담이 성립되었다.

( ) が成立した。

‥‥▶

0554 환율 급등으로 여행 수지가 흑자를 나타냈다.

( ) 急騰で旅行収支が黒字を出した。

‥‥▶

0555 롯폰기 교차로는 항상 차가 붐빈다.

六本木の ( ) は、いつも車が込んでいる。

‥‥▶

0556 저는 와인보다 매실주를 더 좋아합니다.

私はワインより ( ) の方が好きです。

‥‥▶

0557 그녀는 무남독녀로 자랐다.

彼女は ( ) で育った。

‥‥▶

0558 옛날에는 방충망으로 벌레의 침입을 막고자 하는 발상은 없었다.

昔は、( ) で虫の侵入を防ごうという発想はなかった。

‥‥▶

0553 縁談えんだんが成立せいりつした。

일본어로 '혼담(婚談)'이라는 말은 없다.「縁談」이라고 한다.

0554 為替かわせレート急騰きゅうとうで旅行りょこう収支しゅうしが黒字くろじを出だした。

0555 六本木ろっぽんぎの交差点こうさてんは、いつも車くるまが込こんでいる。

'교차로'에 해당하는 말은「交叉路」가 아니라「交差点」이다. 가운데 글자「差」에 주의해야 한다.

0556 私はワインより梅酒うめしゅの方ほうが好すきです。

0557 彼女は一人ひとりっ子こで育そだった。

형제자매 없이 혼자인 경우는「一人っ子」라고 한다. 아들딸을 구분해서 말할 때는 '외아들'은「一人息子ひとりむすこ」, '외딸'은「一人娘ひとりむすめ」라고 한다.

0558 昔むかしは、網戸あみどで虫むしの侵入しんにゅうを防ふせごうという発想はっそうはなかった。

'방충망'은 '망을 친 문'이라는 뜻으로「網戸あみど」를 쓴다.

LEVEL 1

LEVEL 2

LEVEL 3

more	음에 따라 뜻이 달라지는 한자 모음 I		
仮名	かな	일본어의 음절 문자(片仮名와 平仮名를 일컬음)	
	かめい	가명. 거짓으로 일컫는 이름	
	けみょう	가명. 통칭	
家主	いえぬし・やぬし	가주 ①(셋집 등의) 집주인. ②한 집의 주인·가장	
	かしゅ	가주. 한 집안의 높은 어른	
家内	やうち	집안. 가족	
	かない	아내. 처	
角力	すもう	씨름	
	かくりき・かくりょく	힘을 겨루는 일	
間数	まかず	방의 수	
	けんすう	(여섯 자를 한 칸으로 할 때) 칸 수	

0559 내일은 방학식이니까 가방은 안 가져와도 됩니다.

明日は (　　　) ですから、かばんを持ってこなくてもいい
です。

┄┄▸ _____

0560 사랑니를 뽑은 지 일주일이 지나다.

(　　　) を抜いてから一週間過ぎる。

┄┄▸ _____

0561 어머니는 약사이다.

母は (　　　) である。

┄┄▸ _____

0562 주말에는 양로원을 방문해서 식사 준비를 도와드립니다.

週末には、(　　　) を訪問し、食事の準備を手伝います。

┄┄▸ _____

0563 일본인은 장례식에는 검정 옷을 입고 간다.

日本人は (　　　) には黒の服を着て行く。

┄┄▸ _____

0564 오늘 10월 24일은 유엔의 날입니다.

今日、10月24日は「(　　　)」です。

┄┄▸ _____

0559 **明日**あした**は終業式**しゅうぎょうしき**ですから、かばんを持**も**ってこなくてもいいです。**

일본어로는 '방학'이라는 말이 따로 없기 때문에 '방학식'이라는 말도 없다. 우리말의 '방학식'에 해당하는 말로는 '수업을 끝낼 때 거행하는 식'의 뜻으로 「終業式」라고 한다.

> **참고** 개학식 : 始業式しぎょうしき

0560 **親知**おやしらず**を抜**ぬ**いてから一週間**いっしゅうかん**過**す**ぎる。**

'사랑니'는 일본어로 「親知らず」라고 한다.

> **참고** 틀니 : 入いれ歯ば, 임시 치아 : 仮かり歯ば, 어금니 : 奥歯おくば, 덧니 : 八重歯やえば

0561 **母は薬剤師**やくざいし**である。**

0562 **週末**しゅうまつ**には、老人**ろうじん**ホームを訪問**ほうもん**し、食事**しょくじ**の準備**じゅんび**を手伝**てつだ**います。**

'양로원'이라는 말로 「養老院」은 현재 사용하지 않는다. 1961년 이후부터는 「老人ホーム」라는 말을 쓰고 있다.

0563 **日本人**にほんじん**は葬式**そうしき**には黒**くろ**の服**ふく**を着**き**て行**い**く。**

0564 **今日、10月24日**にじゅうよっか**は「国連**こくれん**デー」です。**

우리나라에서는 '국제연합'을 영어의 약자인 'UN, 유엔'이라고 많이 사용하는 반면 일본에서는 이런 표현은 쓰지 않는다. 일본어에서는 그대로 「国際連合こくさいれんごう」 또는 줄여서 「国連こくれん」이라고 쓴다.

> **참고** '〜기구'는 일본어로는 대부분 「〜機関きかん」이라고 하는 것에 주의하자.

more	국제기구 명칭 한 · 일 대조표	
국제연합 평화 유지 활동	国連平和維持活動こくれんへいわいじかつどう
국제노동기구	国際労働機関こくさいろうどうきかん
국제에너지기구	国際エネルギー機関きかん
국제연합 평화 유지군	国連平和維持軍こくれんへいわいじぐん
국제연합 헌장	国連憲章こくれんけんしょう
국제연합(UN)	国際連合こくさいれんごう · 国連こくれん
국제원자력기구	国際原子力機関こくさいげんしりょくきかん
동남아시아 국가 연합(ASEAN)	東南とうなんアジア諸国連合しょこくれんごう

0565 지하철 안에서는 함부로 유인물을 나눠 주지 마세요.

地下鉄の中ではむやみに (　　　) を配らないでください。

⋯▸ _____

0566 너하고는 부모 자식 간의 인연을 끊을 테니 냉큼 나가라.

お前とは親子の (　　　) を切るから、さっさと出て行きな
さい。

⋯▸ _____

0567 이상한 인연으로 친구가 되었다.

おかしな (　　　) で友だちになった。

⋯▸ _____

0568 애들이 많다는 이유로 아파트 입주를 거절당했다.

子供が多いという理由でアパートの (　　　) を断られた。

⋯▸ _____

0569 1년 재수하여 원하는 대학에 들어갔다.

一年 (　　　) して、希望の大学に入った。

⋯▸ _____

0570 금연하겠다고 가족에게 선언했는데 작심삼일이 되고 말았다.

禁煙すると家族に宣言したが、(　　　) になってしまった。

⋯▸ _____

0565 **地下鉄**ちかてつ**の中**なか**ではむやみにビラを配**くば**らないでください。**

'유인물'은 외래어에서 온 말로「ビラ」라고 쓴다.

0566 **お前**まえ**とは親子**おやこ**の縁**えん**を切**き**るから、さっさと出**で**て行**い**きなさい。**

일본어에서「因縁いんねん」은 불교와 관련된 것에만 한정되어 쓰인다. 우리말의 '인연'
을 뜻하는 일본어는「縁」이다.

0567 **おかしな縁**えん**で友だちになった。**

0568 **子供**こども**が多**おお**いという理由**りゆう**でアパートの入居**にゅうきょ**を断**ことわ**られた。**

'입주'를 뜻하는「入居」의 한자에 주의해야 한다.

0569 **一年**いちねん**浪人**ろうにん**して、希望**きぼう**の大学**だいがく**に入**はい**った。**

0570 **禁煙**きんえん**すると家族**かぞく**に宣言**せんげん**したが、三日坊主**みっかぼうず**になってしまった。**

「三日坊主」는 스님이 되려고 출가했지만, 수행이 너무 힘들어 참지 못하고 3일 만에
그만두었다는 이야기에서 나온 말로 '작심삼일'의 뜻으로 쓴다.

 잘못 쓰기 쉬운 한·일 한자성어 |

각인각색(各人各色)	十人十色じゅうにんといろ
격세지감(隔世之感)	隔世かくせいの感かん
고진감래(苦盡甘來)	苦くるしみの後あとに楽たのしみがやって来くる
고육지계(苦肉之計)	苦肉くにくの策さく
군계일학(群鷄一鶴)	鶏群けいぐんの一鶴いっかく
기고만장(氣高萬丈)	有頂天うちょうてん
기진맥진(氣盡脈盡)	へとへと
남녀노소(男女老少)	老若男女ろうにゃくなんにょ
동서고금(東西古今)	古今東西こきんとうざい
막상막하(莫上莫下)	互角ごかく
만원사례(滿員謝禮)	満員御礼まんいんおんれい
문전축객(門前逐客)	門前払もんぜんばらい
방방곡곡(坊坊曲曲)	津々浦々つつうらうら
백절불굴(百折不屈)	不撓不屈ふとうふくつ
불편부당(不偏不黨)	不偏不党ふへんふとう
비일비재(非一非再)	再三再四さいさんさいし
산전수전(山戰水戰)	海千山千うみせんやません
설상가상(雪上加霜)	泣なき面つらに蜂はち

LEVEL 1

LEVEL 2

LEVEL 3

215

0571 장애인 차별을 금지하는 법을 만들어야 한다.

(　　　) の差別を禁じる法律を作るべきだ。

⋯▸ _____

0572 그녀는 틈만 있으면 뭔가를 읽는 책벌레입니다.

彼女は暇さえあれば何かを読んでいる (　　　) です。

⋯▸ _____

0573 몇 번이나 초인종을 눌렀지만, 아무도 없는지 대답이 없었다.

何度も (　　　) を押したが、誰もいないのか返事がなかった。

⋯▸ _____

0574 그는 출세를 위하여 친구를 배신했다.

彼は出世のために友だちを (　　　)。

⋯▸ _____

0575 이번 산불의 발생 원인은 낙뢰에 의한 것이다.

今回の (　　　) の発生原因は落雷によるものである。

⋯▸ _____

0576 그는 성희롱으로 고소당했다.

彼は (　　　) で告訴された。

⋯▸ _____

0571 障害者しょうがいしゃの差別さべつを禁きんじる法律ほうりつを作つくるべきだ。

'장애인'에서 한자 '障碍'에 해당하는 말로「障害」를 쓰는 것이 우리말과 다르다는 점에 주의해야 한다. '장애인'은「障害者」라고 한다.

0572 彼女は暇ひまさえあれば何かを読よんでいる本ほんの虫むしです。

'책벌레'는「本の虫」라고 한다.

> 참고 일벌레 : 仕事しごとの虫むし

0573 何度なんども呼よび鈴りんを押おしたが、誰もいないのか返事へんじがなかった。

'초인종'은「呼び鈴」또는「ベル」라고 한다.

0574 彼は出世しゅっせのために友ともだちを裏切うらぎった。

'배신'은「裏切うらぎり」, '배신하다'는「裏切うらぎる」, '배신자'는「裏切うらぎり者もの」라고 한다.

0575 今回こんかいの山火事やまかじの発生はっせい原因げんいんは落雷らくらいによるものである。

'산불'을 직역해서「山火」라고 하면 안 된다.「山火事」라고 한다.

0576 彼はセクハラで告訴こくそされた。

'성희롱'은 외래어에서 온 조어로「セクハラ」라고 한다. '성추행'도「セクハラ」이다.

질환 관련 용어	
꽃가루 알레르기	花粉症かふんしょう
다래끼	ものもらい
동상	しもやけ
두드러기	じんましん
디스크	ぎっくり腰こし
땀띠	あせも
무좀	水虫みずむし
여드름	にきび
종기	おでき
치질	痔ぢ
틱 장애	チック

0577 저 형제는 연년생이다.

あの兄弟は (　　　) だ。

⋯▸ _____

0578 날씨가 추워져 전기장판을 꺼냈다.

天候が寒くなり、(　　　) を取り出した。

⋯▸ _____

0579 사장이니 부장이니 하는 직함만으로 사람을 판단하는 것은 좋지 않다.

社長や部長といった (　　　) だけで人を判断するのはよくない。

⋯▸ _____

0580 이 카드는 직불카드여서 할부가 안 됩니다.

このカードは (　　　) で、分割ができません。

⋯▸ _____

0581 살인 현장 근처에 살던 남자가 진범으로 떠올랐다.

殺人現場の近くに住んでいた男が (　　　) として浮上した。

⋯▸ _____

0582 엔을 원으로 환전해 주세요.

円をウォンに (　　　) してください。

⋯▸ _____

0577　**あの兄弟**きょうだい**は年子**としご**だ。**

'연년생'은 우리말처럼 한자를 그대로 쓰지 않도록 주의해야 한다.

0578　**天候**てんこう**が寒**さむ**くなり、電気**でんき**カーペットを取**と**り出**だ**した。**

0579　**社長**しゃちょう**や部長**ぶちょう**といった肩書**かたがき**だけで人を判断**はんだん**するのはよくない。**

0580　**このカードはデビットカードで、分割**ぶんかつ**ができません。**

'직불카드'는 영어 표현을 그대로 써서 「デビットカード(debit card)」라고 한다.

0581　**殺人**さつじん**現場**げんば**の近**ちか**くに住**す**んでいた男**おとこ**が真犯人**しんはんにん**として浮上**ふじょう**した。**

0582　**円**えん**をウォンに両替**りょうがえ**してください。**

「寿司屋すしゃ」(초밥집)에서 통하는 용어	
あかみ	참치의 등쪽 살로 빨간 부위
あがり	녹차
あなきゅう巻まき	「あなご」(붕장어)와 「きゅうり」(오이)를 밥에 넣어 말은 김밥류
磯いそもの	「いそ」(해변)에서 잡히는 해산물을 일컫고 특히 전복이나 성게 등을 가리키는 말
大おおとろ	참치 뱃살
カッパ	오이
カッパ巻	밥에다 오이를 넣어 말은 김밥류
がり	생강
きく	계란을 사각 팬에 두껍게 말아 부친 것
げそ	「げそ」(오징어 다리)를 끓는 물에 데쳐 밥에 얹어 달짝지근한 진한 소스를 묻힌 것
舌した	조개의 다리
さび	「わさび」(와사비)의 줄임말
しゃり	밥
背せとろ	참치 등 쪽 껍질 쪽부터 안쪽으로 5㎝ 정도 두께의 살
中ちゅうとろ	참치의 갈비 부위 살
鉄火てっか巻	참치의 붉은 살 부분을 밥에다 넣어 말은 김밥류
ひも	피조개 다리
ひもきゅう巻	「ひも」(피조개 다리)와 「きゅうり」(오이)를 밥에 넣어 말은 김밥류
むらさき	초밥을 찍어 먹는 간장
よばんもの	밥 위에 얹는 생선·조개 등이 신선도가 떨어진 것

0583　요미우리는 주니치를 꺾고 일본 시리즈에 올랐다.

読売は中日を (　　　)、日本シリーズに上がった。

⋯▶

0584　그는 현역 최고의 왼손 투수로 불리고 있다.

彼は現役最高の (　　　) と呼ばれている。

⋯▶

0585　청각에 장애가 있는 친구를 위해 수화를 배웠다.

聴覚に (　　　) のあるお友だちのために手話を覚えた。

⋯▶

0586　눈에 빛을 비춰서 검사했다.

目に光を (　　　) 検査した。

⋯▶

0587　약국에서 설사약을 사서 먹었다.

薬局で (　　　) を買って飲んだ。

⋯▶

0588　인터넷에서 무료 문자를 보낼 수 있는 사이트 좀 알려 주세요.

インターネットで無料 (　　　) を送ることのできるサイトを教えてください。

⋯▶

0583 　**読売**よみうり**は中日**ちゅうにち**を破**やぶ**り、日本**にほん**シリーズに上**あ**がった。**

문장에서 '꺾다'는 '이기다・부수다'의 뜻이므로「破る」를 써야 한다.

0584 　**彼は現役**げんえき**最高**さいこう**の左腕**さわん**投手**とうしゅ**と呼**よ**ばれている。**

'왼손 투수'는「左腕投手」라고 한다. 줄여서「左腕」이라고도 한다. サウスポー

0585 　**聴覚**ちょうかく**に障害**しょうがい**のあるお友だちのために手話**しゅわ**を覚**おぼ**えた。**

'장애'는 한자 '障碍'에 해당하는 말로「障害」를 쓰는 것에 주의해야 한다.

0586 　**目に光**ひかり**を当**あ**てて検査**けんさ**した。**

'비추다'에 해당하는 일본어에는「当ぁてる」와「映うっす」가 있는데「映す」에는 '(빛・열・바람 등을) 맞게 하다'의 뜻이 없다. 이 뜻으로 쓸 수 있는 것은「当てる」이다.

0587 　**薬局**やっきょく**で下痢止**げりど**め薬**くすり**を買**か**って飲**の**んだ。**

'설사'의「下痢げり」와 '약'의「薬くすり」를 합쳐서「下痢薬」또는「下痢の薬」라고 하면 안 된다. '설사약'은 '지사제, 설사를 멈추게 하는 약'이라는 뜻으로「下痢止め薬」라고 한다.

0588 　**インターネットで無料**むりょう**メールを送**おく**ることのできるサイトを教**おし**えてください。**

휴대전화로 보내는 '문자 메시지'를 직역해서「文字もじ」라고 하지 않는다. 일본에서는「メール」라고 한다.

휴대전화 문자 용어	
대량 문자	一斉いっせいメール
문자 메시지	メール
무료 문자	無料むりょうメール
문자 보내기	メール送信そうしん
문자 서비스	メールサービス
스팸 문자	迷惑めいわくメール

0589 여행을 기념하여 역에 놓여 있는 스탬프를 찍었다.

旅行を記念して駅に置いてあるスタンプを (　　　)。

⋯▸

0590 그렇게 말꼬리 잡지 마.

そう (　　　) を取るな。

⋯▸

0591 입구에서 표를 끊어서 안으로 들어갔다.

入り口でチケットを (　　　) 中に入った。

⋯▸

0592 냉동하면 3개월은 가요.

冷凍すれば三ヶ月は (　　　)。

⋯▸

0593 야당과 여당이 손을 잡고 난국을 헤쳐 나가려 하고 있다.

野党と与党が手を (　　　)、難局を乗り切ろうとしている。

⋯▸

0594 체중을 달아 볼까요?

体重を (　　　) みましょうか。

⋯▸

0589 旅行りょこうを記念きねんして駅えきに置おいてあるスタンプを押おした。

'스탬프를 찍다'는 잉크에 발라서 종이에 '누르다'는 뜻이므로 「スタンプを押おす」라고 한다.

0590 そう言葉尻ことばじりを取るな。

「言葉尻」에서 「尻」의 발음이 「じり」로 바뀌는 데 주의해야 한다.

0591 入いり口ぐちでチケットを買かって中なかに入はいった。

'티켓을 끊다'는 '티켓을 사다·구매하다'의 뜻이므로 「買う」를 써야 한다.

0592 冷凍れいとうすれば三ヶ月さんかげつは持もちます。

문장에서 '가다'는 '오랫동안 그 상태를 유지하다'의 뜻이므로 「持もつ」를 써야 한다.

0593 野党やとうと与党よとうが手てを結むすんで、難局なんきょくを乗のり切きろうとしている。

문장에서 '손을 잡다'는 '협력하다'의 뜻이므로 「つなぐ」는 쓸 수 없고 「結むすぶ」를 써야 한다.

0594 体重たいじゅうを量はかってみましょうか。

문장에서 '달다'는 '측정하다'의 뜻이므로 「量る」를 써야 한다.

「ようだ / そうだ / らしい」와 호응하는 진술부사	
危あゃうく	가까스로, 하마터면. 「~するところだった・~しそうになった」와 호응한다. '~되기 바로 직전이었다'는 뜻이다.
今いまにも	당장이라도, 이내, 곧, 금방. 「~そうだ」와 호응한다. '~되기 바로 직전'이라는 뜻이다.
どうも	어쩐지. 좋지 않은 일에 쓰는 경우가 많다.
どうやら	아무래도. 「~ようだ・~そうら・~らしい」와 호응한다.
まさか	설마. 「~ないだろう」와 호응한다.
まるで	마치. 「~ようだ・みたいだ」와 호응한다.

223

LEVEL 2

0595 이 문장에 일본어로 해석을 달아 주세요.

この文章に日本語で解釈を (　　　) ください。

┈┈▸ _____

0596 책 제목을 뭐라고 지을까요?

本の題目を何と (　　　) ましょうか。

┈┈▸ _____

0597 설날에 아빠랑 연을 날렸습니다.

お正月に父とたこを (　　　)。

┈┈▸ _____

0598 몰래카메라로 찍은 동영상을 보여 주었다.

(　　　) カメラで撮った動画を見せてあげた。

┈┈▸ _____

0599 긴 문장은 구두점을 찍지 않으면 읽기 힘들다.

長い文は句読点を (　　　) ないと読みにくい。

┈┈▸ _____

0600 애정을 담뿍 쏟아서 경작한 쌀입니다.

愛情をたっぷり (　　　) 作ったお米です。

┈┈▸ _____

0595 **この文章**ぶんしょう**に日本語**にほんご**で解釈**かいしゃく**をつけてください。**

문장에서 '달다'는 '주석이나 조건·제목 등을 붙이다'의 뜻이므로 「つける」를 써야 한다.

0596 **本の題目**だいもく**を何**なん**とつけましょうか。**

'제목을 짓다'는 직역하여 「題目をつくる」라고 하면 안 된다. 제목을 만드는 것이 아니라 정하는 것으로 파악한다. 따라서 이 경우 '어떤 이름이나 가격을 정하다'의 뜻으로 쓰이는 동사 「つける」를 써야 한다.

0597 **お正月**しょうがつ**に父とたこをあげました。**

'연을 날리다'를 직역하여 「たこを飛とばせる」라고 하면 안 된다. 「たこをあげる」라고 한다.

0598 **隠**かく**しカメラで撮**と**った動画**どうが**を見**み**せてあげた。**

'몰래카메라'는 「隠しカメラ」라고 한다.

0599 **長**なが**い文**ぶん**は句読点**くとうてん**を打**う**たないと読**よ**みにくい。**

'구두점을 찍다'는 '표시를 하다'는 뜻의 동사 「打うつ」를 써서 「句読点を打つ」라고 한다.

0600 **愛情**あいじょう**をたっぷり注**そそ**いで作**つく**ったお米**こめ**です。**

'애정을 쏟다'에 해당하는 동사는 '마음이나 힘 등을 한 방향으로 향하게 하다, 집중하다'의 뜻이 있는 「注そそぐ」를 써야 한다.

쏟다	
눈물을 쏟다	涙なみだを流ながす
불만을 쏟다	不満ふまんをぶちまける
애정을 쏟다	愛情あいじょうを注そそぐ
잉크를 쏟다	インキをこぼす
정성을 쏟다	性根しょうねを入いれる
코피를 쏟다	鼻血はなちを流ながす

LEVEL 3

양자택일 150문제

사지선다 100문제

괄호 쓰기 150문제

0601 거래처와의 번거로운 협상을 사장님이 전부 혼자서 하고 왔다.

取り引き先との（　　　）交渉を社長が全部一人でやってきた。

① おっくうな　　　　　　　　② 煩わしい

0602 그는 또 세계기록을 깼다.

彼はまた世界記録を（　　　）。

① 割った　　　　　　　　　　② 破った

0603 모처럼 좋은 분위기를 깨고 말았다.

せっかくの良い雰囲気を（　　　）しまった。

① 割って　　　　　　　　　　② 壊して

0604 스캔들 때문에 그녀의 아이돌 이미지는 깨지고 말았다.

スキャンダルによって彼女のアイドルイメージは（　　　）しまった。

① 割れて　　　　　　　　　　② 壊れて

0605 호르몬의 밸런스가 깨져 버리면 건강에 좋지 않다.

ホルモンのバランスが（　　　）しまうと健康によくない。

① 崩れて　　　　　　　　　　② 壊れて

0601 **② 取とり引ひき先さきとの煩わずらわしい交渉こうしょうを社長しゃちょうが全部ぜんぶ一人ひとりでやってきた。**

「おっくう」「煩わずらわしい」「面倒めんどう」는 모두 '번거롭다, 귀찮다, 복잡하다'의 뜻으로 쓰이지만, 「おっくう」는 「煩わしい」와 「面倒」에 비해 주관적이다. 이 문장처럼 개인적인 느낌이 아니라 객관적으로 복잡한 것을 나타낼 때는 「煩わしい」가 알맞다.

동 面倒めんどう

0602 **② 彼はまた世界せかい記録きろくを破やぶった。**

「割わる」는 물건을 깨는 것을 나타내기 때문에, 이 문장처럼 '기록을 경신하다'의 뜻으로는 「破る」를 써야 한다.

0603 **② せっかくの良よい雰囲気ふんいきを壊こわしてしまった。**

「割わる」는 물건을 깨는 것을 나타내고, 분위기・무드・꿈・이미지 등 추상적인 것을 깨는 것은 「壊す」를 써야 한다.

0604 **② スキャンダルによって彼女のアイドルイメージは壊こわれてしまった。**

문장에서 '깨다'는 분위기・무드・꿈・이미지 등 추상적인 것이 깨지는 것이므로 「壊れる」를 써야 한다.

0605 **① ホルモンのバランスが崩くずれてしまうと健康けんこうによくない。**

문장에서 '깨지다'는 '흐트러지다'의 뜻이므로 「崩れる」를 써야 한다.

more

의뢰 · 희망에 관계하는 부사	
どうか	(공손한 의뢰 · 희망 · 바람을 나타내어) 아무쪼록, 제발, 부디
どうぞ	(허락하거나 권하거나 의뢰할 때) 아무쪼록, 제발, 부디
ぜひとも	꼭, 반드시. 「ぜひ」보다 강한 말투이다.
なるべく	되도록, 가급적, 가능한 한. 「できるだけ」의 공손한 말이다.

0606 3일이나 밤을 샜더니 피곤해서 눈이 푹 들어가고 말았다.

三日も徹夜したら、疲れて目が（　　　）しまった。

① くぼんで　　　　　　　　② 引っこんで

0607 그는 튀어나온 배가 들어가도록 매일 밤 복근 운동을 하고 있다.

彼は、出っぱったおなかが（　　　）ように、毎晩腹筋運動をしている。

① へこむ　　　　　　　　② 引っこむ

0608 향기로운 커피를 음미했다.

（　　　）コーヒーを吟味した。

① 芳しい　　　　　　　　② 香ばしい

0609 이 향수에서는 장미의 향기로운 향이 납니다.

この香水にはバラの（　　　）香りがします。

① 芳しい　　　　　　　　② 香ばしい

0610 고전을 읽으니 오랜만에 향기로운 문학에 접한 느낌이었습니다.

古典を読み、久しぶりに（　　　）文学に触れた思いでした。

① 香ばしい　　　　　　　　② かおりたかい

0606 **① 三日<ruby>三日<rt>みっか</rt></ruby>も徹夜<ruby>徹夜<rt>てつや</rt></ruby>したら、疲<ruby>疲<rt>つか</rt></ruby>れて目<ruby>目<rt>め</rt></ruby>がくぼんでしまった。**

문장에서 '들어가다'는 밖에서 안으로 들어가는 행동이 아니라, 일부가 안쪽으로 움푹 팬 상태가 되는 것을 말한다. 따라서 이 문장에서는 「くぼむ」를 써야 한다. **동** へこむ

0607 **② 彼は、出<ruby>出<rt>で</rt></ruby>っぱったおなかが引<ruby>引<rt>ひ</rt></ruby>っこむように、毎晩<ruby>毎晩<rt>まいばん</rt></ruby>腹筋<ruby>腹筋<rt>ふっきん</rt></ruby>運動<ruby>運動<rt>うんどう</rt></ruby>をしている。**

문장에서 '들어가다'는 밖에서 안으로 들어가는 행동이 아니라, 튀어나오거나 돌출된 것이 원래의 상태로 되돌아가는 것을 말한다. 따라서 이 문장에서는 「引っこむ」를 써야 한다.

0608 **② 香<ruby>香<rt>こう</rt></ruby>ばしいコーヒーを吟味<ruby>吟味<rt>ぎんみ</rt></ruby>した。**

커피 향에는 「かおりたかい」 또는 「香<ruby>香<rt>こう</rt></ruby>ばしい」가 알맞다.

Hint 「香<ruby>香<rt>かぐ</rt></ruby>わしい/芳<ruby>芳<rt>かんば</rt></ruby>しい/かおりたかい/香<ruby>香<rt>こう</rt></ruby>ばしい」 향기롭다

(1) 「香わしい」와 「芳しい」는 꽃·과일 등 식물의 좋은 냄새에 주로 쓴다.

(2) 「かおりたかい」와 「香ばしい」는 커피나 차의 좋은 냄새, 동물적인 좋은 냄새, 불에 볶는 음식 냄새 등을 나타낼 때 주로 쓴다.

(3) 문학, 문장 등 추상적으로 '향기가 있다·격조가 있다'는 뜻일 때는 「かおりたかい」를 쓴다.

0609 **① この香水<ruby>香水<rt>こうすい</rt></ruby>にはバラの芳<ruby>芳<rt>かんば</rt></ruby>しい香<ruby>香<rt>かお</rt></ruby>りがします。**

꽃향기를 나타낼 때는 「香<ruby>香<rt>かぐ</rt></ruby>わしい」 또는 「芳しい」가 알맞다.

0610 **② 古典<ruby>古典<rt>こてん</rt></ruby>を読<ruby>読<rt>よ</rt></ruby>み、久<ruby>久<rt>ひさ</rt></ruby>しぶりにかおりたかい文学<ruby>文学<rt>ぶんがく</rt></ruby>に触<ruby>触<rt>ふ</rt></ruby>れた思<ruby>思<rt>おも</rt></ruby>いでした。**

「香ばしい」로 나타내는 냄새는 구체적인 것이며, 추상적으로 '향기가 있다'는 뜻으로는 「かおりたかい」를 써야 한다.

시간 · 때에 관계하는 부사	
今<ruby>今<rt>いま</rt></ruby>に	(가까운 장래를 나타내는 부사로) 아직도, 지금도
この間<ruby>間<rt>あいだ</rt></ruby>	(조금 전에 일어난 일을 막연하게 가리켜) 지난번, 요전
先<ruby>先<rt>さき</rt></ruby>ほど	아까, 조금 전. 「さっき・今さっき」의 공손한 말이다.
ただ今<ruby>今<rt>いま</rt></ruby>	지금, 현재, 방금, 곧. 「今」의 공손한 말이다.
やがて	이윽고, 머지않아. 「今に」보다 먼 미래를 나타낼 때 쓴다.

0611 다리미를 올려놓은 채로 두었더니 손수건 타는 냄새가 났다.

アイロンをのせっぱなしにしておいたら、ハンカチが (　　) なった。

① きなくさく　　　　　　　　② こげくさく

0612 내 배꼽시계는 정확합니다.

私の (　　) は正確です。

① 腹時計　　　　　　　　② へそ時計

0613 매일 영화 삼매경.

毎日映画 (　　)。

① 三昧境　　　　　　　　② 漬け

0614 그는 북한에서의 생활은 매일매일이 생지옥이었다고 말했다.

彼は北朝鮮での生活は毎日が (　　) だったと語った。

① 生地獄　　　　　　　　② 生き地獄

0615 그는 지금 두 여자에게 양다리를 걸치고 있다.

彼は今、二人の女性に (　　) をかけている。

① 両足　　　　　　　　② 二股

0616 이번 정상회담에는 주요 8개국이 참가한다.

今回の (　　) 会談には、主要 8 ヶ国が参加する。

① 頂上　　　　　　　　② 首脳

0611 ②**アイロンをのせっぱなしにしておいたら、ハンカチがこげくさくなった。**

문장에서는 구체적으로 손수건이 타고 있기 때문에 「こげくさい」가 알맞다.

Hint 「きなくさい/こげくさい」 타는 냄새가 나다

「きなくさい」는 화재 등과 같이 구체적으로 타는 것이 나타나 있지 않을 때 쓴다. 같은 문장으로 쓰더라도 뜻이 다르다.

(1) 台所だいどころがきなくさい。부엌에서 타는 냄새가 난다. = 부엌에 불이 났다.

(2) 台所がこげくさい。부엌에서 타는 냄새가 난다. = 뭔가 요리가 타고 있다.

0612 ①**私の腹時計**はらどけい**は正確**せいかく**です。**

'배꼽'이 일본어로 「へそ」이므로 '배꼽시계'를 「へそ時計」 또는 「へその時計」라고 생각하기 쉬운데 「腹時計」라고 해야 한다.

0613 ②**毎日**まいにち**映画漬**えいがづけ**。**

'~삼매경'을 표현할 때는 「漬づけ」를 붙여서 쓴다.

참고 勉強漬べんきょうづけ : 공부 삼매경, 写真漬しゃしんづけ : 사진 삼매경

0614 ②**彼は北朝鮮**きたちょうせん**での生活は毎日**まいにち**が生**いき**地獄**じごく**だったと語**かた**った。**

0615 ②**彼は今**いま**、二人**ふたり**の女性に二股**ふたまた**をかけている。**

'양다리'를 직역해서 「両足」라고 하면 안 된다.

0616 ②**今回**こんかい**の首脳**しゅのう**会談**かいだん**には、主要**しゅよう**8ヶ国**はちかこく**が参加**さんか**する。**

'국가 원수들'의 회담을 나타낼 때는 「頂上」이라는 말은 쓰지 않는다. 「首脳しゅのう」라고 한다.

 가까운 미래에 관계하는 부사

いずれ	(가까운 장래에) 어쨌든, 어차피
いよいよ	(사태가 최종 단계에 다가왔음을 나타낼 때) 마침내
そろそろ	(예정된 시간이 점점 다가옴을 나타낼 때) 이제 곧
まもなく	(현 시점에서 가까운 시간에 이루어질 것이라는 판단에) 머지않아, 이윽고

0617 '주먹밥'이라고 하면 바로 어머니 모습이 눈에 떠오른다.

「にぎりめし」というと、すぐにおふくろの（　　　）が目に浮かぶ。

① 面影　　　　　　　　　　　② 姿

0618 있는 그대로의 모습을 보여 주세요.

ありのままの（　　　）を見せてください。

① 面影　　　　　　　　　　　② 姿

0619 지도는 실제 토지의 모습을 종이에 옮긴 것이다.

地図は実際の土地の（　　　）を紙の上に写したものである。

① 面影　　　　　　　　　　　② 姿

0620 가부키에는 여배우가 없기 때문에 남자가 여자의 모습을 하고 연극을 한다.

歌舞伎には、女優がいないので、男が女の（　　　）をして芝居をする。

① 面影　　　　　　　　　　　② 姿

0621 나는 거울에 자신의 모습을 비춰 보았다.

私は鏡に自分の（　　　）を映してみた。

① 面影　　　　　　　　　　　② 姿

0617 ① 「にぎりめし」というと、すぐにおふくろの面影おもかげが目めに浮うかぶ。

문장에서 '모습'은 '기억에 남아 있는 모습'이므로 「面影」가 알맞다.

Hint 「面影おもかげ/姿すがた」 모습

⑴「面影」는 '기억에 남아 있는 옛날의 모습'을 뜻한다.

⑵「姿」는 '현실에 보이는 모습'을 뜻한다.

0618 ② ありのままの姿すがたを見みせてください。

문장에서 '모습'은 '현실에 보이는 모습'을 뜻하므로 「姿」가 알맞다.

0619 ② 地図ちずは実際じっさいの土地とちの姿すがたを紙かみの上うえに写うつしたものである。

문장에서 '모습'은 '현실에 보이는 모습'을 뜻하므로 「姿」가 알맞다.

0620 ② 歌舞伎かぶきには、女優じょゆうがいないので、男が女の姿すがたをして芝居しばいをする。

문장에서 '모습'은 '현실에 보이는 모습'을 뜻하므로 「姿」가 알맞다.

0621 ② 私は鏡かがみに自分じぶんの姿すがたを映うつしてみた。

문장에서 '모습'은 '현실에 보이는 모습'을 뜻하므로 「姿」가 알맞다.

 변화 · 사태의 발생에 관계하는 부사

いつの間まにか	어느새, 어느덧
自おのずと	저절로, 자연히. 자연 현상이나 생리현상에는 쓸 수 없다.
しだいに	(순서를 따라 조금씩 변하는 모습) 서서히, 차츰, 점점
ひとりでに	(자연 현상이나 물리 현상, 생리 현상에 써서) 자연히, 저절로, 혼자서
ますます	(상태나 정도가 세차게 나아가는 모습) 더욱더, 점점 더

0622 문득 주위를 돌아보니 방 안에 있던 사람들은 어디론가 모습을 감추었다.

ふと周りを見回すと、部屋の中にいた人々はどこかに (　　　) を消していた。

① 面影　　　　　　　　　② 姿

0623 청년의 눈은 두 번 다시 돌아오지 않을 애인의 모습을 쫓고 있었다.

青年の目は、二度と帰らない恋人の (　　　) を追っていた。

① 面影　　　　　　　　　② 姿

0624 언니는 생전의 어머니 모습을 꼭 빼닮았다.

姉は、ありし日の母の (　　　) に生き写しだ。

① 面影　　　　　　　　　② 姿

0625 외국으로 매춘 여행을 간다니 듣는 것조차 불결하다.

外国へ売春ツアーに行くなんて、聞くのも (　　　)。

① けがらわしい　　　　　② 汚らしい

0626 솔로들 가운데 10명 중 4명은 최악의 이성 유형으로 '아무에게나 대시하는 사람'을 꼽았다.

シングル10人中4人は、最悪の異性のタイプとして「誰にでも (　　　) する人」をあげた。

① ダッシュ　　　　　　　② アタック

0622 ②ふと周まわりを見回みまわすと、部屋へやの中なかにいた人々ひとびとはどこかに姿すがたを消けしていた。

문장에서 '모습'은 '현실에 보이는 모습'을 뜻하므로「姿」가 알맞다.

0623 ①青年せいねんの目めは、二度にどと帰かえらない恋人こいびとの面影おもかげを追おっていた。

문장에서 '모습'은 '기억에 남아 있는 모습'이므로「面影」가 알맞다.

0624 ①姉あねは、ありし日ひの母ははの面影に生いき写うつしだ。

문장에서 '모습'은 '기억에 남아 있는 모습'이므로「面影」가 알맞다.

0625 ①外国がいこくへ売春ばいしゅんツアーに行いくなんて、聞きくのもけがらわしい。

이 문장에서는 '심리적인 불쾌감'을 나타낸 것이므로「けがらわしい」가 알맞다.

Hint 「けがらわしい/汚きたならしい」더럽다, 불결하다, 추잡하다

(1)「けがらわしい」는 '불결한 것에 접하여 자신도 불결함에 물들어버릴 듯하여, 불쾌한 모양'을 나타내며 부정적 이미지를 가지고 있다. 또한 구체적인 불결함이 아니라 추상적·심리적인 불결에 대한 불쾌감을 나타낸다.

(2)「汚らしい」는 구체적인 불결에 대한 불쾌감을 나타낸다.

0626 ②シングル10人じゅうにん中ちゅう4人よにんは、最悪さいあくの異性いせいのタイプとして「誰にでもアタックする人」をあげた。

우리말에서 흔히 '대시하다'라고 하면 이성에게 호감을 드러내 보이는 말로 쓴다. 여기에 해당하는 표현은「アタックする」이다.

0627 다른 사람을 밀어내면서까지 자기가 올라가려고 하다니 치사한 녀석이다.

他人をけ落としてまで自分が這い上がろうとするなんて、
(　　　) やつだ。

① 浅ましい　　　　　　　　② さもしい

0628 미야케 씨의 강연회는 언제나 많은 청중이 모인다고 하는데, 사실은 (출석자 수를) 부풀려서
발표했다고 한다.

三宅さんの講演会にはいつもたくさんの聴衆が集まるというが、
実は (　　　) 発表したそうだ。

① 膨らまして　　　　　　　　② 鯖を読んで

0629 젊은이가 화려한 도회지를 동경하는 것은 무리가 아닐지도 모른다.

若者が (　　　) 都会に憧れるのは無理のないことかも知れない。

① あでやかな　　　　　　　　② 華やかな

0630 여배우 하세가와 씨는 어젯밤 그 화려한 생애의 막을 내렸다.

女優の長谷川さんは、昨夜、その (　　　) 生涯の幕を閉じた。

① あでやかな　　　　　　　　② 華やかな

0627 ① 他人ひとをけ落おとしてまで自分じぶんが這はい上あがろうとするなんて、浅あさましいやつだ。

인간의 본성을 노출하는 데 대한 혐오감을 표현하고 있으므로 「浅ましい」가 알맞다.

Hint 「さもしい/浅あさましい」 비열하다, 야비하다

(1) 「さもしい」는 물욕, 식욕 등에 대한 혐오감을 나타낸다.

(2) 「浅ましい」는 물욕, 식욕 이외에도 인간 본성의 노출에 대한 혐오감을 일반적으로 나타내므로 용법이 「さもしい」보다 넓다.

0628 ② 三宅みやけさんの講演会こうえんかいにはいつもたくさんの聴衆ちょうしゅうが集あつまるというが、実じつは鯖さばを読よんで発表はっぴょうしたそうだ。

문장에서 '부풀리다'는 '원래 수보다 크게 하다'는 뜻인데, 「膨ふくらむ」에는 이러한 뜻이 없다. 이 경우는 '나이나 수량을 자신의 사정에 맞게 줄이거나 늘리다'의 뜻이 있는 「鯖を読む」를 써야 한다.

참고 「鯖を読む」는 어시장에서 중개인들이 「さば」(고등어)를 세면서 상자에 집어넣는데, 상자에 집어넣는 속도가 입으로 세는 속도보다 느리기 때문에 차이가 생기는 데서 나온 말이다. 연예인의 방송용 나이, 여자들이 체중을 줄여서 말하거나 키를 높여서 말하는 경우가 모두 「鯖を読む」에 해당한다.

0629 ② 若者わかものが華はなやかな都会とかいに憧あこがれるのは無理むりのないことかも知しれない。

도시의 화려한 생활을 나타내고 있으므로 「華やか」가 알맞다.

Hint 「華はなやか/あでやか」 화려하다

(1) 「あでやか」는 오로지 복장・화장 등 눈에 보이는 모양에 한정되어 있고, 대상도 주로 여성에 한해서 쓴다.

(2) 「華やか」는 눈에 보이는 것 이외에도 '번창하며 눈에 잘 띄다'의 뜻이 있다. 예를 들면 화려한 생활・활동・문장 등은 「華やかな生活せいかつ・活動かつどう・文章ぶんしょう」라고 는 쓰지만, 「あでやかな生活・活動・文章」라고는 하지 않는다. 대상은 주로 여성에 쓰지만, 아이돌 가수의 복장 등 남자에 대해서 말하기도 한다.

(3) 「あでやか」는 「華やか」의 뜻에 '예쁘다・아름답다'의 뜻이 더해져 있다. 따라서 아이가 「華やかな服装」을 하고 있다고는 하지만, 「あでやかな服装」을 하고 있다고는 할 수 없다.

0630 ② 女優じょゆうの長谷川はせがわさんは、昨夜ゆうべ、その華はなやかな生涯しょうがいの幕まくを閉とじた。

눈에 보이지 않는 추상적인 것이 화려한 것을 나타내고 있으므로 「華やか」가 알맞다.

0631 숲속에서 야수의 포효가 희미하게 들려왔다.

森の奥から野獣の咆哮が (　　　) 聞えてきた。

① ほのかに　　　　　　　　② かすかに

0632 대통령의 친인척들이 권력을 등에 업고 나쁜 짓을 일삼고 있다.

大統領の親族や姻族が権力を (　　　)、悪行をほしいままにして
いる。

① 背に負って　　　　　　　② 笠に着て

0633 벌에 쏘여서 얼굴이 부었다.

蜂に刺されて顔が (　　　)。

① むくんだ　　　　　　　　② はれた

0634 나는 술 마신 다음 날은 얼굴이 붓는다.

私はお酒を飲んだ次の日は顔が (　　　)。

① むくむ　　　　　　　　　② はれる

0635 다친 데가 부으면 이 약을 바르세요.

怪我をしたところが (　　　)、この薬を塗ってください。

① むくんだら　　　　　　　② はれたら

0631 ② **森**もり**の奥**おく**から野獣**やじゅう**の咆哮**ほうこう**がかすかに聞**きこ**えてきた。**

> **Hint** 「ほのか/かすか」 희미하다, 어렴풋하다, 아련하다

「ほのか」는 '농도가 낮은 모양'을 나타내는데, 그 낮은 정도는 감각에 겨우 닿는 정도여서 더욱 보고 싶거나 알고 싶다는 기대감을 포함하고 있다. 따라서 바람직하지 못한 것이 대상일 때는 「ほのか」는 적절하지 않고, 「かすか」를 써야 한다.

0632 ② **大統領**だいとうりょう**の親族**しんぞく**や姻族**いんぞく**が権力**けんりょく**を笠**かさ**に着**き**て、悪行**あっこう**をほしいままにしている。**

'등에 업다'를 직역하여 「背せに負おう」라고는 하지 않는다.

0633 ② **蜂**はち**に刺**さ**されて顔**かお**がはれた。**

벌에 쏘여서 부은 것은 외부의 자극에 의해서 부은 것이므로 「はれる」가 알맞다.

> **Hint** 「はれる/むくむ」 붓다

(1) 「むくむ」는 심장병・각기병 등으로 얼굴이나 발 전체가 부어서 누르면 들어갈 정도로 부기가 있는 경우에 쓴다. 원인에 있어서도 「むくむ」는 내과적인 것에 한한다.

(2) 「はれる」는 종기나 곪혀서 부은 것과 같이 부분적인 것에 대해서도 쓴다. 벌레에 물렸거나 종기가 나서 부었거나 넘어져서 부었거나 울어서 부은 경우 등 외부 자극이 원인이 될 때 쓴다.

0634 ① **私**わたし**はお酒**さけ**を飲**の**んだ次**つぎ**の日**ひ**は顔**かお**がむくむ。**

술을 마셔서 부은 경우는 몸속의 원인에 의한 것이므로 「むくむ」가 알맞다.

0635 ② **怪我**けが**をしたところがはれたら、この薬**くすり**を塗**ぬ**ってください。**

외부의 자극에 의해 부은 것이므로 「はれる」가 알맞다.

「猫」가 들어가는 관용구	
猫ねこかわいがり	무턱대고 귀여워하다
猫背ねこぜ	새우등
猫なで声ごえ	간살스러운 목소리, 애교가 잔뜩 들어간 목소리
猫に小判こばん	고양이에게 주판, 돼지에 진주. = 豚ぶたに真珠しんじゅ
猫の手でも借かりたい	몹시 바쁘다. = 目めが回まわるほど忙いそがしい(눈이 돌 정도로 바쁘다)
猫の額ひたい	고양이 이마, 좁은 토지, 좁은 공간
猫ばば	나쁜 짓을 하고도 모르는 척 시치미를 떼는 것, 특히 주운 물건을 슬쩍 자기 것으로 가로채는 행동
猫も杓子しゃくしも	이것저것 모두, 어중이떠중이 모두, 모두 다
猫を被かぶる	본성을 숨기고 겉으로만 얌전한 체하다, 시치미를 떼다, 몽따다

LEVEL 1 LEVEL 2 LEVEL 3

0636 도시 생활에 지쳐 사람 냄새 나는 시골로 갔다.

都市の生活に疲れて、(　　　) 田舎に行った。

① 人情味がある　　　　　　② 人の臭いがする

0637 미역을 물에 담가 불려 놓으세요.

ワカメを水に浸けて (　　　) おいてください。

① 増やして　　　　　　② 戻して

0638 이 책은 다음 주 수요일까지 반납해 주세요.

この本は、来週の水曜日までに (　　　) してください。

① 返却　　　　　　② 返納

0639 일본의 노동조합은 미국의 조합만큼 스트라이크를 하지 않는다.

日本の労働組合はアメリカの組合ほど (　　　) をしない。

① ストライク　　　　　　② ストライキ

0640 이 정도의 로봇은 누구든 만들 수 있다.

これ (　　　) のロボットは誰にでも作れる。

① ほど　　　　　　② ぐらい

0641 감기에 걸렸지만 병원에 갈 정도는 아니었다.

風邪を引いたけれど病院へ行く (　　　) じゃなかった。

① ほど　　　　　　② ぐらい

0636 ① **都市**としの**生活**せいかつに**疲**つかれて、**人情味**にんじょうみがある**田舎**いなかに行った。

'사람 냄새가 나다'를 직역하여 「人ひとの臭においがする」라고 하면 안 되고 「人情味が ある」 또는 「人情にんじょうがある」라고 쓴다.

0637 ② **ワカメを水**みずに**浸**ひたけて**戻**もとしておいてください。

「戻もどす」와 「増ふやす」는 모두 '불리다'의 뜻이지만 '물에 담그거나 해동하거나 해서 가공하기 전 상태로 되돌리다'의 뜻으로 쓸 수 있는 것은 「戻す」이다.

0638 ① **この本は、来週**らいしゅう**の水曜日**すいようび**までに返却**へんきゃく**してください。**

'반납하다'의 뜻으로는 「返却する」 또는 「返かえす」를 쓴다.

0639 ② **日本の労働**ろうどう**組合**くみあい**はアメリカの組合**くみあい**ほどストライキをしない。**

'스트라이크(파업)'는 영어 표현을 써서 「ストライキ」 또는 줄여서 「スト」라고 한다. 'strike'를 「ストライク」라고 하면 야구 용어로서 '스트라이크'가 된다.

> **참고** '단식투쟁'은 「ハンスト」라고 하는데 이는 「ハンガーストライキ(hunger strike)」의 약자이다. 또한 '총(동맹)파업'은 「ゼネスト」라고 하는데 이는 「ゼネラルストライキ(general strike)」의 약 자이다.

0640 ② **これぐらいのロボットは誰**だれ**にでも作**つくれる。

'정도'를 나타내는 말로 「ほど」와 「ぐらい」 중에서 겸손이나 경시하는 뉘앙스가 있을 때는 「ほど」는 쓸 수 없고 「ぐらい」만 가능하다.

0641 ① **風邪**かぜ**を引**ひ**いたけれど病院**びょういん**へ行くほどじゃなかった。**

정도, 한계를 나타내기 위한 비교의 기준을 제시할 경우 긍정의 경우는 「ほど」를 「ぐ 라い」로 바꿔 쓸 수 있지만 부정의 경우는 「ぐらい」는 쓸 수 없고 「ほど」만 가능하다.

0642 컵라면은 뜨거운 물을 붓기만 하면 되니까 무척 편리하다.

（　　　）は熱湯を注ぐだけだからとても便利だ。

① コップラーメン　　　　　　② カップ麺

0643 이렇게 증거가 있기 때문에 그가 범인임이 분명하다.

こんなに証拠があるのだから、彼が犯人であることは（　　　）。

① 確かだ　　　　　　　　　② 明らかだ

0644 비행기는 추락할까봐 무섭다.

飛行機は落ちるか（　　　）。

① 恐ろしい　　　　　　　　② 怖い

0645 엄마는 나이를 먹으니까 눈물이 많아졌어요.

母は年を取って（　　　）なりました。

① 涙が多く　　　　　　　　② 涙もろく

0646 이것은 얼굴의 기미를 빼는 크림입니다.

これは顔のシミを（　　　）クリームです。

① 取る　　　　　　　　　　② 抜く

0647 그 점원은 장부를 속이고 있던 것이 발각되어 해고당했다.

その店員は帳簿を（　　　）いたことが見つけられて、首になった。

① 騙して　　　　　　　　　② ごまかして

0642 ②**カップ麺**めん**は熱湯**ねっとう**を注**そそ**ぐだけだからとても便利**べんり**だ。**

'컵라면'을 나타내는 말로는 「カップラーメン」「カップ麺」(컵에 들은 면 종류)「カップヌードル」(상품명) 등이 있다.

0643 ②**こんなに証拠**しょうこ**があるのだから、彼が犯人**はんにん**であることは明**あき**らかだ。**

문장에서는 '증거'라는 객관적인 문구가 있으므로 「明らか」가 알맞다.

> **Hint** 「確**たし**か/明**あき**らか」 명백하다, 분명하다

(1) 「確か」는 화자의 주관적인 확신을 암시하며 객관성은 없다.

(2) 「明らか」는 누가 봐도 분명하고 의문의 여지가 없는 것을 나타낼 때 쓴다. 자신의 주관이 아닌 세간의 일반적이고 객관적인 판단을 나타낸다.

0644 ②**飛行機は落**お**ちるか怖**こわ**い。**

문장은 비행기 자체가 무서운 것이 아니라 '추락할까봐 무섭다'는 특정한 상황에 대한 선택적 공포에 해당하므로 「怖い」가 알맞다.

> **Hint** 「恐**おそ**ろしい/怖**こわ**い」 무섭다

(1) 「恐ろしい」는 대상의 모든 상황에 대해서 추상적・보편적으로 쓰이는 것이 일반적이다. 「恐ろしい」가 「怖い」보다 공포의 정도가 높다.

(2) 「怖い」는 대상의 특정한 상황에서 선택적으로 공포를 나타내는 경우에 쓴다.

0645 ②**母は年**とし**を取**と**って涙**なみだ**もろくなりました。**

'눈물이 많다'는 뜻은 '툭하면 운다', '잘 우는 경향이 있다'는 뜻이므로 「涙もろい」를 써야 한다.

0646 ①**これは顔**かお**のシミを取**と**るクリームです。**

「抜く」는 박혀 있는 것을 뽑아내는 것을 나타내고, 「取る」는 '없애다・제거하다'의 뜻이다. 이 문장에서는 기미를 없애는 것이므로 「取る」가 알맞다.

0647 ②**その店員**てんいん**は帳簿**ちょうぼ**をごまかしていたことが見**み**つけられて、首**くび**になった。**

'속이다'의 뜻으로 「騙**だま**す」는 사람, 「ごまかす」는 내용에 중점이 있다. 따라서 「(誰)をだます」「(なに)をごまかす」의 형태로 쓴다. 「(誰)をごまかす」라는 표현은 쓰기도 하지만, 「(なに)を騙す」는 쓰지 않는다.

0648 외국어로 얘기하고 있어도 흥분하면 무심코 모국어가 입에서 튀어나오는 법이다.

外国語で話していても、興奮すると(　　　　)母国語が口から飛び出して来るものだ。

① つい　　　　　　　　　　　② うっかり

0649 은행 현금카드를 무심코 자동개찰기에 넣어서 역무원에게 야단맞았다.

銀行のキャッシュカードを(　　　　)自動改札機に入れて、駅員に叱られた。

① つい　　　　　　　　　　　② うっかり

0650 미국과 영국이 몰래 공모했다.

アメリカとイギリスとが(　　　)共謀した。

① そっと　　　　　　　　　　② こっそり

0651 신약 개발을 위해 외국의 제약회사와 손을 잡았다.

新薬開発のために外国の製薬会社と手を(　　　)。

① 繋いた　　　　　　　　　　② 結んだ

0652 범인은 양의 무리에 몸을 감춰 도망쳤다.

犯人は羊の群れに身を(　　　)逃げた。

① 秘めて　　　　　　　　　　② 隠して

0648 ① 外国語がいこくごで話はなしていても、興奮こうふんするとつい母国語ぼこくごが口から飛とび出だして来るものだ。

무의식적으로 행동한다는 뜻이므로 「つい」가 알맞다.

Hint「つい/うっかり」 무심코, 그냥

(1)「つい」는 습관이 몸에 배어 아무 생각 없이 자연적으로 그렇게 할 때와 무의식적으로 마음과는 반대의 것을 해버리고 나중에 후회한다는 뜻을 나타낼 때 쓴다.

(2)「うっかり」는 부주의해서 좋지 않은 일을 해버린다는 뜻으로 쓴다.

0649 ② 銀行のキャッシュカードをうっかり自動改札機じどうかいさつきに入いれて、駅員えきいんに叱しかられた。

문장에서 '무심코'는 '부주의해서 좋지 않은 일을 하다'의 뜻이기 때문에 「うっかり」가 알맞다.

0650 ② アメリカとイギリスとがこっそり共謀きょうぼうした。

이 문장처럼 소리를 내는 것과 상관없는 상황에 대해서는 「そっと」를 쓰지 않는다.

Hint「そっと/こっそり」 몰래, 살짝

(1)「そっと」는 소리를 내지 않고 조용히 동작을 하는 모양을 표현한다.

(2)「こっそり」는 소리가 나는지 여부는 상관이 없고 '남이 알지 못하도록 하는 것'에 중점을 둔다.

0651 ② 新薬しんやく開発かいはつのために外国がいこくの製薬会社せいやくがいしゃと手てを結むすんだ。

「手を繋つなぐ」는 실제로 손을 맞잡는 것이고, 이 문장처럼 '협력하다'의 뜻을 나타낼 때는 「手を結ぶ」만 쓸 수 있다.

0652 ② 犯人はんにんは羊ひつじの群むれに身みを隠かくして逃にげた。

'숨기다・감추다'는 대상이 사물・성격・사정・상황 등일 경우는 「隠す」와 「秘ひめる」를 모두 쓸 수 있지만, 이 문장처럼 대상이 사람일 경우는 「隠す」만 쓸 수 있다.

0653 우리 엄마는 입을 열면 반드시 잔소리를 한다.

ぼくの母は、口を（　　　）と必ず小言を言う。

① 開ける　　　　　　　　　② 開く

0654 에도막부는 미국의 요청에 따라 요코하마 등의 항구를 열었다.

江戸幕府は、アメリカの要請に応じて、横浜などの港を
（　　　）。

① 開けた　　　　　　　　　② 開いた

0655 그녀는 반 친구들에게 좀처럼 마음을 열지 않았다.

彼女は、クラスメートたちになかなか心を（　　　）なかった。

① 開け　　　　　　　　　② 開か

0656 그 은행은 이번에 우메다에 지점을 열었다.

あの銀行は、今度梅田に支店を（　　　）。

① 開けた　　　　　　　　　② 開いた

0657 저는 올가을에 사진전을 엽니다.

私はこの秋に、写真展を（　　　）。

① 開けます　　　　　　　　② 開きます

0653　② ぼくの母は、口ﾞﾞﾞくちを開ひらくと必かならず小言こごとを言いう。

문장에서 '열다'는 말을 시작한다는 뜻이므로 「ひらく」를 써야 한다.

　　　Hint 「開あける／開ひらく」 열다

기본적으로 '상자·문·책 등을 열다'의 뜻으로는 「あける」와 「ひらく」 모두 쓸 수
있다.

(1) '입을 열다'의 표현

　　例 口をあける。 입을 열다. ＝입을 벌리다.
　　　　口をひらく。 입을 열다. ＝말을 시작하다.

(2) '터놓다', '문호를 열다·개방하다', '새로 시작하다·벌이다', '음악회·전시회 등을
　　열다', '모임을 갖다·국회를 열다' 등에는 「ひらく」만 쓸 수 있다.

　　例 店をあける。 가게 (영업 시간에) 문을 열다.
　　　　店をひらく。 가게를 시작하다.

0654　② 江戸幕府えどばくふは、アメリカの要請ようせいに応おうじて、横浜よこはまなどの港みなとを開
　　ひらいた。

문장에서 '열다'는 '문호를 열다(개방하다)'의 뜻으로 쓰였으므로 「ひらく」만 쓸 수
있다.

0655　② 彼女は、クラスメートたちになかなか心こころを開ひらかなかった。

문장에서 '열다'는 '터놓다'의 뜻이므로 「ひらく」만 쓸 수 있다.

0656　② あの銀行ぎんこうは、今度こんど梅田うめだに支店てんを開ひらいた。

문장에서 '열다'는 '새로 시작하다'의 뜻이므로 「ひらく」만 쓸 수 있다.

0657　② 私はこの秋あきに、写真展しゃしんてんを開ひらきます。

문장에서 '열다'는 '전시회 등을 열다'의 뜻이므로 「ひらく」만 쓸 수 있다.

0658 달이 구름 속에 숨어 있다.

月が雲に (　　　) いる。

① 潜んで　　　　　　　　　　② 隠れて

0659 환경오염은 현대 사회에 있어서 심각한 문제가 되고 있다.

環境汚染は現代社会 (　　　) 深刻な問題になっている。

① において　　　　　　　　② にとって

0660 그것은 고대인에게 있어서 위험한 사고방식으로 간주되었다.

それは古代人 (　　　) 危険な考え方として見なされた。

① において　　　　　　　　② にとって

0661 이 호텔은 서비스 면에 있어서 세계에서 최고다.

このホテルはサービス面 (　　　) 世界一だ。

① において　　　　　　　　② にとって

0662 그는 저에게 있어서 생명의 은인입니다.

彼は私 (　　　) 命の恩人です。

① において　　　　　　　　② にとって

0663 태풍이 접근하고 있어서 파도가 높아지고 있다.

台風が (　　　) いるために波が高くなっている。

① 近寄って　　　　　　　　② 近づいて

0658 ② 月_{つき}が雲_{くも}に隠_{かく}れている。

「ひそむ」와「かくれる」는 모두 '숨다'의 뜻으로 쓰는데, 「ひそむ」는 의지가 있는 동작에만 쓰고, 무생물이나 무의지적인 표현에는 쓸 수 없다. 이 문장에서는 달과 구름에 대한 표현이므로 「かくれる」가 알맞다.

0659 ① 環境_{かんきょう}汚染_{おせん}は現代社会において深刻_{しんこく}な問題_{もんだい}になっている。

앞에 현대 사회라는 때를 나타내는 말이 있으므로 「~において」를 쓰는 것이 알맞다.

Hint「~において/~にとって」~에 있어서

(1) 「~において」는 앞에 장소·형편·상황 등이 오고 뒤에 동작성 문장이 오는 경우, 분야·시각·사항 등이 오고 뒤에 상태·평가·판단 문장이 오는 경우에 쓴다.

(2) 「~にとって」는 앞에 사람·신분·입장 등이 오고 뒤에 상태·평가·판단 문장이 오는 경우, 앞에 무생물이 오고 뒤에 'A는 B이다'라는 판단문이 올 경우에 쓴다.

0660 ② それは古代人_{こだいじん}にとって危険_{きけん}な考_{かんが}え方_{かた}として見なされた。

'~에 있어서'에 해당하는 「~において」와 「~にとって」 중에서 앞에 사람이 오고, 뒤에 판단 문장이 쓰이면 「~にとって」를 써야 한다.

0661 ① このホテルはサービス面_{めん}において世界一_{せかいいち}だ。

앞에 분야(서비스)가 오면 「~において」를 써야 한다.

0662 ② 彼は私にとって命_{いのち}の恩人_{おんじん}です。

'~에 있어서'의 앞에 사람이 오고, 뒤에 판단 문장이 나오면 「~にとって」를 써야 한다.

0663 ② 台風_{たいふう}が近_{ちか}づいているために波_{なみ}が高くなっている。

「近づく」는 동물과 동물이 아닌 것에도 사용할 수 있지만, 「近寄る」는 동물에만 사용할 수 있다. 따라서 이 문장은 「近づく」를 써야 한다.

0664 공군이 소련기를 레이더로 포착했다.

空軍がソ連機をレーダーで (　　　)。

① つかまえた　　　　　　② とらえた

0665 후지산 정상의 기상대를 망원경으로 포착했다.

富士山頂の測候所を望遠鏡で (　　　)。

① つかまえた　　　　　　② とらえた

0666 전파를 잡기 위해서 안테나를 달겠습니다.

電波を (　　　) ために、アンテナを取り付けます。

① つかまえる　　　　　　② とらえる

0667 카나리아의 지저귐을 집음마이크로 잡았다.

カナリヤのさえずりを集音マイクで (　　　)。

① つかまえた　　　　　　② とらえた

0668 기회를 잘 잡아서 유학했다.

機会をうまく (　　　) 留学した。

① つかまえて　　　　　　② とらえて

0669 진상을 포착했다.

真相を (　　　)。

① つかまえた　　　　　　② とらえた

0664 ② **空軍**くうぐん**がソ連機**れんき**をレーダーでとらえた。**

레이더라는 도구를 사용해서 잡는 것이므로 「つかまえる」는 적당하지 않고, 「とらえる」
가 알맞다.

Hint 「捕とらえる/捕つかまえる」 잡다, 포착하다

(1) 「とらえる」는 대상이 구체적인 것이든 추상적이든 상관없이 쓸 수 있다. 목표의 대
상물을 찾아서, 직접 손으로 잡지 않고, 주체의 세력 범위에 넣어서 대상물이 그곳
에서 떨어져나가기 못하도록 하는 행위를 표현할 때 쓴다.

(2) 「つかまえる」는 목표의 대상물을 직접 손으로 잡아서 대상물이 그곳에서 떨어져나
가기 못하도록 하는 행위를 표현할 때 쓴다.

0665 ② **富士山頂**ふじさんちょう**の測候所**そっこうじょ**を望遠鏡**ぼうえんきょう**でとらえた。**

문장에서 '잡다'는 망원경이라는 도구를 사용해서 잡는 것이므로 「つかまえる」는 적당
하지 않고, 「とらえる」가 알맞다.

0666 ② **電波**でんぱ**をとらえるために、アンテナを取**と**り付**つ**けます。**

문장에서 '잡다'는 안테나라는 도구를 사용해서 잡는 것이므로 「つかまえる」는 적당하
지 않고, 「とらえる」가 알맞다.

0667 ② **カナリヤのさえずりを集音**しゅうおん**マイクでとらえた。**

문장에서 '잡다'는 집음마이크라는 도구를 사용해서 잡는 것이므로 「つかまえる」는 적
당하지 않고, 「とらえる」가 알맞다.

0668 ② **機会**きかい**をうまくとらえて留学**りゅうがく**した。**

문장에서 '잡다'는 추상적인 것이므로 「とらえる」만 쓸 수 있다.

0669 ② **真相**しんそう**をとらえた。**

문장에서 '포착하다'는 추상적인 것이므로 「とらえる」만 쓸 수 있다.

0670 버스가 달리기 시작했을 때 나는 손잡이를 잡았다.

バスが走り出したときに、私は吊革に（　　　）。

① つかんだ　　　　　　　　② 捕まった

0671 새끼 원숭이는 어미의 등을 꼭 잡았다.

子ざるは母親の背中にしっかり（　　　）。

① つかんだ　　　　　　　　② 捕まった

0672 길을 걷고 있는데 모르는 남자가 내 팔을 잡았다.

通りを歩いていたら、見知らぬ男が私の（　　　）。

① 腕につかまった　　　　　② 腕をつかんだ

0673 목격자의 증언으로부터 경찰은 중요한 단서를 잡았다.

目撃者の証言から、警察は重要な（　　　）。

① 手がかりに捕まった　　　② 手がかりをつかんだ

0674 신문기자는 중요한 증거를 잡은 듯 흥분해서 돌아왔다.

新聞記者は重要な（　　　）らしく、興奮して帰ってきた。

① 証拠に捕まった　　　　　② 証拠をつかんだ

0675 작은 돌을 집어서 던졌다.

小石を（　　　）投げた。

① 捕まえて　　　　　　　　② つかんで

0670 ② バスが走はしり出だしたときに、私は吊革つりかわに捕つかまった。

중심을 잡기 위해 버스 손잡이를 잡는 것이므로 「捕まる」가 알맞다.

Hint 「つかむ/捕つかまる」 잡다

(1) 「つかむ」는 '대상을 놓치지 않기 위해서 손으로 꽉 붙드는 행동', '기회·행복·단서 등 손에 넣기 힘든 것, 중요한 것을 얻는다'는 뜻이 있다.

(2) 「捕まる」는 불안정한 상태에 있는 사람이 안정을 유지하기 위해 다른 것을 잡는 행동을 나타낸다. 달리는 자동차 안에서 넘어지지 않기 위해서 무언가를 잡는 것, 아이가 엄마 등에서 떨어지지 않으려고 엄마를 꽉 붙잡는 것, 현기증이 나서 다른 사람의 팔이나 어깨를 붙잡는 행위 등을 나타낼 때 쓴다.

0671 ② 子こざるは母親ははおやの背中せなかにしっかり捕つかまった。

엄마 등에서 떨어지지 않기 위해서 엄마 등을 꽉 붙잡는 행동이므로 「つかまる」가 알맞다.

0672 ② 通とおりを歩あるいていたら、見知みしらぬ男おとこが私の腕うでをつかんだ。

대상을 놓치지 않기 위해서 손으로 꽉 붙드는 행동이므로 「つかむ」가 알맞다.

0673 ② 目撃者もくげきしゃの証言しょうげんから、警察は重要じゅうような手てがかりをつかんだ。

문장은 '단서'라는 손에 넣기 힘든 것을 얻는다는 뜻이므로 「つかむ」가 알맞다.

0674 ② 新聞記者しんぶんきしゃは重要じゅうような証拠しょうこをつかんだらしく、興奮こうふんして帰ってきた。

문장은 '증거'라는 손에 넣기 힘든 것을 얻는다는 뜻이므로 「つかむ」가 알맞다.

0675 ② 小石こいしをつかんで投なげた。

'돌'은 움직이지 않는 무생물이기 때문에 「取る」 또는 「つかむ」를 써야 한다.

Hint 「捕とらえる/捕つかまえる」「取とる/つかむ」 잡다, 집다

(1) 「とらえる/つかまえる」는 대상물이 '움직이는 것'이며, 잡아두지 않으면 그곳에서 떨어져나갈 위험성이 있는 것을 나타낼 때 쓴다.

(2) 「取る/つかむ」는 '움직이지 않는 것'으로 위험성이 없는 것을 나타낸다.

0676 내리막길에서는 속도를 줄이세요.

下り坂ではスピードを (　　　) ください。

① 減らして　　　　　　　　② 落として

0677 출품할 작품의 주제는 자유롭게 **정해도** 좋다고 되어 있다.

出品する作品のテーマは、自由に (　　　) よいことになって
いる。

① 定めて　　　　　　　　② 決めて

0678 결국 승부는 승부차기로 **정하게** 되었다.

結局、勝負はキックで (　　　) ようになった。

① 定める　　　　　　　　② 決める

0679 해방 후 일본 헌법이 **정해져**, 일본의 민주화와 평화국가로 향하는 방향 설정이 이루어졌다.

戦後、日本憲法が (　　　)、日本の民主化と平和国家への方向づ
けが行われた。

① 定められ　　　　　　　　② 決められ

0680 음력에서는 1년을 354일로 **정하고** 있다.

旧暦では、一年を354日と (　　　) いる。

① 定めて　　　　　　　　② 決めて

0676 ② 下り坂ではスピードを落としてください。

「減らす」는 '수나 양을 줄이다'는 뜻으로, 체중·부담을 줄이는 경우에 쓴다. 이 문장처럼 '속도를 떨어뜨리다'라는 개념으로는 「スピードを落とす」라고 한다.

0677 ② 出品する作品のテーマは、自由に決めてよいことになっている。

테마를 결정하는 것이므로 「決める」가 알맞다.

Hint 「定める/決める」 정하다

(1) 「定める」는 정해지지 않았던 상황을 타결시켜 그 상태를 유지하려고 하는 것을 나타낸다.

(2) 「決める」는 선택한 사물이나 상태가 바뀌지 않게 고정하는 것을 나타낸다.

0678 ② 結局、勝負はキックで決めるようになった。

승부를 정하는 것이므로 「きめる」를 써야 한다.

0679 ① 戦後、日本憲法が定められ、日本の民主化と平和国家への方向づけが行われた。

헌법을 정하면서 이후 방향이 설정되었기 때문에 「定める」를 써야 한다.

0680 ① 旧暦では、一年を354日と定めている。

정해진 상태를 나타내고 있기 때문에 「定める」를 써야 한다.

0681 지금쯤 그들은 가족과 함께 우승의 기쁨에 젖어 있겠지요.

今ごろ彼らは家族と一緒に優勝の喜びに (　　　) いるで
しょう。

① 濡れて　　　　　　　　　② 浸って

0682 저자는 주변국에 미친 중대한 사실을 알려고도 하지 않고 안온한 일상생활에 젖어 있는 현재
상황을 걱정하고 있다.

著者は周辺国に及ぼした重大事実を知ろうとしないで安穏な日常
生活に (　　　) いる現状を憂える。

① 濡れて　　　　　　　　　② 浸って

0683 물에 젖은 손을 손수건으로 닦았다.

水に (　　　) 手をハンカチで拭いた。

① 濡れた　　　　　　　　　② 浸った

0684 아침 일찍 산책했더니 이슬에 구두가 젖었다.

朝早く散歩したら、露でくつが (　　　)。

① 濡れた　　　　　　　　　② 浸った

0685 휴대폰 좀 줘 봐요. 문자 보내는 법 가르쳐 줄게요.

携帯ちょっと (　　　) ください。メールの送り方を教えてあげ
ます。

① やって　　　　　　　　　② 貸して

0681 ② 今いまごろ彼らは家族と一緒いっしょに優勝ゆうしょうの喜よろこびに浸ひたっているでしょう。

어떤 기분에 빠져 있는 상태이기 때문에「浸る」가 알맞다.

Hint 「濡ぬれる/浸ひたる」 젖다

(1) 「濡れる」는 '물에 젖다, 물에 잠기다, 물을 흠뻑 맞다' 등의 뜻으로 쓴다.

(2) 「浸る」는 '잠기다'라는 뜻으로 어떤 느낌이나 분위기·생각·기분 속으로 자기가 들어가는 상태를 나타낼 때 쓴다.

0682 ② 著者ちょしゃは周辺国しゅうへんこくに及およぼした重大じゅうだい事実じじつを知しろうとしないで安穏あんのんな日常生活にちじょうせいかつに浸ひたっている現状げんじょうを憂うれえる。

어떠한 상황을 나타내는 문장이므로「浸る」를 써야 한다.

0683 ① 水みずに濡ぬれた手てをハンカチで拭ふいた。

'물에 젖은'이라고 했기 때문에「濡れる」를 써야 한다.

0684 ① 朝あさ早はやく散歩さんぽしたら、露つゆでくつが濡ぬれた。

이슬에 젖은 구두를 표현하고 있기 때문에「濡れる」를 써야 한다.

0685 ② 携帯けいたいちょっと貸かしてください。メールの送おくり方かたを教えてあげます。

문장에서 '주다'는 '소유의 이전'을 뜻하는 것이 아니라 잠깐 내가 가졌다가 돌려주는 것이기 때문에 '빌리다'라는 뜻이 있는「貸す」를 써야 한다.

틀다	
몸을 틀다	体からだをひねる
음악을 틀다	音楽おんがくをかける(流ながす)
머리를 틀다	髪かみを結ゆう
수도꼭지를 틀다	蛇口じゃぐちをひねる
(새가) 둥지를 틀다	巣すを作つくる
왼쪽으로 틀다	左ひだりに曲まがる

0686 "모든 길은 로마로 **통한다**."는 격언은 고대 로마의 번영을 잘 나타내고 있다.

「すべての道はローマに (　　　)。」という格言は、古代ローマの繁栄をよく表している。

① 通る　　　　　　　　　　　② 通じる

0687 이대로는 의미가 **통하지** 않으니까 더 알기 쉽게 다시 써 주십시오.

このままでは意味が (　　　) ないので、もっと分かりやすいように書き直してください。

① 通り　　　　　　　　　　　② 通じ

0688 고지식한 아버지에게는 농담은 **통하지** 않습니다.

きまじめなお父さんには、冗談は (　　　) ません。

① 通り　　　　　　　　　　　② 通じ

0689 그때의 표정으로 미루어 보아 그에게는 말이 **통하지** 않았던 것 같다.

あの時の表情からすると、彼には話が (　　　) なかったらしい。

① 通ら　　　　　　　　　　　② 通じ

0690 내 방은 남북으로 창이 있기 때문에 바람이 **통해서** 시원하다.

ぼくの部屋は南と北に窓があるので、風が (　　　) すずしい。

① 通って　　　　　　　　　　② 通じて

0686 ②「**すべての道**みち**はローマに通**つう**じる。」という格言**かくげん**は、古代**こだい**ローマの繁栄**
はんえい**をよく表**あらわ**している。**

길이 통한다는 뜻이므로 「通じる」가 알맞다.

> *Hint* 「**通**とお**る/通**つう**じる/通**とお**す**」 통하다

(1) 「とおる」는 '길을 지나다·통과하다' '한쪽에서 다른 쪽으로 빠져나가다, (바람 등
이) 통하다·넘어가다·꿰어지다·잘 울리다', '널리 알려지다·~로 통하다·통용되
다·인정되다', '(뜻·의미·이야기 등이) 통하다·이해되다'의 뜻으로 쓴다.

(2) 「つうじる」는 '교통이나 통신으로 이어지다', '자세하게 알다·정통하다', '상대방
이 이해하다·통하다', '(일정 넓이·시기) ~에 걸쳐·~을 통해서', '내통하다' 등의
뜻으로 쓴다.

(3) 「とおす」는 「〜を通して」(~을 통해서)의 형태로 '간접으로 하다'의 뜻으로 쓴다.

0687 ②**このままでは意味が通**つう**じないので、もっと分**わ**かりやすいように書**か**き直**なお**してく
ださい。**

문장에서 '통하다'는 '상대방이 이해하다'의 뜻으로 쓰였으므로 「通じる」가 알맞다.

0688 ②**きまじめなお父さんには、冗談**じょうだん**は通**つう**じません。**

문장에서 '통하다'는 '상대방이 이해하다'의 뜻이므로 「通じる」가 알맞다.

0689 ②**あの時**とき**の表情**ひょうじょう**からすると、彼には話**はなし**が通**つう**じなかったらしい。**

문장에서는 '그의 표정으로 미루어 보아'라는 말이 앞에 있으므로 상대방의 말을 잘
이해하지 못했다는 뜻이기 때문에 「話が通じる」가 알맞다.

> *Hint* 「**話**はなし**が通**とお**る/話が通**つう**じる**」 이야기가 통하다

둘 다 '이야기가 통하다'의 뜻이지만 뉘앙스가 다르다. 「話が通る」는 전후 관계가 맞
기 때문에 분명히 이해된다는 뜻이고, 「話が通じる」는 상대의 말을 알아들을 수 있다
는 뜻이다.

0690 ①**ぼくの部屋**へや**は南**みなみ**と北**きた**に窓**まど**があるので、風**かぜ**が通**とお**ってすずしい。**

'바람이 통하다'는 「風が通る」이다.

0691 나카무라 씨는 일본 최고의 무용수로 **통하고** 있다.

中村さんは日本一のダンサーで（　　　）いる。

① 通って　　　　　　　　　　② 通じて

0692 일반적으로 짧은 문장보다 긴 문장 쪽이 뜻이 **통하기** 어려워지는 경향이 있다.

一般に、短い文より長い文のほうが意味が（　　　）にくくなる傾向がある。

① 通り　　　　　　　　　　② 通じ

0693 그런 엉성한 변명은 **통하지** 않아.

そんないいかげんな弁解は（　　　）ないよ。

① 通ら　　　　　　　　　　② 通じ

0694 육안으로 보기는 너무 작기 때문에 현미경을 **통해서** 보았다.

肉眼で見るには小さすぎるので、顕微鏡を（　　　）見た。

① 通して　　　　　　　　　　② 通じて

0695 부인을 **통해서** 부탁하는 편이 낫다.

奥さんを（　　　）頼んだ方がいい。

① 通して　　　　　　　　　　② 通じて

0691　① **中村**なかむら**さんは日本一**にほんいち**のダンサーで通**とお**っている。**

일반적으로 인정되어 '널리 알려져 있다'는 뜻이기 때문에 「通る」를 써야 한다.

0692　① **一般**いっぱん**に、短**みじか**い文**ぶん**より長**なが**い文**ぶん**のほうが意味**いみ**が通**とお**りにくくなる傾向**けいこう**がある。**

'뜻이 통하다'의 뜻이기 때문에 「通る」가 알맞다.

0693　① **そんないいかげんな弁解**べんかい**は通**とお**らないよ。**

'말이 통하지 않는다'는 뜻으로 쓰였기 때문에 「通る」가 알맞다.

0694　① **肉眼**にくがん**で見るには小**ちい**さすぎるので、顕微鏡**けんびきょう**を通**とお**して見**み**た。**

현미경이라는 도구를 이용해서 보는 것이기 때문에 「～を通して」를 써야 한다.

0695　① **奥**おく**さんを通**とお**して頼**たの**んだ方**ほう**がいい。**

'중간에 사람을 끼고 하다'의 뜻이기 때문에 「～を通して」가 알맞다.

LEVEL 1

LEVEL 2

LEVEL 3

「目」가 들어가는 관용구	
目頭めがしらが熱あつくなる	(감동해서) 눈시울이 뜨거워지다
目角めかどが強つよい	사물을 예리하게 간파하다, 안식이 예리하다
目がない	①사족을 못 쓰다. ②판단하는 눈이 없다, 보는 눈이 없다
目から鱗うろこが落おちる	①지금까지 몰랐던 것을 갑자기 확실히 이해하게 되다. ②고민이나 망설임 등이 없어지고, 갑자기 시야가 넓어지고 사태를 올바르게 직시하게 되다
目くじらを立たてる	눈에 쌍심지를 켜다, 트집 잡다
目くそ鼻はなくそを笑わらう	겨 묻은 개가 똥 묻은 개 비웃는다
目玉めだま商品しょうひん	미끼 상품, 특가품
目玉が飛とび出でる	(너무 비싸서) 눈알이 튀어나오다
目に余あまる	(정도가 너무 심하여) 차마 볼 수 없다, 묵과할 수 없다
目鼻めはながつく	대체적인 윤곽이 잡히다, 거의 가능하다는 전망이 있다
目を細ほそめる	귀엽거나 기쁜 일이 있을 때 웃음 짓는 모습을 나타낸다. =目を細くする
目安めやすをつける	대충 목표를 세우다, 표준을 정하다

0696 경찰이 도둑을 조사하고 있다.

警官が泥棒を（　　　）いる。

① 調査して　　　　　　　　② 調べて

0697 잡은 여우를 우리에서 놓아 주었다.

（　　　）狐をおりから放してやった。

① つかんだ　　　　　　　　② つかまえた

0698 사자는 동료들과 서로 도와 먹이를 잡는다.

ライオンは仲間同士助け合って獲物を（　　　）。

① つかむ　　　　　　　　② つかまえる

0699 허리 주위를 비틀어 호흡만 해도 지방 연소 효과를 얻을 수 있습니다.

ウエスト回りを（　　　）呼吸をするだけで、脂肪燃焼効果が得られます。

① 捻って　　　　　　　　② ねじって

0700 꼭지를 있는 힘껏 틀어서 물을 나오게 했다.

栓を力まかせに（　　　）水を出した。

① 捻って　　　　　　　　② ねじって

0701 수도꼭지를 가볍게 틀었다.

水道の栓を軽く（　　　）。

① 捻った　　　　　　　　② ねじった

0696　② 警官けいかんが泥棒どろぼうを調しらべている。

이 문장처럼 '취조하다·심문하다'의 뜻으로 쓸 경우는 「調査する」는 쓸 수 없고, 「調べる」만 가능하다.

0697　② つかまえた狐きつねをおりから放はなしてやった。

'여우'는 움직이는 대상물이기 때문에 「とらえる」 또는 「つかまえる」가 알맞다.

> Hint　253쪽 「とらえる/つかまえる」 참조

0698　② ライオンは仲間なかま同士どうし助たすけ合あって獲物えものをつかまえる。

사자의 먹이는 움직이는 것이기 때문에 「とらえる」 또는 「つかまえる」가 알맞다.

0699　② ウエスト回まわりをねじって呼吸こきゅうをするだけで、脂肪しぼう燃焼ねんしょう効果こうかが得えられます。

무리하게 힘을 준 경우이므로 「ねじる」가 알맞다.

> Hint　「捻ひねる/ねじる」 (비)틀다, 짜다

「ねじる」는 여러 차례 반복해서 돌리거나 대상을 파손시킬 정도로 무리하게 힘을 준다는 뜻이 있고, 「捻る」에는 그런 제한이 없다.

0700　② 栓せんを力ちからまかせにねじって水みずを出だした。

문장에서 '비틀다'는 '무리하게 힘을 주다'의 뜻이기 때문에 「ねじる」가 알맞다.

0701　① 水道すいどうの栓せんを軽かるく捻ひねった。

수도꼭지를 가볍게 돌렸기 때문에 「捻る」가 알맞다.

횟수를 나타내는 빈도부사	
常つねに	늘, 항상, 언제나. 「いつも」의 문장체 표현이다.
しばしば	자주, 여러 차례. 횟수가 많음을 나타낸다. =たびたび
たまに	어쩌다, 이따금. 상당히 시간을 두고 나타남을 나타낸다. 「ときどき」보다 횟수는 적다.
たまたま	가끔, 간혹, 마침, 그때. 우연히 생긴 것을 나타낸다.
めったに	좀처럼. 「めったに〜ない」 형태로 지극히 적음을 나타낸다.

LEVEL 1　LEVEL 2　LEVEL 3

0702　자동판매기를 줄여서 자판기라고 한다.

自動販売機を (　　　) 自販機と言う。

① 省いて　　　　　　　　　　　② 略して

0703　좀 더 절약하면 쓸데없는 경비를 줄일 수 있다.

もう少し節約すれば無駄な経費が (　　　)。

① 省ける　　　　　　　　　　　② 略せる

0704　3시간이나 컴퓨터를 쳤더니 눈이 피곤하다.

３時間もコンピューターを打ったら、目が (　　　)。

① くたびれた　　　　　　　　　② 疲れた

0705　적당하게 피곤하니 오히려 기분이 좋다.

適度に (　　　) かえって気持ちがいい。

① くたびれて　　　　　　　　　② 疲れて

0706　얼마나 훌륭한 경치냐!

なんて (　　　) 眺めなんだ。

① 立派な　　　　　　　　　　　② 素晴らしい

0702 ② 自動販売機じどうはんばいきを略りゃくして自販機じはんきと言いう。

없어도 되는 말을 줄인다는 뜻이므로 「略する」가 알맞다.

Hint 「略りゃくする/省はぶく」 생략하다, 줄이다

(1) 「略する」는 요소요소만 남기고, 없어도 되는 부분을 빼서 '전체를 간단히 하다'라는 뜻이다.

(2) 「省く」는 없는 편이 나은 쓸데없는 부분을 빼서 간단히 하는 것을 말한다.

(3) '경칭은 생략하다', '이하 생략'의 표현에서는 둘 다 쓸 수 있다.

0703 ① もう少すこし節約せつやくすれば無駄むだな経費けいひが省はぶける。

없는 편이 나은 쓸데없는 부분을 줄이는 것이므로 「省く」가 알맞다.

0704 ② 3時間もコンピューターを打うったら、目めが疲つかれた。

신체 일부의 피로를 나타냈기 때문에 「疲れる」만 가능하다.

Hint 「くたびれる/疲つかれる」 피곤하다, 지치다

(1) 「くたびれる」는 몸 전체에 대해서만 쓸 수 있고 부분에 대해서는 쓸 수 없지만, 「疲れる」는 양쪽 다 쓸 수 있다.

(2) 「くたびれる」는 정신적 피로에는 쓸 수 없으며 육체적 피로에만 쓸 수 있는데, 「疲れる」는 양쪽 다 쓸 수 있다.

(3) 「くたびれる」는 피로의 정도가 강해서 불쾌한 상태를 나타내지만, 「疲れる」는 그러한 의미의 제한이 없다.

0705 ② 適度てきどに疲つかれてかえって気持きもちがいい。

피곤해서 오히려 기분이 좋다고 했기 때문에 「疲れる」만 가능하다.

0706 ② なんて素晴すばらしい眺ながめなんだ。

문장은 경치가 아름다운 것에 대한 감동을 나타내고 있으므로 「素晴らしい」 또는 「見事みごと」가 알맞다.

Hint 「立派りっぱ/素晴すばらしい/見事みごと」 훌륭하다, 근사하다

(1) 「立派」는 대상이 뛰어나다는 것에 대해서 객관적인 뉘앙스를 지니며, 대상에 대한 감동 등은 그다지 포함하지 않는다.

(2) 「素晴らしい」「見事」는 감동을 포함하여 표현할 때 쓴다.

0707 긴 계단을 천천히 내려갔다.

長い階段をゆっくり (　　　) いった。

① さがって　　　　　　　　② おりて

0708 우편물을 가지러 1층에 내려갔다.

郵便物を取りに一階に (　　　)。

① さがった　　　　　　　　② おりた

0709 내일은 서리가 내린다고 합니다.

明日は霜が (　　　) そうです。

① さがる　　　　　　　　　② おりる

0710 현기증이 나서 버스에서 내렸다.

目眩がしてバスから (　　　)。

① さがった　　　　　　　　② おりた

0707　② **長い階段**かいだん**をゆっくりおりていった。**

동작을 통해서 아래로 오는 것이므로 「おりる」가 알맞다.

Hint 「おりる/下さがる」 내리다

(1) 「おりる」는 사람이나 그외의 것이 이동해서 아래로 오는 것을 나타낸다. 어떤 도달
　 점에 초점이 놓여 기점에서 떨어진다는 뜻이 포함되어 있고, 주로 사람이 공간적으
　 로 이동하는 데 쓴다.

(2) 「さがる」는 동작이 아니라 객관적으로 위치가 아래로 오는 것을 나타낸다. 기점에
　 서 부분적으로 아래로 이동하는 것을 나타내고, 추상적인 가치나 정도의 이동을 나
　 타내는 경우가 많다.

(3) 우리말로 같은 문장이라도 어느 말을 쓰는지에 따라서 뉘앙스가 다르다.
　 예 • 차단기가 내려갔다.
　　　遮断機しゃだんきがおりた。(○)
　　　: 차단기가 내려져서 더 이상 통과할 수 없는 상태
　　　遮断機がさがった。(○)
　　　: 단지 차단기 위치가 아래쪽으로 이동했다는 것

　　　• 옥상에서 선전 현수막이 내려와 있다.
　　　屋上おくじょうから宣伝せんでんの垂たれ幕まくがおりている。(○)
　　　: 광고 현수막의 끝 부분이 지면에 닿아 있다는 것을 암시
　　　屋上から宣伝の垂れ幕がさがっている。(○)
　　　: 현수막이 대롱대롱 떠 있는 상태를 나타내는 것

　　　• 이 비탈길을 조금 내려간 곳에…
　　　この坂さかを少すこしさがったところに…。(○)
　　　この坂を少しおりたところに…。(○)
　　　단순히 위치를 나타내는 경우는 「さがる」와 「おりる」 모두 쓸 수 있다.

0708　② **郵便物**ゆうびんぶつ**を取**と**りに一階**いっかい**におりた。**

문장에서 '내려가다'는 동작을 통해서 아래로 오는 것을 뜻하므로 「おりる」가 알맞다.

0709　② **明日は霜**しも**がおりるそうです。**

문장에서 '내리다'는 동작을 통해서 아래로 오는 것을 뜻하므로 「おりる」가 알맞다.

0710　② **目眩**めまい**がしてバスからおりた。**

탈것에서 아래로 내리는 것이므로 「おりる」가 알맞다.

0711 물가가 지난달보다 내렸다.

物価が先月より（　　　）。

① さがった　　　　　　　　② おりた

0712 밖은 기온이 영하 20도까지 내려갔다.

外は気温が零下20度まで（　　　）。

① さがった　　　　　　　　② おりた

0713 이 선은 오른쪽이 조금 내려가 있다.

この線は右の方が少し（　　　）いる。

① さがって　　　　　　　　② おりて

0714 살이 빠져 바지가 흘러내린다.

痩せてズボンが（　　　）。

① さがる　　　　　　　　　② おりる

0715 배로 강을 내려갔다.

船で川を（　　　）。

① くだった　　　　　　　　② おりた

0716 결국 사형 판결이 내려졌다.

とうとう死刑の判決が（　　　）。

① くだった　　　　　　　　② おりた

0711 ① **物価**ぶっか**が先月**せんげつ**よりさがった。**

문장에서 '내리다'는 동작이 아니라 현상이기 때문에 「さがる」가 적당하다.

0712 ① **外**そと**は気温**きおん**が零下**れいか**20度**ど**までさがった。**

문장에서 '내리다'는 동작이 아니라 현상이기 때문에 「さがる」가 적당하다.

0713 ① **この線**せん**は右**みぎ**の方**ほう**が少**すこ**しさがっている。**

문장에서 '내리다'는 동작이 아니라 현상이기 때문에 「さがる」가 적당하다.

0714 ① **痩**や**せてズボンがさがる。**

문장에서 '내리다'는 동작이 아니라 현상이기 때문에 「さがる」가 적당하다.

0715 ① **船**ふね**で川**かわ**をくだった。**

LEVEL 1

Hint 「**おりる/下**くだ**る**」 내리다

이동의 기점이나 도착점을 예상하기 힘들고, 높은 곳에서 낮은 곳으로 이동이라는 점도 생각할 수 없을 때는 「おりる」는 쓸 수 없고 「くだる」만 쓸 수 있다.

비유적 용법으로 「週末にかけて天気てんきは下くだり坂さかになる。」(주말에 걸쳐서 날씨는 나빠진다.)라는 문장은 주말에 걸쳐서 점점 흐려지거나 비가 내릴 것이라는 날씨의 이동 경로를 나타낸다. 문장은 같아도 뉘앙스가 다르다는 점에 주의해야 한다.

LEVEL 2

例 ・산을 내려가다(내려오다).

　　山をおりる。(○)

　　: '산을 벗어나서 거리로 돌아오다'라는 뜻을 생각할 수 있다.

　　山をくだる。(○)

　　: 단지 경로 중 내려가는 길을 나타내고 있다.

LEVEL 3

0716 ① **とうとう死刑**しけい**の判決**はんけつ**がくだった。**

재판장과 피고의 심리적인 상하 관계에서 차이가 크다는 것을 비유적으로 나타내기 때문에 이 문장에서는 「くだる」만 쓸 수 있다. 그 결과 권위자에 의해서 뭔가 중대한 사실을 통고 받는다는 뉘앙스를 포함하고 있다.

0717 받침대에서 내렸다.

台から（　　　）。

① くだった　　　　　　　　② おりた

0718 다친 손가락의 통증이 겨우 가라앉기 시작했다.

怪我をした指の痛みがやっと（　　　）きた。

① 沈んで　　　　　　　　② 引いて

0719 가을부터 겨울에 걸쳐 맑은 날이 많다.

秋から冬に（　　　）晴れた日が多い。

① わたって　　　　　　　　② かけて

0720 어젯밤부터 오늘 아침에 걸쳐 지진이 수백 번이나 일어났다.

昨夜から今朝に（　　　）地震が数百回も起こった。

① わたって　　　　　　　　② かけて

0721 그는 환경 문제에 대해 수년에 걸쳐서 논해 왔다.

彼は環境問題について数年に（　　　）論じてきた。

① わたって　　　　　　　　② かけて

0722 기름이 물 위에 번졌다.

油が水の上に（　　　）。

① 広まった　　　　　　　　② 広がった

0717 ② 台_{だい}からおりた。

'내리다'에 해당하는 말로 「くだる」는 경로가 긴 경우에만 쓴다. 이 문장처럼 경로가 짧은 것은 「おりる」를 써야 한다. 또한 사물에서 이동하는 것은 「くだる」는 쓸 수 없고, 「おりる」만 쓴다.

0718 ② 怪我_{けが}をした指_{ゆび}の痛_{いた}みがやっと引_ひいてきた。

「沈_{しず}む」는 '배가 가라앉다'와 같이 아래쪽으로 잠기는 경우, '기분이 가라앉다'의 뜻으로 쓴다. 이 문장에서 '가라앉다'는 '진정되다・사라지다'의 뜻이기 때문에 「引く」를 써야 한다.

0719 ② 秋から冬にかけて晴_はれた日_ひが多い。

날씨는 맑았다 흐렸다 하는 것이므로 「〜にかけて」가 알맞다.

Hint 「〜にわたって/〜にかけて」 ~에 걸쳐서

(1)「〜にわたって」는 기간 동안 계속 또는 그 범위는 모두라는 특징이 있다. 그러므로 '~에 걸쳐' 앞에 범위를 나타내는 말 「10年間」「数年」 등이 오면 「〜にわたって」만 쓸 수 있다.

(2)「〜にかけて」는 그 기간의 행위가 단속적으로 이루어지는 경우에 쓴다.

0720 ② 昨夜_{ゆうべ}から今朝_{けさ}にかけて地震_{じしん}が数百回_{すうひゃくかい}も起_おこった。

문장에서 지진은 계속되는 것이 아니라 일어났다가 멈췄다를 계속하는 단속적인 것이므로 「〜にかけて」가 알맞다.

0721 ① 彼は環境_{かんきょう}問題について数年_{すうねん}にわたって論_{ろん}じてきた。

'수년'이라는 말이 앞에 와서 '기간 동안 계속'이라는 뜻이 있기 때문에 「〜にわたって」가 알맞다.

0722 ② 油_{あぶら}が水_{みず}の上_{うえ}に広_{ひろ}がった。

'물'이라는 구체적인 공간이 나와 있으므로 「ひろがる」만 쓸 수 있다.

Hint 「広_{ひろ}がる/広_{ひろ}まる」 넓어지다, 번지다, 퍼지다

(1)「ひろがる」는 구체적・공간적인 경우와 추상적・사회적인 경우 양쪽 다 쓸 수 있다.

(2)「ひろまる」는 추상적・사회적인 경우만 쓸 수 있다.

(3) 양쪽 다 쓸 수 있는 경우
  例 うわさが学校中_{じゅう}にひろがる(=ひろまる)。 소문이 학교 전체에 퍼지다.
  事業_{じぎょう}の範囲_{はんい}がひろがる(=ひろまる)。 사업 범위가 넓어지다.

LEVEL 2
LEVEL 3

273

0723 연말의 백화점에는 쇼핑객으로 넘쳐난다.

年末のデパートには、買い物客で（　　）。

① こぼれる　　　　　　　　　② あふれる

0724 아침 시장은 활기로 넘쳐 있다.

朝の市場は活気に（　　）いる。

① こぼれて　　　　　　　　　② あふれて

0725 입학시험 결과를 기다리는 그녀의 얼굴은 자신감으로 넘쳐 있었다.

入学試験の発表を待つ彼女の顔は自信に（　　）いた。

① こぼれて　　　　　　　　　② あふれて

0726 비행기가 흔들려 들고 있던 주스가 넘쳤다.

飛行機がゆれて、持っていたジュースが（　　）。

① こぼれた　　　　　　　　　② あふれた

0727 황급히 옮겼기 때문에 양동이의 물이 넘쳤다.

急いで運んだので、バケツの水が（　　）。

① こぼれた　　　　　　　　　② あふれた

0728 주위 사람들에게 알려지는 것이 두려워서 잠자코 있었다.

まわりの人に知れるのを（　　）、黙っていた。

① 怖がって　　　　　　　　　② 恐れて

0723 ②**年末のデパートには、買かい物客ものきゃくであふれる。**

'사람들이 많아 넘쳐나다'의 뜻이므로 「あふれる」를 써야 한다.

> *Hint* 「**あふれる/こぼれる**」넘치다

(1) 「あふれる」는 ⓐ가득 차서 일부가 외부에 넘치다, ⓑ감정이나 그 상황의 형편 등에도 쓰여, 그러한 기분이나 분위기가 가득하다는 뜻으로 쓴다.

(2) 「こぼれる」는 ⓐ용기에 들어 있던 일부 또는 전부가 밖으로 흘러나오는 것, ⓑ눈물·웃음 등과 같이 무의식중에 나타나는 감정 표현에 쓴다. 그러나 기쁨·슬픔·자신감 등과 같이 겉으로 봐서는 알 수 없는 것이나 분위기 등에는 쓰지 않는다.

0724 ②**朝あさの市場いちばは活気かっきにあふれている。**

문장에서 '넘치다'는 그 상황의 분위기를 나타내므로 「あふれる」를 써야 한다.

0725 ②**入学試験にゅうがくしけんの発表はっぴょうを待まつ彼女の顔は自信じしんにあふれていた。**

문장에서 '자신감이 넘치다'는 겉으로 보아서는 알 수 없는 것을 나타내므로 「あふれる」를 써야 한다.

0726 ①**飛行機ひこうきがゆれて、持もっていたジュースがこぼれた。**

내용물이 들어 있는 용기가 흔들려서 넘치는 경우는 「こぼれる」를 써야 한다.

0727 ①**急いそいで運はこんだので、バケツの水がこぼれた。**

양동이에서 물이 넘쳤기 때문에 「こぼれる」를 써야 한다.

0728 ②**まわりの人に知しれるのを恐おそれて、黙だまっていた。**

주위 사람에게 알려지는 것이 걱정된다고 했기 때문에 「おそれる」가 알맞다.

> *Hint* 「**恐おそれる/怖こわがる**」두려워하다, 무서워하다

「恐れる」는 나쁜 결과가 일어나지는 않을까 걱정한다는 뜻이 있고, 「怖がる」는 그러한 뜻이 없다.

0729 뒤쪽에서 미는 바람에 겨우 만원 전철에 탈 수 있었다.

後ろから（　　　）、ようやく満員電車に乗れた。

① 押さえられて　　　　　　　　② 押されて

0730 버튼을 누르면 벨이 울립니다.

ボタンを（　　　）、ベルが鳴ります。

① 押さえると　　　　　　　　② 押すと

0731 이 서류에 도장을 눌러 주십시오.

この書類にはんを（　　　）ください。

① 押さえて　　　　　　　　② 押して

0732 창문에서 바람이 불어왔기 때문에, 순간적으로 서류를 손으로 눌렀다.

窓から風が吹きこんできたので、とっさに書類を手で

（　　　）。

① 押さえた　　　　　　　　② 押した

0733 환자가 실려 오자 의사는 손목을 눌러 맥을 짚었다.

患者が運ばれてくると、医者は手首を（　　　）脈を見た。

① 押さえて　　　　　　　　② 押して

0734 이 풀이 마르기 전에 이곳을 눌러 주세요.

このりがかわくまで、ここの所を（　　　）ください。

① 押さえて　　　　　　　　② 押して

0729　② 後ぅしろから押ぉされて、ようやく満員まんいん電車に乗のれた。

문장은 '힘을 줘서 자신의 몸과 반대쪽으로 움직이게 하는 것'을 의미하기 때문에 「おす」가 알맞다.

Hint 「押ぉす/押ぉさえる」 누르다

(1) 「おす」는 힘을 가해서 자신의 몸과 반대쪽으로 움직이게 하는 것, 눌러서 정해진 표시를 하는 것을 나타낸다.

(2) 「おさえる」는 움직이지 않도록 하는 것이나 '막거나 방지하다'의 뜻을 나타낸다.

0730　② ボタンを押ぉすと、ベルが鳴なります。

문장에서 '누르다'는 '눌러서 신호를 하다'의 뜻이므로 「おす」가 알맞다.

0731　② この書類しょるいにはんを押ぉしてください。

문장에서 '누르다'는 '눌러서 표시를 하다'의 뜻이므로 「おす」가 알맞다.

0732　① 窓まどから風かぜが吹ふきこんできたので、とっさに書類を手で押ぉさえた。

문장에서 '누르다'는 '움직이지 않도록 하다'의 뜻이므로 「おさえる」가 알맞다.

0733　① 患者かんじゃが運はこばれてくると、医者は手首てくびを押ぉさえて脈みゃくを見た。

문장에서 '누르다'는 '움직이지 않도록 하다'의 뜻이므로 「おさえる」가 알맞다.

0734　① このりがかわくまで、ここの所を押ぉさえてください。

문장에서 '누르다'는 '움직이지 않도록 하다'의 뜻이므로 「おさえる」가 알맞다.

LEVEL 1

LEVEL 2

LEVEL 3

예상과의 일치·불일치를 나타내는 부사	
相変あいかわらず	변함없이, 여전히
さすが	(예상·기대에 맞게) 과연, 역시
なるほど	(지식·정보·의견 등에) 과연, 정말
果はたして	역시, 과연
やはり	역시, 예상대로

0735 역 주변에 빵집이 늘었다.

駅の周辺にパン屋が (　　　)。

① 増した　　　　　　　　　　② 増えた

0736 과학 기술의 진보로 농업 분야에서도 새로운 품종이 늘고 있습니다.

科学技術の進歩によって、農業の分野でも新しい品種が
(　　　) います。

① 増して　　　　　　　　　　② 増えて

0737 요즈음 일본어 실력이 부쩍 늘었다.

この頃、日本語の実力がぐんと (　　　)。

① 増した　　　　　　　　　　② 増えた

0738 매일같이 지진이 일어나 강도도 횟수도 날마다 늘어났다.

毎日のように地震が起こり、強さも回数も日ごとに (　　　)
いった。

① 増して　　　　　　　　　　② 増えて

0739 일본인의 수명이 늘어서 장수국이 되었다.

日本人の寿命が (　　　)、長寿国になった。

① 伸びて　　　　　　　　　　② 増えて

0735 ②駅_{えき}の周辺_{しゅうへん}にパン屋_やが増_ふえた。

개별적으로 셀 수 있는 빵집의 개수를 표현하고 있으므로 「増える」가 알맞다.

Hint 「増_ふえる/増_ます/伸_のびる」 늘다

(1)「増える」는 사람·동물·물건 등 개별적으로 셀 수 있는 구체적인 것에 대한 수나 양을 나타낼 때 쓴다. 또한 재산이나 자산이 늘어나는 경우도 쓴다.

(2)「増す」는 스피드·신용·인기·더위·구매력·압력 등 개별적으로 셀 수 없는 추상적인 것에 대한 정도를 나타낸다.

(3)「伸びる」는 시간·거리·길이 등이 길어지는 경우, 매상이 늘어난 경우, 실력·기록이 향상된 경우 등에 쓴다.

0736 ②科学技術_{かがくぎじゅつ}の進歩_{しんぽ}によって、農業_{のうぎょう}の分野_{ぶんや}でも新_{あたら}しい品種_{ひんしゅ}が増_ふえています。

문장에서 '늘다'는 개별적으로 셀 수 있는 구체적인 것이 늘어난 것이므로 「増える」가 알맞다.

0737 ①この頃_{ころ}、日本語の実力_{じつりょく}がぐんと増_ました。

일본어 실력은 개별적으로 셀 수 없는 추상적인 것이므로 「増す」가 알맞다.

0738 ①毎日_{まいにち}のように地震_{じしん}が起_おこり、強_{つよ}さも回数_{かいすう}も日_ひごとに増_ましていった。

지진의 강도는 개별적으로 셀 수 없는 추상적인 것이므로 「増す」가 알맞다.

0739 ①日本人の寿命_{じゅみょう}が伸_のびて、長寿国_{ちょうじゅこく}になった。

'수명'은 시간적인 개념으로 길어지는 것을 뜻하므로 「伸びる」가 알맞다.

0740 신상품의 매상이 늘기 시작했다.

新商品の売り上げが (　　　) 始めた。

① 伸び　　　　　　　　　　② 増え

0741 연습을 하고 있는데도 기록이 좀처럼 늘지 않는다.

練習しているのに記録がなかなか (　　　)。

① 伸びない　　　　　　　　② 増えない

0742 문제를 계속 풀다 보니 수학 실력이 늘었어요.

問題を解き続けるうちに数学の実力が (　　　)。

① 伸びました　　　　　　　② 増えました

0743 3000볼트의 전류에 닿아 즉사했다.

3000ボルトの電流に (　　　) 即死した。

① 触って　　　　　　　　　② 触れて

0744 침대 끝이 벽과 닿는다.

ベッドの端が壁に (　　　) いる。

① 触って　　　　　　　　　② 触れて

0745 금속은 공기에 닿으면 산화한다.

金属は空気に (　　　) と酸化する。

① 触る　　　　　　　　　　② 触れる

0740 ① **新商品**しんしょうひん**の売**うり**上**あ**げが伸**の**び始**はじ**めた。**

'매상'이 늘어나는 것을 나타낼 때는「伸びる」가 알맞다.

0741 ① **練習**れんしゅう**しているのに記録**きろく**がなかなか伸**の**びない。**

기록의 향상을 나타낼 때는「伸びる」가 알맞다.

0742 ① **問題を解**と**き続**つづ**けるうちに数学**すうがく**の実力**じつりょく**が伸**の**びました。**

실력이 향상됐다는 뜻에는「伸びる」가 알맞다.

0743 ② **3000ボルトの電流**でんりゅう**に触**ふ**れて即死**そくし**した。**

문장은 객체가 전류에 닿는 것이므로「ふれる」만 쓸 수 있다.

> *Hint*「触さわる/触ふれる」닿다, 접촉하다

「ふれる」의 사용 범위가「さわる」보다 넓다.

(1)「さわる」는 주체와 객체 모두가 사람(인체)이거나 어느 한쪽이 사람(인체)이어야 한다.

(2)「ふれる」는「さわる」를 쓸 수 있는 문맥은 물론, 사람 이외의 것이 주체·객체가 되어도 쓸 수 있다.

(3) 특히「ふれる」는 대상이 고체·액체·기체·전류·인체 등에 모두 쓸 수 있는 반면「さわる」는 기체·전류·광선에는 쓸 수 없다.

0744 ② **ベッドの端**はし**が壁**かべ**に触**ふ**れている。**

사물과 사물이 서로 닿는 것은「ふれる」를 써야 한다.

0745 ② **金属**きんぞく**は空気**くうき**に触**ふ**れると酸化**さんか**する。**

닿는 대상이 '공기'라는 기체이므로「ふれる」를 써야 한다.

more	예시·환언을 나타내는 부사	
いわゆる	소위, 이른바
いわば	말하자면, 이를테면. 비유를 예시하는 부사로「~ようなものだ」와 호응하는 경우가 많다.
かえって	오히려, 도리어, (예상과) 반대로
例たとえば	예컨대, 예를 들면
つまり	결국, 즉

0746 이 기체의 화학적 성질은 특정 액체에 닿으면 폭발한다는 점이다.

この気体の化学的性質は、特定の液体に (　　　) と爆発するという点である。

① 触る　　　　　　　　　　② 触れる

0747 아버지는 새빨간 사과를 가지에서 따 주었다.

父は、まっ赤なリンゴを枝から (　　) くれた。

① 摘んで　　　　　　　　　② もいで

0748 어렸을 적에는 자주 감을 따서 먹곤 했다.

子供のころは、よく柿の実を (　　) 食べたものだ。

① 摘んで　　　　　　　　　② もいで

0749 정원의 꽃을 따 와서 테이블에 장식했다.

庭の花を (　　) きて、テーブルに飾った。

① 摘んで　　　　　　　　　② もいで

0750 빨간 딸기를 바구니에 가득 땄다.

赤いイチゴをかごにいっぱい (　　)。

① 摘んだ　　　　　　　　　② もいだ

0746 ②この気体きたいの化学的かがくてき性質せいしつは、特定とくていの液体えきたいに触ふれると爆発ばくはつするという点てんである。

닿는 대상이 '액체'이므로「ふれる」를 써야 한다.

0747 ②父は、まっ赤かなリンゴを枝えだからもいでくれた。

비교적 큰 과일을 따는 것이므로「もぐ」가 알맞다.

Hint「もぐ/摘つむ」따다

(1)「もぐ」는 사과・토마토 등 비교적 큰 과일이나 채소를 나무에서 손으로 잡아 뗄 때 쓰고, 비틀거나 하여 약간 힘을 주어 따는 느낌이 있다.

(2)「摘む」는 풀・꽃・싹・잎 등 작은 것을 하나씩 손끝으로 잡아 뜯는 것을 말하며, '뜯다'로 번역하는 경우도 많다. 또한「摘む」의 대상은 자라나는 것의 '끝쪽의 것'이라는 느낌이 있다.

0748 ②子供こどものころは、よく柿かきの実みをもいで食たべたものだ。

비교적 큰 과일을 따는 것이므로「もぐ」가 알맞다.

0749 ①庭にわの花はなを摘つんできて、テーブルに飾かざった。

비교적 작은 꽃을 따는 것이므로「摘む」가 알맞다.

0750 ①赤あかいイチゴをかごにいっぱい摘つんだ。

딸기는 비교적 작은 과일이므로「摘む」가 알맞다.

more	결론을 말하는 부사	
いずれにせよ	어차피, A든 B든, 어느 쪽으로 해도
結局けっきょく	결국, 여러 가지 있지만, 최종적으로는
どうせ	어차피, 이왕에
本来ほんらい	(당연히 그래야 한다는 뜻으로) 본래, 원래
もともと	원래, 본디. 「最初さいしょから・最初は」와 같은 뜻이다.

0751 스토브에 불이 빨갛게 타고 있었다.

ストーブに火が赤く ( ) いた。

① 燃えて ② 焦げて ③ 焼けて ④ 焼いて

0752 내 마음속에 타오르는 정열의 불은 누구도 끌 수는 없겠지요.

私の心の底に ( ) 情熱の火は、誰にも消すことはできないで
しょう。

① 燃える ② 焦げる ③ 焼ける ④ 焼く

0753 타는 쓰레기와 타지 않는 쓰레기는 잘 구별해서 내놓아 주십시오.

( ) ごみと ( ) ないごみは、きちんと区別して出してくだ
さい。

① 燃える / 燃え   ② 焦げる / 焦げ

③ 焼ける / 焼け   ④ 焼く / 焼け

0754 어렸을 때 살던 집은 화재로 타서 지금은 흔적도 없다.

幼いころの家は火事で ( ) 今は跡形もない。

① 燃えて ② 焦げて ③ 焼けて ④ 焼いて

0755 오늘은 불타는 듯한 더위다.

今日は ( ) ような暑さだ。

① 燃える ② 焦げる ③ 焼ける ④ 焼く

0751 ① **ストーブに火ひが赤あかく燃もえていた。**

문장에서 '타다'는 불이 붙어서 불꽃이 나온다는 뜻이므로 「燃える」가 알맞다.

Hint 「燃もえる/焦こげる/焼やける」 타다

(1) 「燃える」는 불이 붙어서 불꽃이 나올 때 또는 어떤 격렬한 기분이 활발하게 일어난다는 뜻을 나타낼 때 쓴다.

(2) 「焦げる」는 대상물이 열을 받아서 검게 된다는 뜻을 나타낼 때 쓴다. 대상물이 부분적이며 표면적인 특징이 있고 열이 가해진 결과가 바람직하지 못한 상태를 나타낸다.

(3) 「焼ける」는 '불에 타서 재가 되다', '굉장히 덥다', '(열을 가해서 요리·도자기 등이) 완성되다·구워지다·달다', '(일광욕 등으로) 피부가 타다·그을리다', '햇볕에 쬐어서 대상물의 색이 바래다', '가슴이 답답하다·체해서 속이 쓰리다', '질투심을 느끼다·샘이 나다', '시중 들기 힘들다·손이 가서 성가시다' 등의 뜻으로 쓴다. 대상물의 전체에 미치는 특징이 있다.

0752 ① **私の心の底そこに燃もえる情熱じょうねつの火は、誰にも消けすことはできないでしょう。**

문장에서 '타다'는 '어떤 격렬한 기분이 활발하게 일어나다'의 뜻으로 쓰였으므로 「燃える」가 알맞다.

0753 ① **燃もえるごみと燃もえないごみは、きちんと区別くべつして出たしてください。**

문장에서 '타다'는 불이 붙어서 불꽃이 나온다는 뜻이므로 「燃える」가 알맞다.

0754 ③ **幼おさないころの家いえは火事かじで焼やけて今は跡形あとかたもない。**

문장에서 '타다'는 불에 타서 재가 됐다는 뜻이므로 「焼ける」가 알맞다.

0755 ③ **今日は焼やけるような暑あつさだ。**

문장에서 '타다'는 '매우 덥다'는 뜻으로 쓰였으므로 「焼ける」가 알맞다.

0756 그는 햇볕에 타서 새까맣게 되었다.

彼は日に (　　　) 真っ黒になった。

① 燃えて　　　② 焦げて　　　③ 焼けて　　　④ 焼いて

0757 다다미 위에 점점이 탄 흔적이 있다.

畳の上に点々と (　　　) 跡がある。

① 燃えた　　　② 焦げた　　　③ 焼けた　　　④ 焼いた

0758 그렇게 불을 세게 하면 언저리만 타고 속은 구워지지 않아요.

そんなに火を強くすると、まわりだけ (　　　) 中は焼けませんよ。

① 燃えて　　　② 焦げて　　　③ 焼けて　　　④ 焼いて

0759 불에 올려놓은 것을 깜빡 잊어버려서 생선이 새까맣게 타버렸다.

火をつけっぱなしなのを忘れて、魚が真っ黒に (　　　) しまった。

① 燃えて　　　② 焦げて　　　③ 焼けて　　　④ 焼いて

0760 해커란 다른 사람의 컴퓨터에 들어가 정보를 훔치거나 파괴하거나 하는 사람을 말한다.

ハッカーとは、他人のコンピューターに (　　　)、情報を盗んだり、破壊したりする人のことを言う。

① 入り　　　　　　　　② 入り込み

③ 立ち入り　　　　　　④ 入れ込み

0756 ③ **彼は日ひに焼やけて真まっ黒くろになった。**

문장에서 '타다'는 '햇볕에 그을리다'의 뜻이므로 「焼ける」가 알맞다.

0757 ② **畳たたみの上うえに点々てんてんと焦こげた跡あとがある。**

문장에서 '타다'는 '부분적이며 표면적으로 타다'의 뜻과 열이 가해진 결과가 바람직하지 못한 상태이며, '대상물이 열을 받아서 검게 되다'의 뜻으로 쓰였으므로 「焦げる」가 알맞다.

> 참고 누룽지 : お焦こげ

0758 ② **そんなに火ひを強つよくすると、まわりだけ焦こげて中なかは焼やけませんよ。**

문장에서 '타다'는 표면적으로 탄다는 뜻과 열이 가해진 결과가 바람직하지 못한 상태라는 뜻으로 쓰였으므로 「焦げる」가 알맞다.

0759 ② **火ひをつけっぱなしなのを忘わすれて、魚さかなが真まっ黒くろに焦こげてしまった。**

문장에서 '타다'는 '부분적이며 표면적으로 타다'의 뜻과 열이 가해진 결과가 바람직하지 못한 상태이며, '대상물이 열을 받아서 검게 되다'의 뜻으로 쓰였으므로 「焦げる」가 알맞다.

0760 ② **ハッカーとは、他人たにんのコンピューターに入はいり込こみ、情報じょうほうを盗ぬすんだり、破壊はかいしたりする人のことを言う。**

'들어가'를 직역해서 「入はいり」라고 하면 사람이 진짜로 컴퓨터 안에 들어가 있는 것이 된다. 이 문장에서는 「入り込み」라고 써야 한다.

텔레비전·연예계 용어 I	
개그맨	お笑わらい芸人げいにん・お笑わらいタレント
개봉	封切ふうきり・公開こうかい
노래자랑	のど自慢じまん
루머	噂うわさ
리허설	リハーサル
립싱크	口くちパク
만담	漫才まんざい
본녹화	本番収録ほんばんしゅうろく
사극	時代劇じだいげき
성대모사	ものまね

0761 우주의 비밀을 풀기 위해서 과학자들이 관측과 연구를 계속하고 있습니다.

宇宙の謎を (　　　) ために、科学者が観測と研究を続けています。

① ほどく　　　② 解す　　　③ とく　　　④ 取る

0762 "인간은 왜 사는가?"라는 의문을 푸는 것은 무척 어렵다.

「人間はなぜ生きるのか。」という疑問を (　　　) のは、大変難しい。

① ほどく　　　② 解す　　　③ とく　　　④ 取る

0763 치안이 좋아졌으므로 정부는 야간 외출 금지령을 풀기로 했다.

治安がよくなったので、政府は夜間の外出禁止令を (　　　) ことにした。

① ほどく　　　② 解す　　　③ とく　　　④ 取る

0764 계란을 풀어 넣었다.

卵を (　　　) 入れた。

① ほどいて　　② 解して　　③ とく　　　④ 取って

0765 그녀와 오해를 풀지 못한 채로 헤어졌습니다.

彼女との誤解を (　　　) ことができないまま、別れました。

① ほどく　　　② くどく　　　③ とく　　　④ 取る

0761 ③ 宇宙うちゅうの謎なぞをとくために、科学者が観測かんそくと研究を続つづけています。

문장에서 '풀다'는 '의문에 대한 해답을 내다'의 뜻으로 쓰였기 때문에「とく」가 알맞다.

Hint「解ほどく/解ほぐす/とく」풀다

(1)「ほどく」는 끈·짐·매듭·포장·실 등 묶여 있는 것을 풀어 헤친다는 뜻으로 쓴다.

(2)「ほぐす」는 본래 부드러웠던 것이 일시적으로 딱딱해진 것(안 좋은 상태)을 푸는 것을 말한다. 즉, 엉클어진 실·삶은 계란의 노른자·생선 살·딱딱해진 밥·어깨 결림·오해와 같은 감정의 응어리 등 딱딱해져서 안 좋은 상태에 있는 것을 푸는 것을 표현할 때 쓴다.「とく」가 결과로서 '뭉친 것을 푸는 것'인데 대해「ほぐす」는 '딱딱한 것을 없애 가는 것'을 뜻한다.

(3)「とく」는 끈·짐·매듭·포장·실 등 묶여 있는 것을 풀어 헤친다는 뜻으로 이 경우는「ほどく」와 같은 뜻이다. 또한 '지금까지 이뤄지던 금지·제한·계약 등을 그만두고 자유롭게 하다', '문제나 의문에 대한 해답을 내다', '긴장·격앙된 감정·오해 등의 감정의 응어리를 풀다', '계란을 풀다', '밀가루·약·계란·풀·물감·설탕 등에 물 등을 섞어서 묽게 하다'의 뜻으로 쓰인다.

0762 ③「人間はなぜ生いきるのか。」という疑問ぎもんをとくのは、大変たいへん難むずかしい。

문장에서 '풀다'는 '의문에 대한 해답을 내다'의 뜻으로 쓰였기 때문에「とく」가 알맞다.

0763 ③ 治安ちあんがよくなったので、政府せいふは夜間やかんの外出がいしゅつ禁止令きんしれいをとく
ことにした。

문장에서 '풀다'는 '지금까지 이뤄지던 금지를 그만두고 자유롭게 하다'의 뜻으로 쓰였기 때문에「とく」가 알맞다.

0764 ③ 卵たまごをといて入いれた。

문장에서 '풀다'는 '계란을 물 등에 섞어서 묽게 하다'의 뜻으로 쓰였기 때문에「とく」가 알맞다.

0765 ③ 彼女との誤解ごかいをとくことができないまま、別わかれました。

문장에서 '풀다'는 '오해 감정'을 푸는 것이므로「とく」또는「ほぐす」를 써야 한다.

LEVEL 1　LEVEL 2　LEVEL 3

0766 긴장을 풀기 위해 심호흡을 했다.

緊張を（　　　）ために深呼吸をした。

① ほどく　　② 解す　　③ まく　　④ 取る

0767 어머니의 어깨를 두들겨서 결린 것을 풀어 드렸습니다.

母の肩をたたいて、凝りを（　　　）あげました。

① ほどいて　② 解して　③ 解いて　④ 取って

0768 그 소포의 끈을 풀어 주세요.

その包みのひもを（　　　）ください。

① ほどいて　② 解して　③ まいて　④ 取って

0769 보자기의 매듭이 단단해서 풀 수 없습니다.

ふろしきの結び目が固くて、（　　　）ません。

① とけ　　② 解せ　　③ まけ　　④ 取れ

0770 목욕으로 땀을 흘려서 피로를 풀자.

お風呂で汗を流し、一日の疲れを（　　　）。

① ほどこう　② 解そう　③ とこう　④ 取ろう

0771 얼굴 전체에 레이저를 쏴서 검버섯을 뺐어요.

顔全体にレーザーを（　　　）、シミをとりました。

① うって　　② 取って　③ 当てて　④ つけて

0766 　②緊張きんちょうを解ほぐすために深呼吸しんこきゅうをした。

문장에서 '풀다'는 긴장을 푸는 것이므로 「とく」 또는 「ほぐす」를 써야 한다.

0767 　②母の肩かたをたたいて、凝こりを解してあげました。

문장에서 '풀다'는 딱딱해진 어깨를 푸는 것이므로 「ほぐす」만 쓸 수 있다.

0768 　①その包つつみのひもをほどいてください。

문장에서 '풀다'는 포장을 풀어 헤치는 것이므로 「とく」 또는 「ほどく」만 가능하다.

0769 　①ふろしきの結むすび目めが固かたくて、とけません。

문장에서 '풀다'는 매듭을 풀어 헤치는 것이므로 「とく」 또는 「ほどく」만 가능하다.

0770 　④お風呂ふろで汗あせを流ながし、一日いちにちの疲つかれを取とろう。

문장에서 '피로를 풀다'는 '필요 없거나 방해가 되는 것을 없애다'의 뜻이기 때문에 「疲れを取る」를 써야 한다.

0771 　③顔かお全体ぜんたいにレーザーを当あてて、シミをとりました。

'레이저를 쏘다'는 「レーザーを撃うつ」라고 할 수 없다. 「撃つ」는 총 등으로 쏘는 것을 의미하며 '빛·열·바람 따위를 맞게 하다'의 뜻은 없기 때문에 「当てる」를 써야 한다.

LEVEL 1
LEVEL 2
LEVEL 3

풀다	
결린 것을 풀다	凝こりをほぐす
계란을 풀다	卵たまごをとく
금지령을 풀다	禁止令きんしれいをとく
긴장을 풀다	緊張きんちょうをとく(ほぐす)
끈을 풀다	ひもをとく(ほどく)
매듭을 풀다	結むすび目めをとく(ほどく)
비밀을 풀다	謎なぞをとく
스트레스를 풀다	ストレスを解消かいしょうする
오해를 풀다	誤解ごかいをとく(ほぐす)
의문을 풀다	疑問ぎもんをとく
코를 풀다	鼻はなをかむ
피로를 풀다	疲つかれを取とる
화를 풀다	怒いかりを鎮しずめる

0772 이번 프로젝트는 **사전조율**이 중요하다.

今回のプロジェクトは (　　　) が大事だ。

① 根回し　　　② 事前調律　　　③ 下調べ　　　④ たらい回し

0773 칭찬을 받으면 누구든지 기분이 좋아지는 **법**입니다.

誉められると誰でも嬉しくなる (　　　) です。

① もの　　　② こと　　　③ の　　　④ ほう

0774 그가 언제 올까 하고 문이 열릴 때마다 무심코 자리에서 일어나게 된다.

彼がいつ来るかと、ドアが開くたびに思わず席 (　　　) 立ってしまう。

① に　　　② で　　　③ を　　　④ が

0775 날씨만 좋다면 즐거운 여행이 되겠지요.

天気 (　　　) よければ、楽しい旅行になるでしょう。

① さえ　　　② すら　　　③ しか　　　④ ばかり

0776 서 계신 분이 계시므로 좀 더 자리를 좁혀 주시기 바랍니다.

(　　　) 方がいらっしゃいますので、もう少しお詰めください。

① お立ちです　　　　　② お立ちの

③ お立っている　　　　④ お立ちする

0772 ① 今回_{こんかい}のプロジェクトは根回_{ねまわ}しが大事_{だいじ}だ。

'사전조율'은 한자어 그대로 써서 「事前調律」이라고 쓰지 않는다. 「根回し」라고 해야 한다.

0773 ① 誉_ほめられると誰_{だれ}でも嬉_{うれ}しくなるものです。

문장에서 '법'은 '법률'을 나타내는 것이 아니므로 「法」를 쓸 수는 없다. 이 문장에서는 '보편적인 경향'을 나타내는 「もの」를 써야 한다.

Hint 309쪽 「の/こと/もの」 참조

0774 ③ 彼がいつ来るかと、ドアが開_あくたびに思_{おも}わず席_{せき}を立_たってしまう。

'자리에서'라고 했지만 「で」가 아니라 「を」를 쓴다.

0775 ① 天気_{てんき}さえよければ、楽_{たの}しい旅行_{りょこう}になるでしょう。

가정・조건 표현 「〜ば」에 호응하는 조사는 「さえ」이다.

0776 ② お立_たちの方_{かた}がいらっしゃいますので、もう少_{すこ}しお詰_つめください。

「立_たつ」의 존경 표현을 묻는 문제이다. 「お+ます형+です」형으로 바꾸면 되는데 뒤에 명사가 나올 때는 「お+ます형+の」형태로 써야 한다.

잘못 쓰기 쉬운 한・일 어휘 l

내복(内服)	下着_{したぎ}・肌着_{はだぎ}
뇌물(賂物)	賄賂_{わいろ}
단풍(丹楓)	紅葉_{もみじ・こうよう}
도화지(圖畵紙)	画用紙_{がようし}
동거(同居)	同棲_{どうせい}
매실주(梅實酒)	梅酒_{うめしゅ}
목수(木手)	大工_{だいく}
몰상식(沒常識)	非常識_{ひじょうしき}
무전취식(無錢取食)	無銭飲食_{むせんいんしょく}
미국(美國)	米国_{べいこく}
미식축구(美式蹴球)	アメリカンフットボール
발췌(拔萃)	抜粋_{ばっすい}

293

0777 입장권을 가지고 있지 않은 분은 정문에 있는 매표소에서 당일 표를 구입해 주시기 바랍니다.

入場券を（　　　）方は正面玄関の切符売り場にて当日券をお求め
ください。

① お持ちのない　　　　　　　　② お持ちでない

③ お持ちにならない　　　　　　④ お持ちなさる

0778 덕분에 올림픽에 출장했습니다.

おかげさまで、オリンピックに出場（　　　）。

① させられました　　　　　　　② なさいました

③ させていただきました　　　　④ されました

0779 일전에 찍은 사진이 나와서 선생님께 보여 드리겠습니다.

先日撮った写真ができましたので、先生に（　　　）。

① 拝見いたします　　　　　　　② お見せいたします

③ お見せになります　　　　　　④ ご覧になります

0780 오늘은 일이 많아서 빨리 돌아갈 수 있을 것 같지도 않습니다.

今日は仕事がたくさんありますので、早く（　　　）。

① 帰られるそうもございません

② 帰られそうもございません

③ 帰られるそうもいらっしゃいません

④ 帰られそうもいらっしゃいません

② **入場券_{にゅうじょうけん}をお持_もちでない方_{かた}は正面_{しょうめん}玄関_{げんかん}の切符_{きっぷ}売_うり場_ばにて当日券_{とうじつけん}をお求_{もと}めください。**

「持つ」다음에 명사가 올 경우 존경 표현은 「お持ちの」가 되고, 부정형은 「お持ちでない」이다.

③ **おかげさまで、オリンピックに出場_{しゅつじょう}させていただきました。**

일본어를 외국어로 공부하는 사람들이 어려워하는 「〜(さ)せていただく」에 관한 문제이다. 「〜(さ)せていただく」는 '상대방 덕분에 〜이 가능했다'는 표현으로, 특히 감사를 표할 때, 공식적인 자리에서 정중한 표현으로 자주 사용된다. 보기 중에서 「なさいました」 또는 「されました」를 쓰면 존경어가 되고, 「させられました」를 쓰면 자신은 올림픽에 출장하기 싫었는데 어쩔 수 없이 나갔다는 뜻이 된다.

② **先日_{せんじつ}撮_とった写真_{しゃしん}ができましたので、先生にお見_みせいたします。**

내용상 「見せる」(보이다)의 겸양 표현을 찾아야 한다. ①은 「見る」(보다)의 겸양어이고, ③은 「見せる」의 존경 표현이므로 정답이 아니다. ④는 「見る」(보다)의 존경 동사이므로 알맞지 않다.

② **今日は仕事_{しごと}がたくさんありますので、早_{はや}く帰_{かえ}られそうもございません。**

자신의 일에 대해 말하는 것이므로 「〜そうもない」의 정중어가 와야 하므로 「ござる」를 써서 표현해야 한다.

걷거나 뛰는 모양을 나타내는 말 Ⅰ	
うろうろ	(목적도 없이 이리저리 헤매는 모양) 어슬렁어슬렁
しゃなりしゃなり	(하느작거리며 모양내고 걷는 모양) 하느작하느작
ずかずか	(서슴지 않고 나아가는 모양) 쑥쑥
すたこら	(부리나케 걸어가는 모양) 후다닥
すたすた	(주위를 의식하지 않고 빨리 걷는 모습) 총총걸음으로
ずんずん	(빠른 속도로 걷는 모양) 빠르게, 척척
せかせか	(동작이 성급하여 침착하지 못한 모양) 절절, 후다닥후다닥
ぞろぞろ	(많은 사람이 줄지어 움직이는 모양) 줄줄

0781 후쿠이 선생님은 언제나 기모노를 입고 계십니다.

福井先生はいつも着物を(　　)います。

① お着になって　　　　　　② お召しして

③ 着られて　　　　　　　　④ お召しになって

0782 누가 회장으로 뽑혔는지 알고 계십니까?

誰が会長に選ばれたか(　　)。

① 存じておりますか　　　　② 存じ上げておりますか

③ ご存じですか　　　　　　④ ご存じますか

0783 우리 열차를 이용해 주셔서 감사합니다. 지금부터 승차권을 검사하겠습니다.

ご乗車ありがとうございます。ただいまより乗車券を(　　)。

① 検査いたします　　　　　② ご覧になります

③ 拝見いただきます　　　　④ 拝見いたします

0784 운전면허증은 3번 창구에서 받으시기 바랍니다.

運転免許証は三番の窓口で(　　)。

① いただいてください　　　② もらってください

③ お受け取りください　　　④ お受けしてください

0785 오늘도 경청해 주셔서 감사합니다.

本日も(　　)ありがとうございました。

① ご拝聴　　　　　　　　　② ご拝聴くださいまして

③ お聞きくださいまして　　④ ご拝見ください

0781 ④ **福井**ふくい**先生はいつも着物**きもの**をお召**め**しになっています。**

'입으시다'라고 하면 「着きる」(입다)의 존경 표현으로 바꾸면 될 것 같지만, 한 음절로
된 낱말은 「お(ご)~になる」의 표현을 쓰지 못한다. 또한 「着られる」도 「着る」의 존경
표현이기는 하지만 높이는 정도가 낮다. '입으시다'는 「召す」 또는 「お召しになる」를
써야 한다.

0782 ③ **誰が会長**かいちょう**に選**えら**ばれたかご存**ぞん**じですか。**

「知る」(알다)의 높임말은 「ご存じ」이다.

0783 ④ **ご乗車**じょうしゃ**ありがとうございます。ただいまより乗車券**じょうしゃけん**を拝見**はいけん**いた
します。**

「ご覧らんになる」는 「見る」의 존경 표현이므로 자기 자신에 대해서는 쓸 수 없는 표현
이다. 「見る」의 겸양 표현은 「拝見はいけんする」이다. 특히 열차 내에서 안내원이 승차권
을 검사할 때 직접 '승차권을 검사하겠다'는 말은 무례한 표현이 되기 때문에, '승차권
을 보다'의 겸양 표현을 써야 한다. 이 경우는 「拝見します」 「拝見いたします」 「拝見さ
せていただきます」로 표현해야 한다.

0784 ③ **運転**うんてん**免許証**めんきょしょう**は三番の窓口**まどぐち**でお受**う**け取**と**りください。**

「いただく」를 '받다'라는 뜻으로 사용할 경우는 겸양 표현이다. 따라서 윗사람이나 고
객 등에게 요청·안내를 할 때는 쓸 수 없다. 이 문장에서 '받아 주세요'라는 뜻으로는
「お受け取りください」라고 해야 한다.

0785 ③ **本日**ほんじつ**もお聞**き**きくださいましてありがとうございました。**

「拝聴はいちょう」는 「聞く」(듣다)의 겸양 표현이 아니다. 따라서 '경청해 주셔서 고맙습니
다'라는 표현은 「ご拝聴ありがとうございました」라고 하면 안 된다. 이 경우는 「お聞
きくださる」 또는 「お聞きいただく」를 써서 「お聞きくださいましてありがとうござい
ました」 또는 「お聞きいただきましてありがとうございました」라고 한다.

걷거나 뛰는 모양을 나타내는 말 Ⅱ	
ちょこちょこ	종종걸음으로 걷는 모양
つかつか	(주저하거나 사양하지 않고 나서는 모양) 성큼성큼
てくてく	(터벅터벅 걷는 모양) 터벅터벅
どたばた	(집 안에서 소란을 피우거나 발소리를 요란스럽게 내는 모양) 우당탕
とっとと	(빠른 걸음으로 걷는 모양) 냉큼
とぼとぼ	(피곤한 듯 힘없이 걷는 모양) 터벅터벅
のこのこ	(뻔뻔히 또는 형편이 어색한 자리에 태연히 나타나는 모양) 어슬렁어슬렁
のしのし	(뚱뚱하고 덩치 큰 사람, 큰 동물의 걸음걸이) 저벅저벅

0786 그는 어째서 그런 말을 한 걸까?

彼はなぜあんなことを言ったん (　　)。

① ようだ　　　② そうだ　　　③ らしい　　　④ だろう

0787 그녀는 아마도 합격할 거라고 생각합니다.

彼女はたぶん合格する (　　) と思います。

① ようだ　　　② そうだ　　　③ らしい　　　④ だろう

0788 폭우가 계속되어 강이 당장이라도 넘칠 것 같다.

大雨が続いて、川が今にも (　　)。

① 溢れるようだ　　　　　　② 溢れそうだ

③ 溢れるらしい　　　　　　④ 溢れるみたい

0789 의사 얘기로는 수술해도 낫지 않을 것 같아.

医者の話では、手術しても (　　) よ。

① 治らないようだ　　　　　② 治らないそうだ

③ 治らないだろう　　　　　④ 治らないらしい

0790 저녁때 여자 친구와 데이트 약속이 있는데, 회의가 끝날 것 같지 않아 못 만날지도 모르겠다.

夕方、彼女とデートの約束があるのだが、会議が (　　　　) そうで、会えないかもしれない。

① 終わらな　　　　　　　② 終わらなさ

③ 終わらなかった　　　　④ 終わらなく

0786　④ 彼はなぜあんなことを言いったんだろう。

추량 표현에서 의문사 「だれ」「なに」「なぜ」「どのように」 등을 동반하는 문장은 「だろう」만 쓸 수 있다.

0787　④ 彼女はたぶん合格こうかくするだろうと思おもいます。

추량 표현에서 「～と思う」 앞에 올 수 있는 것은 「だろう」뿐이다.

0788　② 大雨おおあめが続つづいて、川かわが今いまにも溢あふれそうだ。

추량 표현에서 시각적・직관적으로 포착된 목전의 상황을 나타낼 수 있는 것은 「そうだ」뿐이다.

0789　④ 医者の話では、手術しゅじゅつしても治なおらないらしいよ。

추량 표현에서 남에게 들은 정보에 기초한 추량 판단은 「～らしい」만 쓸 수 있다.

0790　② 夕方ゆうがた、彼女とデートの約束やくそくがあるのだが、会議が終おわらなさそうで、会あえないかもしれない。

추량을 나타내는 「そうだ」 앞에는 い형용사 어간이 오기 때문에 「ない」도 「なそうだ」라고 하면 안 되고, 예외적으로 「なさそうだ」가 된다.

잘못 쓰기 쉬운 한・일 어휘 II	
방석(方席)	座布団ざぶとん
대변인(代辯人)	報道官ほうどうかん
방충망(防蟲網)	網戸あみど
복권(福券)	宝たからくじ
봉투(封套)	封筒ふうとう
분장실(扮裝屋)	楽屋がくや
붕대(繃帶)	包帯ほうたい
비리(非理)	汚職おしょく
사례금(謝禮金)	礼金れいきん
살포(撒布)	散布さんぷ
상사병(相思病)	恋こいわずらい

0791 아까는 당장이라도 비가 내릴 것 같더니 이제는 활짝 개었다.

さっきは今にも雨が (　　　) だったのに、もう晴れ上がった。

① 降るよう　　② 降りそう　　③ 降るらしい　　④ 降るだろう

0792 저기 누군가 아까부터 있는 것 같아요.

あそこに誰かがさっきから (　　　) ですよ。

① いるらしい　　　　　　② いそう

③ いるだろう　　　　　　④ いるよう

0793 나 감기 걸린 것 같아.

私、風邪を (　　　)。

① 引いたそうだ　　　　　② 引いたらしい

③ 引いただろう　　　　　④ 引いたようだ

0794 이거 좀 매운 것 같다.

これ、少し味が (　　　)。

① 辛そうだ　　② 辛いらしい　　③ 辛いだろう　　④ 辛いようだ

0795 이상으로 결혼 피로연을 끝마치겠습니다.

以上をもちまして、結婚披露宴を (　　　)。

① 終わらせていただきます

② お仕舞にさせていただきます

③ お開きとさせていただきます

④ 終了させていただきます

0791 ②さっきは今にも雨が降りそうだったのに、もう晴れ上がった。

추량 표현에서 시각적·직관적으로 보이는 상황을 나타낼 수 있는 것은 「そうだ」뿐이므로 「降りそう」라고 해야 한다.

0792 ④あそこに誰かがさっきからいるようですよ。

추량 표현에서 육감으로 느끼는 것을 표현할 수 있는 것은 「～ようだ」뿐이다.

0793 ④私、風邪を引いたようだ。

추량 표현에서 자신의 신체에 대해 느낀 것은 「～ようだ」만 써서 표현할 수 있다.

0794 ④これ、少し味が辛いようだ。

추량 표현에서 촉각·미각·후각으로 느낀 것은 「～ようだ」만 쓸 수 있다.

0795 ③以上をもちまして、結婚披露宴をお開きとさせていただきます。

'끝마치겠습니다'를 직역하면 「終わらせていただきます」「お仕舞いにさせていただきます」「終了させていただきます」와 같은 말이 있지만, 결혼식에서는 금기시하는 말들이므로 이 문장에서는 적당하지 않다. 이 문장에서는 '새로 시작한다'는 뜻으로 「開く」를 써서 「お開きとさせていただきます」라고 해야 한다.

Hint 「忌み言葉」 금기어

일본에서는 결혼식 등 축하하는 자리에서 쓰면 안 되는 말들이 있다. 이러한 말을 「忌み言葉」라고 한다. '끝나다·헤어지다·떠나다·아프다·질리다·끊이다' 등의 뜻으로 사용되는 말이다. 이 경우는 다른 적당한 단어로 대체한다.

飽きる	苦しい	どける	負ける
痛い	くれぐれも	流れる	戻る
終わる	壊れる	逃げる	破れる
帰る	去る	離れる	病む
かさねがさね	死ぬ	冷える	別れる
消える	捨てる	ふたたび	割れる
切れる	出る	滅びる	

0796 술에도 여러 가지 종류가 있어서 곡물로 만든 술도 있는가 하면 채소로 만든 술도 있다고 한다.

酒にも色々あるもので、穀物から作った酒も（　　　）、野菜から
作った酒もあると言う。

① あるなら　　② あると　　③ あれば　　④ あったら

0797 자신을 믿고 남을 믿고 있기 때문에 매일 안심하고 생활하고 있습니다.

自分を信じ、他人を信じて（　　　）こそ毎日安心して生活してい
ます。

① いるなら　　② いると　　③ いれば　　④ いたら

0798 휴지도 쌓이면 산이 된다. (티끌 모아 태산이다!)

ちりも（　　　）山となる。

① 積もると　　　　　　② 積もれば
③ 積もったら　　　　　④ 積もるなら

0799 편지를 보냈더니 곧바로 답장이 왔다.

手紙を（　　　）すぐ返事がきた。

① 出すと　　② 出せば　　③ 出しても　　④ 出すなら

0800 백화점에 갔더니 공교롭게도 쉬는 날이었다.

デパートへ（　　　）あいにく休みだった。

① 行けば　　② 行くのに　　③ 行ったら　　④ 行くなら

0796 ③酒にも色々いろいろあるもので、穀物こくもつから作った酒もあれば、野菜やさいから作つくった酒もあると言う。

가정·조건 표현에서 「～も～ば、～も～」의 문형을 이루는 것은 「ば」뿐이다.

0797 ③自分じぶんを信しんじ、他人たにんを信じていればこそ毎日まいにち安心あんしんして生活していています。

가정·조건 표현에서 '～이기 때문에'라는 말을 붙여 강조하는 표현은 「～ばこそ」를 쓴다.

0798 ②ちりも積つもれば山やまとなる。

직역하여 "휴지도 쌓이면 산이 된다."는 우리나라 속담 "티끌 모아 태산!"에 해당하는 표현이다. 속담에 쓰이는 가정·조건 표현은 「～ば」이다.

0799 ①手紙てがみを出だすとすぐ返事へんじがきた。

가정·조건 표현에서 시간적으로 '바로 뒤에(곧바로)'라는 뜻으로 쓸 수 있는 가정·조건 표현은 「～と」와 「～たら」이다. 따라서 이 문장에서는 「出すと」가 알맞다.

0800 ③デパートへ行いったらあいにく休やすみだった。

가정·조건 표현에서 새롭게 안 사실, 의외의 일 등에 대한 발견을 나타내는 표현은 「～と」와 「～たら」이다. 이 문장에서는 「行ったら」를 써야 한다.

 잘못 쓰기 쉬운 한·일 어휘 Ⅲ

생일(生日)	誕生日たんじょうび
서예(書藝)	書道しょどう
성경(聖經)	聖書せいしょ
성묘(省墓)	墓参はかまいり
세탁소(洗濯所)	クリーニング屋や
소문(所聞)	噂うわさ
속담(俗談)	諺ことわざ
수영복(水泳服)	水着みずぎ
수의사	獣医じゅうい
시간강사(時間講師)	非常勤講師ひじょうきんこうし
시청(市廳)	市役所しやくしょ
식단(食單)	献立こんだて

0801 수업이 끝나면 영화 보러 갑시다.

授業が（　　　）、映画を見に行きましょう。

① 終わると　　　② 終われば　　　③ 終わったら　　④ 終わるなら

0802 나리타 특급을 탈 거라면 시간을 조사해 두는 편이 좋다.

成田エクスプレスに（　　　）、時間を調べておいたほうがいいですよ。

① 乗ると　　　② 乗ったら　　　③ 乗るなら　　　④ 乗れば

0803 어차피 시작할 거라면 빠른 편이 낫겠지요.

どうせ（　　　）、早いほうがいいのでしょう。

① 始めると　　② 始めれば　　③ 始めたら　　④ 始めるなら

0804 사원여행에 참가할 거면 내일까지 신청하시기 바랍니다.

社員旅行に参加（　　　）、明日までに申し込んでください。

① するなら　　② すると　　　③ すれば　　　④ したら

0805 신주쿠에 갈 거면 맞은편 홈에서 도쿄행 전철을 타야 해요.

新宿へ（　　　）、向こうのホームから東京行きの電車に乗らないとだめですよ。

① 行けば　　　② 行くなら　　　③ 行ったら　　　④ 行くと

0801 ③ **授業**じゅぎょう**が終**ぉ**わったら、映画**えいが**を見に行きましょう。**

가정・조건 표현에서 '같은 사람이 A를 한 후에 B를 한다'는 뜻의 문장으로, 뒷부분에 화자의 명령・의뢰 등이 있을 때는 「たら」만 쓸 수 있다.

0802 ③ **成田**なりた**エクスプレスに乗**の**るなら、時間を調**しら**べておいたほうがいいですよ。**

가정・조건 표현에서 상대방이 한 이야기를 전제로 하여, 의뢰・조언・의사・판단을 말하거나 정보 제공, 조언을 할 때는 「～なら」만 쓸 수 있다.

0803 ④ **どうせ始**はじ**めるなら、早**はや**いほうがいいのでしょう。**

가정・조건 표현에서 상대방의 말을 전제로 하여 그것에 대해 의견, 조언을 서술하고 있으므로 「なら」를 써야 한다.

0804 ① **社員旅行**しゃいんりょこう**に参加**さんか**するなら、明日までに申**もう**し込**こ**んでください。**

가정・조건 표현에서 뒷내용이 시간적으로 앞의 내용을 앞지를 경우는 「なら」를 써야 한다.

0805 ② **新宿**しんじゅく**へ行**い**くなら、向**む**こうのホームから東京行**とうきょうゆ**きの電車**でんしゃ**に乗**の**らないとだめですよ。**

가정・조건 표현에서 상대방의 말을 전제로 하여 그것에 대해 의견・조언을 서술하고 있으므로 「なら」를 써야 한다.

LEVEL 1　LEVEL 2　LEVEL 3

more **잘못 쓰기 쉬운 한・일 어휘 Ⅳ**

아군(我軍)	味方みかた
안약(眼藥)	目薬めぐすり
압정(押釘)	画鋲がびょう
애완동물(愛玩動物)	ペット
야맹증(夜盲症)	鳥目とりめ
약혼(約婚)	婚約こんやく
양산(陽傘)	日傘ひがさ
양서류(兩棲類)	両生類りょうせいるい
어부(漁夫・漁父)	漁師ぎょし
언약(言約)	口約束くちゃくそく
여론(輿論)	世論よろん
여독(旅毒)	旅たびの疲つかれ

0806 이 책 읽을 거면 빌려줄게.

この本、(　　　)、貸してあげるよ。

① 読めば　　　② 読むなら　　③ 読んだら　　④ 読むと

0807 아버지는 술도 마시지 않을 뿐더러 담배도 안 피운다.

父はお酒も (　　　)、タバコも吸わない。

① 飲まないと　　　　　　　② 飲まないなら

③ 飲まなかったら　　　　　④ 飲まなければ

0808 사진이 완성되면 부쳐 주세요.

写真が (　　　)、送ってください。

① できると　　② できれば　　③ できるなら　　④ できたら

0809 실례지만 나가타니 씨이신가요?

失礼ですが、長谷さんで (　　　)。

① ございますか　　　　　② ありますか

③ いらっしゃいますか　　④ なりますか

0810 대도시는 교통, 주택 등 여러 가지 문제를 안고 있다.

大都市は交通、住宅など、さまざまな問題を (　　　) いる。

① だいて　　　② いだて　　　③ せおって　　　④ かかえて

0806 ②**この本、読むなら、貸してあげるよ。**

가정·조건 표현에서 뒤의 사항이 시간적으로 앞의 사항을 앞지를 경우는 「なら」밖에 쓸 수 없다. 즉 「Aなら B」의 형태로 'B가 먼저이고, A가 뒤'라는 시간적 관계를 나타낼 때는 「なら」만 쓸 수 있다.

0807 ④**父はお酒も飲まなければ、タバコも吸わない。**

가정·조건 표현에서 「～も～ば、～も～」의 문형을 이루는 것은 「ば」만 쓸 수 있다.

0808 ④**写真ができたら、送ってください。**

가정·조건 표현에서 '같은 사람이 A를 한 후에 B를 한다'라는 의미의 문장으로, 뒷부분에 화자의 명령이나 의뢰 등이 있을 때는 「たら」만 쓸 수 있다.

0809 ③**失礼ですが、長谷さんでいらっしゃいますか。**

「～ござる」를 존경어로 착각하여 쓰는 경우가 많은데 「～ござる」는 존경어가 아니라 공손어이다. '~이시다'라는 존경 표현은 「～いらっしゃる」라고 해야 한다.

0810 ④**大都市は交通、住宅など、さまざまな問題をかかえている。**

문제·고민거리 등을 '안다'에 해당하는 말은 「抱える」이다.

텔레비전·연예계 용어 II	
소속사	所属事務所
시상(施賞)하다	授賞する
악플(악성 댓글)	悪質な書き込み
안방극장	お茶の間
안방극장을 매료시키다	お茶の間を魅了させる
앵커	ニュースキャスター
언론 시사회	マスコミ試写会
연예인	芸能人
음반	CD・レコード
장기자랑	隠かくし芸大会
출연료	ギャラ
코미디 프로(그램)	お笑い番組
토크쇼	トークショー

0811 나는 모리 씨가 선생님과 얘기하고 있는 것을 봤습니다.

私は森さんが先生と話している (　　　) を見ました。

① の　　　　　　② もの　　　　　③ こと　　　　　④ ほう

0812 병을 조기 발견하기 위해서는 검진을 받아야 한다.

病気を早期発見するには検診を受ける (　　　) だ。

① の　　　　　　② もの　　　　　③ こと　　　　　④ ところ

0813 상세한 조사를 하지 않고서는 전염병 대책은 세울 수 없다.

詳しい調査をしない (　　　) には、伝染病の対策は立てられない。

① の　　　　　　② もの　　　　　③ こと　　　　　④ ところ

0814 1학년은 전원 이 수업을 듣도록 되어 있다.

一年生は全員、この授業を受ける (　　　) になっている。

① の　　　　　　② もの　　　　　③ こと　　　　　④ ところ

0815 옛날에는 가뭄이 들면 바로 단수를 하곤 했다.

昔は、日照りが続くとすぐ断水した (　　　)。

① ことだ　　　　② のだ　　　　　③ ものだ　　　　④ わけだ

0816 이름은 한자로 쓸 것.

名前は漢字で書く (　　　)。

① の　　　　　　② もの　　　　　③ こと　　　　　④ ところ

① 私は森_{もり}さんが先生と話しているのを見ました。

서술부에「見る」지각동사를 썼으므로「の」를 써야 한다.

Hint 「の/こと/もの」것

(1) 서술부가「見る」「聞く」「感じる」처럼 지각동사(시각·청각·감각)일 경우는「の」
만 쓸 수 있다.

(2) 「こと」는 '~(할) 것', '~하지 말 것' 등 '충고·명령·주장·금지'를 나타낼 쓴다. '~
할 것(=필요)은 없다'라고 할 경우는「동사 현재형＋こと」「동사 현재형＋ことはな
い」의 형태로 쓴다.

(3) 「もの」는 반복되는 동작 및 과거의 경험을 회상하여 나타낼 때 쓴다. 일반적인 성
향이나 당연히 그래야 한다는 사실을 나타낼 때는「동사 현재형＋もの」의 형태로
써서 표현한다.

0812　③ 病気_{びょうき}を早期_{そうき}発見_{はっけん}するには検診_{けんしん}を受_うけることだ。

문장에서는 '진료를 받아야 한다'는 '충고'를 하고 있기 때문에「こと」를 써야 한다.

0813　③ 詳_{くわ}しい調査_{ちょうさ}をしないことには、伝染病_{でんせんびょう}の対策_{たいさく}は立_たてられな
い。

'~하지 않고서는'은「～ことには」라고 표현한다.

0814　③ 一年生_{いちねんせい}は全員_{ぜんいん}、この授業_{じゅぎょう}を受_うけることになっている。

'~하게 되어 있다'는「～ことになっている」라고 표현한다.

0815　③ 昔_{むかし}は、日照_{ひで}りが続_{つづ}くとすぐ断水_{だんすい}したものだ。

반복되는 동작 및 과거의 경험을 회상하여 나타내는 것은「もの」뿐이다.

0816　③ 名前_{なまえ}は漢字_{かんじ}で書_かくこと。

'~(할) 것'이라는 충고·명령을 나타낼 때는「동사 현재형＋こと」의 형태로 나타내야
한다.

LEVEL 1

LEVEL 2

LEVEL 3

0817 이 공원 안에서 캐치볼을 하지 말 것.

この公園内でキャッチボールをしない（　　）。

① の　　　　　② もの　　　　③ こと　　　　④ ところ

0818 환자는 의사의 태도에 민감하게 되는 법이다.

患者は医者の態度に敏感になる（　　）だ。

① の　　　　　② もの　　　　③ こと　　　　④ ほう

0819 신문은 읽었으면 깨끗이 접어 놓는 거야.

新聞は、読んだらきれいに畳んでおく（　　）だよ。

① の　　　　　② もの　　　　③ こと　　　　④ ところ

0820 내가 지금 가장 하고 싶은 것은 하루 종일 자는 것입니다.

私が今一番したい（　　）は、一日中寝る（　　）です。

① の / の　　　② もの / もの　③ の / こと　　④ こと / こと

0821 그 사진 한 장 더 뽑아 줘요.

その写真、もう一枚（　　）ください。

① 選んで　　　② 焼いて　　　③ 抜いて　　　④ 取って

0822 그녀는 넘쳐흐르는 눈물을 필사적으로 참고 있었다.

彼女はあふれてくる涙を必死に（　　）いた。

① 堪えて　　　② 忍んで　　　③ 耐えて　　　④ 我慢して

0817 ③**この公園内**こうえんない**でキャッチボールをしないこと。**

'~하지 말 것'이라는 금지를 나타낼 때는 「동사 ない형 + こと」의 형태로 써야 한다.

0818 ②**患者**かんじゃ**は医者**いしゃ**の態度**たいど**に敏感**びんかん**になるものだ。**

문장에서 '법'은 '법률'을 의미하는 것이 아니라 '본래의 성질이나 일반적인 성향'을 나타내는 말이다. 이 경우는 「동사 현재형 + もの」(~하는 법)의 형태로 나타내야 한다.

0819 ②**新聞**しんぶん**は、読**よ**んだらきれいに畳**たた**んでおくものだよ。**

당연히 그래야 한다는 기분을 나타낼 경우는 「동사 현재형 + ものだ」의 형태로 나타내야 한다.

0820 ④**私が今**いま**一番**いちばん**したいことは、一日中**いちにちじゅう**寝**ね**ることです。**

'X는 Y다' 또는 'X는 Y가 아니다'의 구문에서, X・Y의 양쪽에 체언화된 것이 올 경우, 「もの」「こと」「の」 중에서 「こと」만 쓸 수 있다.

0821 ②**その写真**しゃしん**、もう一枚**いちまい**焼**や**いてください。**

문장에서 '뽑다'는 '사진을 현상하다'의 뜻으로 쓰였기 때문에 「焼く」를 써야 한다.

0822 ①**彼女はあふれてくる涙**なみだ**を必死**ひっし**に堪**こら**えていた。**

자연적으로 그렇게 될 것 같은 생리적 현상을 억제할 경우는 「堪える」만 쓸 수 있다. 단, 「~たいのを~」(~하고 싶은 것을 ~)가 앞에 오는 경우는 「我慢がまんする」로 호응하여 쓸 수 있다.

0823 금리가 낮기 때문에 받아 쥐는 이자는 기껏해야 만 엔 정도이다.

金利が低いから、受け取る利息は（　　　）1万円ほどだ。

① 精一杯　　　　　　　　　② せいぜい

③ 少なくとも　　　　　　　④ 少しも

0824 아르바이트를 한다고 해도 1주일에 이틀이 고작이다.

アルバイトをすると言っても週二日が（　　　）だ。

① 精一杯　　　　　　　　　② せいぜい

③ 少なくとも　　　　　　　④ 少しも

0825 우동이라면 비싼 집이라 해도 기껏해야 500엔 정도겠지.

うどんなら高い店でも（　　　）500円だろう。

① せいぜい　　　　　　　　② 少なくと

③ 全然　　　　　　　　　　④ 精一杯

0826 겨울이 지나면 따뜻한 봄이 찾아온다.

冬が（　　　）暖かい春がやってくる。

① 経つと　　② 経ると　　③ 過ぎると　　④ よると

0827 지난 겨울은 정말 추웠다.

（　　　）冬は、本当に寒かった。

① 経った　　② 経た　　③ 過ぎた　　④ よった

0823 ② 金利きんりが低ひくいから、受うけ取とる利息りそくはせいぜい 1 万円ほどだ。

문장에서 '기껏해야'는 '많아도'라는 뜻으로 쓰였으므로 「せいぜい」가 알맞다.

> **Hint** 「精一杯せいいっぱい/せいぜい」 기껏해야, 고작

(1) 「せいいっぱい」는 능력·가능성의 상한선을 나타내는 것으로, '그 이상은 안 된다'는 뜻과 '다른 것을 할 여유가 없다'라는 뜻으로 쓴다.

(2) 「せいぜい」는 '아무리 열심히 해도 ~ 이상은 안 된다'고 하는 단념의 기분을 나타내기도 하고, '많아도'라는 뜻으로 쓴다.

0824 ① アルバイトをすると言っても週しゅう二日ふつかが精一杯せいいっぱいだ。

문장에서 '고작'은 능력·가능성의 상한선을 나타내는 것으로, '그 이상은 안 된다'는 뜻과 '다른 것을 할 여유가 없다'는 뜻으로 쓰였기 때문에 「精一杯」가 알맞다.

0825 ① うどんなら高い店みせでもせいぜい500円だろう。

문장에서 '기껏해야'는 '많아도'라는 의미로 쓰였으므로 「せいぜい」가 알맞다.

0826 ③ 冬が過すぎると暖あたたかい春がやってくる。

문장에서 '지나면'은 어떤 시점을 지정하는 경우에 해당하기 때문에 「すぎる」만 쓸 수 있다.

> **Hint** 「経たつ/経へる/過すぎる」 지나다

모두 '지나다'라는 뜻이지만, ⓐ어떤 시점을 지정하고, ⓑ「〜た」의 형태로 과거 사실을 나타내고, ⓒ명사를 수식하는 경우는 「すぎる」만 쓸 수 있다.

0827 ③ 過すぎた冬は、本当ほんとうに寒さむかった。

과거를 나타내고 명사를 수식하고 있기 때문에 「すぎる」를 써야 한다.

0828 그는 분명 오지 않을 것이다.

彼は (　　　) 来ない。

① 必ず　　　　② ぜひ　　　　③ きっと　　　　④ 確か

0829 안색이 안 좋기 때문에 그는 필시 병이다.

顔色が悪いから彼は (　　　) 病気だ。

① 必ず　　　　② ぜひ　　　　③ きっと　　　　④ 確か

0830 내일 꼭 찾아뵙고 싶습니다.

明日 (　　　) お伺したいんです。

① 必ず　　　　② ぜひ　　　　③ きっと　　　　④ 確か

0831 이 수프는 간 맞추기가 어렵다.

このスープは塩 (　　　) が難しい。

① 都合　　　　② 合わせ　　　　③ 加減　　　　④ 調節

0832 일본에서는 영어가 전혀 통하지 않아 무척 고생했다.

日本では英語がまったく (　　　)、大変苦労した。

① 通じなくて　　　　　　② 通らなくて

③ 通さなくて　　　　　　④ 通わなくて

0828 ③ **彼はきっと来てこない。**

문장이 부정문이므로「きっと」를 쓴다.

Hint 「**必かならず / きっと / ぜひ**」반드시, 꼭, 분명히

(1) 명백한 논리에 따라 어떤 결과가 얻어질 때는「かならず」만 쓸 수 있다.

(2) 어떤 근거에 의한 판단·조건에 대한 화자의 확신을 나타낼 때는「必ず」「きっと」를 쓴다.

(3) 불확정 요소를 포함하는 서술어와 호응하여 화자의 추량, 희망의 기분을 나타낼 때는「きっと」가 가장 적당하며「必ず」도 가능하지만「ぜひ」는 불가능하다.

(4) 근거에 의한 판단·조건에 대한 화자의 확신을 나타낼 때, 판단의 내용이 동작이 아니라 상태인 경우, 그리고 부정문일 경우는「きっと」만 쓸 수 있다.

(5) 단정적으로 '꼭 ~하고 싶다'와 같이 말하는 사람이 강한 희망을 나타낼 때는「ぜひ ~たい」의 표현이 가장 알맞다.

0829 ③ **顔色かおいろが悪わるいから彼はきっと病気びょうきだ。**

어떤 근거에 의한 판단·조건에 대한 화자의 확신을 나타내고, 판단의 근거가 상태이기 때문에「きっと」만 쓸 수 있다.

0830 ② **明日あしたぜひお伺うかがいしたいんです。**

단정적으로 말하는 사람의 '강한 희망'을 나타내고 있기 때문에「ぜひ~たい」의 표현이 가장 알맞다.

0831 ③ **このスープは塩しお加減かげんが難むずしい。**

'간 맞추기'를 표현하려면 정도를 나타내는「加減」을 써야 한다.

0832 ① **日本では英語がまったく通つうじなくて、大変たいへん苦労くろうした。**

상대방이 말을 이해하지 못한다는 뜻이므로「通じる」를 써서 표현해야 한다.

Hint 261쪽「**通とおる / 通つうじる / 通とおす**」참조

0833 오늘 밤부터 내일에 걸쳐 쓰나미가 발생할 우려가 있으므로 주의하시기 바랍니다.

今夜から明日に (　　) 津波の恐れがあるので、注意してください。

① かかって　　② かけて　　③ わたして　　④ わたって

0834 낮은 산이라고 얕보았다가 조난당했다.

低い山と (　　) 遭難した。

① 見さげて　　② 見くだして　　③ さげすんで　　④ 見くびって

0835 상대편 타자의 타력을 얕보았다가 안타를 맞았다.

相手の打者の打力を (　　) 打たれた。

① 見さげて　　　　　　② 見くだして

③ さげすんで　　　　　④ 見くびって

0836 비열한 남자라고 멸시당했다.

卑劣な男と (　　)。

① 見さげられた　　　　② 見くだされた

③ 見くびられた　　　　④ 侮られた

0837 저출산의 영향으로 유모차의 판매량도 줄었다고 한다.

(　　) の影響で、乳母車の販売量も減ったと言う。

① 低出産　　② 高齢化　　③ 少子化　　④ 多産化

0833 ② 今夜こんやから明日あすにかけて津波つなみの恐おそれがあるので、注意ちゅういしてください。

문장에서 쓰나미는 계속되는 것이 아니라 일어났다 멈추었다 하는 단속적인 것이므로「かけて」를 써야 한다.

Hint 273쪽「～にわたって／～にかけて」참조

0834 ④ 低ひくい山やまと見みくびって遭難そうなんした。

문장에서 대상이 사람이 아니기 때문에「見くびる」를 써야 한다. 통侮あなどる

Hint 「見みさげる／見みくだす／さげすむ／見みくびる／侮あなどる」얕보다, 깔보다

(1) 대상이 사람인 경우「見さげる」「見くだす」「さげすむ」를 쓸 수 있다. 단, 사람이 대상이라도 사람의 능력 또는 기량을 나타낼 때는 쓸 수 없다. 또한 성품에 대해 말할 경우는「見さげる」와「さげすむ」만 쓸 수 있다.

(2) 대상이 사람이 아닌 경우는「見くびる」「侮る」만 쓸 수 있다. 단, 사람이 대상이라도 능력 또는 기량을 나타낼 때는「見くびる」「侮る」를 쓴다.

0835 ④ 相手あいての打者だしゃの打力だりょくを見みくびって打うたれた。

사람이 지니고 있는 능력이나 기량을 대상으로 하기 때문에「見くびる」를 써야 한다. 통侮あなどる

0836 ① 卑劣ひれつな男おとこと見みさげられた。

성품에 대해 말할 경우는「見さげる」와「さげすむ」만 쓸 수 있다.

0837 ③ 少子化しょうしかの影響えいきょうで、乳母車うばぐるまの販売量はんばいりょうも減へったと言いう。

'저출산'은「少子化」라고 한다.

0838 나이가 든 탓인지 뭘 해도 귀찮다.

年とったせいか、何をするのも (　　　)。

① まぎらわしい　　　　　② なやましい

③ みすぼらしい　　　　　④ わずらわしい

0839 스마트폰으로 동영상을 보면서 걷는 것은 매우 위험합니다.

スマートフォンで (　　　) を見ながら歩くのは大変危険です。

① 動映像　　　② 動映画　　　③ 動画面　　　④ 動画

0840 네가 준 진통제, 어제 먹어보는데, 확실히 잘 듣는 것 같아.

君にもらった痛み止めの薬、昨日飲んでみたが、確かによく

(　　　)。

① 効くそうだ　　　　　② 効くらしい

③ 効くだろう　　　　　④ 効くようだ

0841 내가 생각한 대로 그는 오지 않을 것 같다.

僕が思った通り、彼は来ない (　　　)。

① そうだ　　　② らしい　　　③ みたい　　　④ ようだ

0842 그는 영어도 말할 수 있을 뿐더러 독일어도 말할 수 있습니다.

彼は英語も (　　　) ドイツ語も話せます。

① 話すと　　　② 話せば　　　③ 話したら　　　④ 話すなら

0838　④年とっとったせいか、何をするのもわずらわしい。

'귀찮다'에 해당하는 형용사는「わずらわしい」이다.

> 참고 헷갈리기 쉽다·혼동하기 쉽다 : まぎらわしい, 괴롭다·고통스럽다 : なやましい, 초라하다·볼품 없다 : みすぼらしい

0839　④スマートフォンで動画どうがを見ながら歩あるくのは大変たいへん危険きけんです。

'동영상'은 한자어 그대로「動映像」으로 쓰면 안 된다.

0840　④君にもらった痛いたみ止とめの薬くすり、昨日きのう飲のんでみたが、確たしかによく効きく ようだ。

화자 자신의 체험 결과를 나타내는 경우,「동사 기본형 + ようだ」로 표현한다.

0841　④僕ぼくが思った通とおり、彼は来ないようだ。

자기 자신의 추론을 강조할 때는「ようだ」를 써야 한다.

0842　②彼は英語も話はなせばドイツ語ごも話せます。

가정·조건 표현에서 같은 종류의 것을 열거하는 데 쓸 수 있는 것은「ば」뿐이다.

more	잘못 쓰기 쉬운 한·일 어휘 V	
	우회전(右回轉)	右折うせつ
	위협(威脅)	脅威きょうい
	위협사격(威脅射擊)	威嚇いかく射撃しゃげき
	원전(原電)	原発げんぱつ
	은신처(隱身處)	隠かくれ家が
	이인자(二人者)	ナンバーツー・二番手にばんて
	예식장(禮式場)	結婚式場けっこんしきじょう
	외환(外換)	為替かわせ
	우비(雨備)	雨具あまぐ
	우울증(憂鬱症)	うつ病びょう
	우체국(郵遞局)	郵便局ゆうびんきょく
	유부남(有婦男)	妻つまのある男性だんせい
	유부녀(有夫女)	人妻ひとづま

0843 어렸을 적에 나는 자주 이곳에 와서 놀곤 했었다.

子供のころ、私はよくここへ来て遊んだ (　　　)。

① ものだ　　　② ことだ　　　③ つもりだ　　　④ そうだ

0844 가장 피해가 컸던 자치단체에 **성금**이 보내졌다.

最も被害の大きかった自治体に(　　　) が送られた。

① 誠金　　　② 献金　　　③ 寄付金　　　④ 支援金

0845 부실 공사로 **입주민**의 항의가 빗발치고 있다.

手抜き工事で (　　　) の抗議がとても激しい。

① 入住民　　　② 入住者　　　③ 入居者　　　④ 住居者

0846 이 가게는 회도 맛있지만 고추냉이의 **톡 쏘는** 맛이 일품이다.

この店は刺身もおいしいが、わさびの (　　　) 味が絶品だ。

① つんと打つ　　　　　　② つんと刺す

③ つんとくる　　　　　　④ つんとつく

0847 퍼레이드를 보려고 사람들은 미리부터 **자리**를 깔고 앉았다.

パレードを見ようと、人々は前もって、(　　　) を敷いて
座った。

① 席　　　　　　　　② 椅子

③ レジャーシート　　　④ ポリシート

0843 ① 子供^{こども}のころ、私^{わたし}はよくここへ来^きて遊^{あそ}んだものだ。

형식명사 중에서 과거의 회상을 나타내는 용법으로 쓰이는 것은「もの」뿐이다. 이 경우 '~하곤 했었다'로 번역한다.

0844 ③ 最^{もっと}も被害^{ひがい}の大^{おお}きかった自治体^{じちたい}に寄付金^{きふきん}が送^{おく}られた。

「誠金」이라는 말은 쓰지 않는다.

0845 ③ 手抜^{てぬ}き工事^{こうじ}で入居者^{にゅうきょしゃ}の抗議^{こうぎ}がとても激^{はげ}しい。

'입주민'을 한자어 그대로 써서「入住民」이라고는 하지 않는 데 주의해야 한다.

0846 ③ この店^{みせ}は刺身^{さしみ}もおいしいが、わさびのつんとくる味^{あじ}が絶品^{ぜっぴん}だ。

'톡 쏘다'는 냄새가 강하게 코를 자극한다는 뜻이므로「つんとくる」를 써야 한다.

0847 ③ パレードを見^みようと、人々^{ひとびと}は前^{まえ}もって、レジャーシートを敷^しいて座^{すわ}った。

문장에서 '자리'는 주로 레저 활동 등에 사용하는 깔개를 뜻하므로「レジャーシート」를 써야 한다.

잘못 쓰기 쉬운 한·일 어휘 VI

의심(疑心)	疑^{うたが}い
의절(義絶)	勘当^{かんどう}
의치(義歯)	入歯^{いれば}
이발소(理髪所)	床屋^{とこや}・理髪店^{りはつてん}
이별(離別)	別^{わか}れ
인주(印朱)	印肉^{いんにく}・朱肉^{しゅにく}
일기예보(日氣豫報)	天気予報^{てんきよほう}
일전(日前)	先日^{せんじつ}
임원(任員)	役員^{やくいん}
자극(刺戟)	刺激^{しげき}
자칭 타칭(自稱他稱)	自他^{じた} ともに
장갑(掌匣)	手袋^{てぶくろ}

0848 사고 소식을 접한 순간 가슴이 무너졌다.

事故のニュースを聞いた瞬間、胸が (　　　)。

① 崩れた　　　　　　　　　　② 破壊された

③ 壊れた　　　　　　　　　　④ はり裂けた

0849 주식시장이 무너지면서 나라 경제가 흔들리고 있다.

株式市場が (　　　) と同時に、国の経済が揺れている。

① 崩れる　　　　　　　　　　② 傾く

③ 倒れる　　　　　　　　　　④ はり裂ける

0850 절은 향을 피우는 냄새로 가득했다.

お寺は香を (　　　) 匂いで満ちていた。

① 立てる　　　　　　　　　　② 起す

③ 咲かす　　　　　　　　　　④ 焚く

0848 ④ **事故**じこ**のニュースを聞**き**いた瞬間**しゅんかん**、胸**むね**がはり裂**さ**けた。**

문장에서 '무너지다'는 '슬픔이 너무나도 클 때 느끼는 감정'을 뜻하는 동사인 「はり裂ける」를 써야 한다.

0849 ② **株式市場**かぶしきしじょう**が傾**かたむ**くと同時**どうじ**に、国**くに**の経済**けいざい**が揺**ゆ**れている。**

문장에서 '무너지다'는 '기운이 쇠하다'를 뜻하는 동사인 「傾く」를 써야 한다.

0850 ④ **お寺**てら**は香**こう**を焚**た**く匂**にお**いで満**み**ちていた。**

'향을 피우다'는 「香を焚く」라고 한다.

more

피우다	
게으름 피우다	怠なまける・怠おこたる・サボる
꽃을 피우다	花はなを咲さかせる
담배를 피우다	タバコを吸すう
말썽을 피우다	問題もんだいを起おこす
먼지를 피우다	ほこりを立たてる
모기향을 피우다	蚊取かとり線香せんこうを焚たく
바람피우다	浮気うわきをする
소란 피우다	騒さわぐ
술 냄새를 피우다	酒さけの匂においを匂におわす
불을 피우다	火を起す
향을 피우다	香こうを焚たく

0851 미일 정상회담에서 개발도상국에 대한 차관 문제가 논의되었다.

日米の (　　　) で開発途上国に対する借款問題が話し合われた。

⋯▸ _____

0852 올해는 마른장마(비가 별로 오지 않은 장마)여서 물 부족이 걱정이다.

今年は (　　　) なので水不足が心配だ。

⋯▸ _____

0853 뭐든지 말해 보세요. 소원을 들어줄게요.

何でも言ってみてください。願いを (　　　) やります。

⋯▸ _____

0854 몸이 불편한 사람이 뛰어난 능력을 발휘하는 경우가 많다.

体の (　　　) 人が優れた能力を出すことが多い。

⋯▸ _____

0855 안마를 해드렸더니 엄마는 "시원하다."고 말했다.

あんまをしてあげたら、母は、「 (　　　) 。」と言った。

⋯▸ _____

0856 팔자걸음이 고민입니다.

(　　　) が悩みです。

⋯▸ _____

0851 日米にちべいの首脳しゅのう会談かいだんで開発途上国かいはつとじょうこくに対たいする借款しゃっかん問題が話し合われた。

'정상(頂上)'에 해당하는 말은「首脳しゅのう」이다.

0852 今年ことしは空梅雨からつゆなので水不足みずぶそくが心配だ。

'마른장마'는「空梅雨」라고 하는데, 이때「空」는 '형식 뿐이고 진정한 내용물은 없다, 효과가 없다'는 뜻이다.

0853 何でも言ってみてください。願ねがいを叶かなえてやります。

문장에서 '들어주다'는 이야기를 들어주는 것이 아니라, 소원을 이루어 준다는 말이므로「叶えてやる」를 써야 한다.

0854 体の不自由ふじゆうな人が優すぐれた能力のうりょくを出だすことが多い。

우리말의 '불편하다'는 신체적인 불편, 정신적인 불편, 생활의 불편 등 매우 다양하게 쓰이지만, 일본어의「不便ふべん」은 신체적인 불편이나 정신적인 불편에 대해서는 잘 쓰이지 않는다. 특히 신체적으로 불편한 경우에는 자유롭지 못하다는 뜻으로「不自由ふじゆう」를 써야 한다.

0855 あんまをしてあげたら、母は、「効きく。」と言った。

문장에서 '시원하다'는 '안마를 한 효과가 있다'는 뜻이므로「効く」를 써야 한다. 또다른 표현으로는 '몸이 개운해졌다'는 뜻으로「気持きもちいい」를 쓰기도 한다.

0856 外股そとまたが悩なやみです。

발끝을 바깥쪽으로 벌리고 걷는 걸음을 '팔자걸음'이라고 하는데, 일본어로는「外股」또는「外輪そとわ」라고 한다. 반대로 '안짱다리 걸음'은「内股うちまた」또는「内輪うちわ」라고 한다.

서고, 쓰러지고, 멈추는 동작을 나타내는 말	
さっと	(재빨리 일어나는 모양) 냉큼
すっくと	(순간적으로 재빨리 일어서는 모양) 벌떡
のっそり	(동작이 둔하고 행동이 느릿느릿한 모양) 느릿느릿
ばったり	(아무 예고도 없이 갑자기 쓰러지는 모양) 탁, 푹
ぴたっと	(계속되던 것이 갑자기 멈추는 모양) 딱
ふっと	(무슨 까닭도 없이 갑자기 멈추는 모양) 문득
むくむく	(부스스 일어나는 모양) 쑥, 부스스
むっくり	(갑자기 일어서는 모양) 벌떡

0857 향학열에 타오르는 그는 낮에는 일하고, 밤에는 야간 고등학교에 다녔다.

（　　　）に燃える彼は、昼は働き、夜は夜間高校に通った。

…▸ _____

0858 아버지는 해방 이듬해, 즉 1946년에 태어나셨다.

父は（　　　）の翌年、つまり1946年に生まれた。

…▸ _____

0859 갑자기 화재경보기가 울려서 깜짝 놀랐다.

いきなり火災（　　　）が鳴ってびっくりした。

…▸ _____

0860 선진국에 온실가스 배출 감축을 의무화하는 교토의정서가 드디어 발효되었다.

先進国に温室効果ガスの排出（　　　　）を義務づける「京都議定書」がようやく発行された。

…▸ _____

0861 그의 발언은 개각 가능성을 염두에 둔 것이었다.

彼の発言は（　　　）の可能性を念頭においたものである。

…▸ _____

0862 힘껏 방망이를 휘둘렀으나 헛스윙이었다.

思い切りバットを振ったが、（　　　）だった。

…▸ _____

0857　向学心こうがくしんに燃もえる彼は、昼ひるは働はたらき、夜よるは夜間やかん高校に通かよった。

0858　父は終戦しゅうせんの翌年よくとし、つまり1946年に生うまれた。

우리말의 '해방'은 일제강점기에서 벗어난 때를 말하지만, 일본에서는 제2차 세계대전이 끝난 해라는 뜻으로「終戦」이라고 표현한다.

0859　いきなり火災かさい報知機ほうちきが鳴なってびっくりした。

'화재 경보기'는「火災報知機」라고 한다.

0860　先進国せんしんこくに温室おんしつ効果こうかガスの排出はいしゅつ削減さくげんを義務ぎむづける「京都きょうと議定書ぎていしょ」がようやく発行はっこうされた。

'덜어서 줄이다'라는 뜻의 '감축'은「削減」을 쓴다.

0861　彼の発言はつげんは内閣改造ないかくかいぞうの可能性かのうせいを念頭ねんとうにおいたものである。

'개각'은「内閣改造」라고 한다.

0862　思おもい切きりバットを振ふったが、空振からぶりだった。

'헛스윙'은「スイング」를 붙여서 쓰지 않고, '휘두름'이라는 뜻의「振ふり」를 붙여「空振からぶり」라고 한다.

LEVEL 1

LEVEL 2

LEVEL 3

헛~	
헛돎, 공전	空回からまわり・空轉くうてん
헛들음, 잘못 들음	空耳そらみみ
헛봄	空目そらめ
헛소동	空騒からさわぎ
헛스윙	空振からぶり

0863 대학 입시 **경쟁률**이 신문에 실리는 것은 언제쯤입니까?

大学入試の (　　　) が新聞に記載されるのはいつ頃ですか。

⋯▸ _____

0864 열쇠는 어른이 까치발을 해야 겨우 손이 닿을 수 있는 곳에 숨겨 놓았다.

鍵は、大人が (　　　) をしてようやく手が届くところに隠しておいた。

⋯▸ _____

0865 전문성이 결여된 낙하산 인사는 기업의 효율성을 크게 떨어뜨린다.

専門性の劣る (　　　) 人事は、企業の効率を落とす。

⋯▸ _____

0866 대선 직전에 여야 간 충돌이 발생했다.

(　　　) の直前に与野間の衝突が起きた。

⋯▸ _____

0867 그는 독불장군이라 모두가 싫어한다.

彼は (　　　) だから、みんなに嫌われる。

⋯▸ _____

0868 그는 대법원 판결로 의원직을 상실했다.

彼は (　　　) の判決で議員職を失った。

⋯▸ _____

0863 大学だいがく**入試**にゅうしの**倍率**ばいりつが新聞に記載きさい**されるのはいつ頃**ころ**ですか。**

대학 입시의 '경쟁률'은 「倍率」라고 한다. 경쟁률이 ○대 ○이라고 할 때는 「～倍」라고 표현한다.

> **참고** 합격선 : ボーダーライン, 커트라인 : カットライン

0864 **鍵**かぎ**は、大人**おとな**が背伸**せのび**をしてようやく手**て**が届**とど**くところに隠**かく**しておいた。**

'까치발'은 '발돋움'의 뜻으로 「背伸び」를 써야 한다.

0865 **専門性**せんもんせいの**劣**おと**る天下**あまくだ**り人事**じんじ**は、企業**ぎぎょう**の効率**こうりつ**を落**お**とす。**

'낙하산 인사'란 '상급 관청이나 상관의 강압적인 명령이나 지시에 따라 퇴직한 고급 관리가 관련 단체나 민간 회사의 좋은 자리에 취직하는 것'을 말하는데 우리말과 느낌은 비슷해서 「天下り」라고 한다.

0866 **大統領**だいとうりょう**選挙**せんきょ**の直前**ちょくぜん**に与野間**よやかん**の衝突**しょうとつ**が起**お**きた。**

우리는 '대통령 선거'를 줄여서 '대선'이라고 표현하지만 일본어에서는 줄여서 표현하지 않는다.

0867 **彼はワンマンだから、みんなに嫌**きら**われる。**

'독불장군'은 영어 표현을 써서 「ワンマン(one-man)」이라고 한다.

0868 **彼は最高**さいこう**裁判所**さいばんしょ**の判決**はんけつ**で議員職**ぎいんしょく**を失**うしな**った。**

'대법원'을 직역하여 「大法院」이라는 말은 쓰지 않고, 「最高裁判所」라고 한다.

법원 용어	
가정법원	家庭かてい裁判所さいばんしょ
검찰총장	検事総長けんじそうちょう
고등법원	高等こうとう裁判所
대검찰청	最高さいこう検察庁けんさつちょう
대법원	最高裁判所
지방법원	地方ちほう裁判所

329

0869 스기야마 씨, 이 길은 붐비니까 뒷길로 달려요.

杉山さん、この道は込んでいますから、(　　　) を走りま
しょう。

…▸

0870 어제는 뒷산에 도토리를 주우러 갔습니다.

昨日は (　　　) へどんぐり拾いに行きました。

…▸

0871 도둑은 아무래도 뒷문으로 들어온 것 같다.

どろぼうはどうも (　　　) から入ったらしい。

…▸

0872 왜 그가 사장으로 승진했는지 뒷이야기를 알고 있습니까?

どうして彼が社長に昇進したのか、(　　　) を知っていますか。

…▸

0873 8회 말에 8 대 1, 시합의 대세는 거의 정해졌다.

8回 (　　　) で8対1、試合の大勢はほぼ決まった。

…▸

0874 지금 등교거부가 사회문제가 되고 있다.

今 (　　　) が社会問題になっている。

…▸

330

0869 杉山すぎやまさん、この道は込こんでいますから、裏通うらどおりを走はしりましょう。

「うしろ」는「前」의 상대가 되는 말이고,「裏」는「表おもて」의 상대가 되는 말이다. '앞길'은「表通おもてどおり」, '뒷길'은「裏通り」이다.

0870 昨日は裏山うらやまへどんぐり拾ひろいに行きました。

「表山おもてやま」(앞산)와「裏山」(뒷산)는 서로 상대가 되는 말이다.

0871 どろぼうはどうも裏門うらもんから入ったらしい。

「表門おもてもん」(앞문)과「裏門」(뒷문)은 서로 상대가 되는 말이다.

0872 どうして彼が社長しゃちょう昇進しょうしんしたのか、裏話うらばなしを知しっていますか。

「表門おもてばなし」(겉으로 드러난 이야기)와「裏話」(뒷이야기)는 서로 상대가 되는 말이다.

0873 8回はちかい裏うらで8対たい1、試合しあいの大勢たいせいはほぼ決きまった。

야구에서 '(~회)말'은「末まっ」이 아니라「裏」이다.

> 참고 (~회)초 : 表おもて

0874 今いま不登校ふとうこうが社会しゃかい問題もんだいになっている。

'등교 거부'는「登校拒否」가 아니라「不登校ふとうこう」라고 한다.

 잘못 쓰기 쉬운 한·일 어휘 Ⅶ

장례식(葬禮式)	葬式そうしき
재수생(再修生)	浪人ろうにん
재활용(再活用)	リサイクル
재활치료(再活治療)	リハビリ、リハビリテーション(rehabilitation)의 준말
전당포(典當鋪)	質屋しちや
전형(銓衡)	選考せんこう
정답(正答)	正解せいかい
정체(停滯)	渋滞じゅうたい
제사(祭祀)	法師ほうじ・法会ほうえ
조교(助敎)	助手じょしゅ
조상(祖上)	祖先せんぞ
좌회전(左回転)	左折させつ

0875 이번 재해로 인해 희생된 분들께 묵념을 올리고자 합니다.

今回の災害の犠牲者に（　　　　）を捧げたいと思います。

⋯▶ _____

0876 컵과 뜨거운 물만 있으면 맛있는 레귤러커피를 즐길 수 있다.

カップと（　　　　）さえあればおいしいレギュラーコーヒーが楽しめる。

⋯▶ _____

0877 물을 끓여서 차를 내 주세요.

（　　　　）を沸かしてお茶を出してください。

⋯▶ _____

0878 이 온천물은 신경통에 잘 듣는다고 한다.

この温泉の（　　　　）は神経痛によく効くという。

⋯▶ _____

0879 따뜻한 물에 잠겨 있으면 하루의 피로가 풀린다.

（　　　　）に浸かっていると、一日の疲れが取れる。

⋯▶ _____

0880 물이 오염되어서 생수를 사서 마셔야 하는 시대가 되었다.

（　　　　）が汚染されて、（　　　　）を買って飲む時代になった。

⋯▶ _____

0875 　今回こんかいの災害さいがいの犠牲者ぎせいしゃに黙祷もくとうを捧ささげたいと思おもいます。

0876 　カップとお湯ゆさえあればおいしいレギュラーコーヒーが楽たのしめる。

Hint 「水みず/湯ゆ」물

우리말로는 '물'이라고 하면 '뜨거운 물'과 '차가운 물', '따뜻한 물' 등으로 종류만 나누어서 말하면 되지만 일본어는 단어 자체가 따로 있다.

(1)「水」는 차가운 성질을 가진 물, 즉 냉수를 뜻한다.

(2)「湯」는 뜨거운 물(더운 물), 즉 '가열하여 데운 물'이다.「湯」에는 불로 뜨겁게 한 물, 목욕물, 대중목욕탕 등의 뜻이 있다. 따라서 '뜨거운 물'은「熱あつい水みず」라고 하면 안 되고「湯」라고 해야 한다.「お湯が沸わく」(물이 끓다)「湯を沸わかす」(물을 끓이다) 형태로 쓴다. '순간온수기'는「湯沸ゆわかし器き」라고 한다.

(3) 시판하는 '생수'는「天然水てんねんすい」또는「ミネラルウオーター」라고 한다.

(4)「生水なまみず」는 '끓이지 않은 물'을 가리키므로 주의한다.

0877 　湯ゆを沸わかしてお茶ちゃを出だしてください。
　　　문장에서 '물'은 '불로 뜨겁게 한 물'이므로「湯ゆ」를 써야 한다.

0878 　この温泉おんせんの湯ゆは神経痛しんけいつうによく効きくという。
　　　문장에서 '물'은 '불로 뜨겁게 한 물'이므로「湯ゆ」를 써야 한다.

0879 　温あたたかい湯ゆに浸つかっていると、一日いちにちの疲つかれが取とれる。
　　　문장에서 '물'은 '불로 뜨겁게 한 물'이므로「湯ゆ」를 써야 한다.

0880 　水みずが汚染おせんされて、天然水てんねんすいを買かって飲のむ時代じだいになった。

먹고, 마시고, 빠는 동작을 나타내는 말 I	
がつがつ	(마구 탐내듯이 먹는 모양) 걸근걸근
がぶがぶ	(액체를 많이 기운차게 마시는 모양) 벌떡벌떡
がぶっと	(입을 크게 벌리고 한입에 넣는 모양) 꿀떡
がりがり	(단단한 것을 소리 내어 깨물어 먹는 모양) 어적어적
ごくごく	(액체를 연속적으로 마시는 모양) 꿀꺽꿀꺽
こりこり	(조금 질긴 것을 씹는 모양) 졸깃졸깃
ごりごり	(아주 단단한 것을 깨무는 모양) 버걱버걱
すぱすぱ	(담배를 계속해서 빠는 모양) 뻐끔뻐끔, 뻑뻑
ちびちび	(조금씩 마시는 모양) 홀짝홀짝

0881 민법 90조에서는 미풍양속에 반하는 계약은 무효라고 규정하고 있다.

民法90条では、(　　　) に反する契約は無効であると規定して
いる。

…▸ _____

0882 이번 사고의 원인은 부실 공사 때문이라고 한다.

今回の事故の原因は (　　　) のためだという。

…▸ _____

0883 환경을 지키기 위해서는 분리수거를 철저히 하는 것이 중요합니다.

環境を守るには (　　　) を徹底することが大事です。

…▸ _____

0884 여배우는 분장실에서 화장을 고쳤다.

女優は (　　　) で化粧を直した。

…▸ _____

0885 저는 사극을 좋아합니다.

私は (　　　) が好きです。

…▸ _____

0886 나는 새가슴이 콤플렉스다.

私は (　　　) がコンプレックスだ。

…▸ _____

0881 民法みんぽう90条じょうでは、公序良俗こうじょりょうぞくに反はんする契約けいやくは無効むこうである
と規定きていしている。

‘공공질서’를 나타내는「公序」과「良俗」을 함께 써서 ‘미풍양속’의 뜻이 된다.

0882 今回こんかいの事故じこの原因げんいんは手抜てぬき工事こうじのためだという。

「手抜てぬき」는 어떤 절차를 생략하고 한다는 뜻으로 ‘대충대충, 날림’의 뜻을 표현하
는 데 쓴다.

0883 環境かんきょうを守まもるには分別収集ぶんべつしゅうしゅうを徹底てっていすることが大事だいじです。

‘분리수거’를 표현할 때는「分別」를 써서 나타낸다.

0884 女優じょゆうは楽屋がくやで化粧けしょうを直なおした。

‘분장실(扮装室)’은 한자어를 그대로 쓸 수 없고「楽屋」를 쓴다.

0885 私は時代劇じだいげきが好すきです。

‘사극’은 우리말로도 쓰는 ‘시대극’이라는 한자어를 그대로 써서「時代劇」라고 한다.

0886 私は鳩胸はとむねがコンプレックスだ。

‘새가슴’을 표현할 때는「鳩はと」(비둘기)를 붙여서「鳩胸」라고 한다.

LEVEL 1

LEVEL 2

LEVEL 3

more 먹고, 마시고, 빠는 동작을 나타내는 말 II	
ちゅうちゅう	(입을 작게 우므리고 연달아 빠는 모양) 쭉쭉
ちゅっと	(입을 작게 오므리고 한 번에 빠는 모양) 쭉
つるつる	(겉이 매끄러운 것을 훌쩍훌쩍 먹는 모양) 후르륵
ぱくぱく	(입을 크게 벌리고 게걸스럽게 먹는 모양) 덥석덥석
ぱくり	(한 입에 먹는 모양) 덥석, 꿀꺽
ばりばり	(단단한 물건을 깨무는 소리) 으드득으드득
ぷかぷか	(연기를 연달아 내뿜으며 세차게 담배를 피우는 모양) 뻐끔
むしゃむしゃ	(음식을 단번에 입에 많이 넣고 먹는 모양) 게걸스럽게
もぐもぐ	(입을 다물고 음식을 씹는 모양) 우물우물
もりもり	(왕성하게 많이 먹는 모양) 와작와작

0887 어머니는 새우등이어서 힘이 없어 보인다.

母は (　　　) なので、元気がなさそうに見える。

…▸ _____

0888 시세보다 싼 가격으로 판다.

(　　　) より安い値段で売る。

…▸ _____

0889 언니는 아직 시간강사입니다.

姉はまだ (　　　) 講師です。

…▸ _____

0890 그 안내견은 주인을 사고로부터 구했다.

あの (　　　) は主人を事故から守った。

…▸ _____

0891 처음 해보는 양궁에서 명중을 시켰다.

初めての (　　　) で的の中心に当てた。

…▸ _____

0892 역도 선수가 되고 싶다.

(　　　) 選手になりたい。

…▸ _____

0887 **母は猫背ねこぜなので、元気げんきがなさそうに見みえる。**

우리말에서 굽은 등을 비유할 때 쓰는 '새우등'은 일본어로는 '고양이'에 비유하여
「猫背」라고 한다.

0888 **相場そうばより安やすい値段ねだんで売うる。**

우리말의 '시세'에는 '그 당시의 형세나 세상의 형편'의 뜻과 '시가'라는 두 가지 뜻이
있다. 그러나 일본어의 「時勢」에는 '시가'의 뜻은 없다. '시가'를 뜻하는 '시세'는 「相
場」를 써야 한다.

0889 **姉あねはまだ非常勤ひじょうきん講師こうしです。**

'시간강사'는 우리나라에서만 쓰는 말이다. 매일 근무하는 것이 아니라 정해진 날짜와
시간에만 근무한다는 뜻에서 「非常勤講師」라고 한다.

> 참고 조교(助敎) : 助手じょしゅ

0890 **あの盲導犬もうどうけんは主人しゅじんを事故じこから守まもった。**

'(시각장애인) 안내견'은 '맹인을 인도하는 개'라는 뜻의 「盲導犬」을 쓴다.

0891 **初はじめてのアーチェリーで的まとの中心ちゅうしんに当あてた。**

'양궁'은 영어 표현을 그대로 써서 「アーチェリー(archery)」라고 한다.

0892 **重量じゅうりょう挙あげ選手せんしゅになりたい。**

'역도'는 「重量挙げ」라고 한다.

걷거나 뛰는 모양을 나타내는 말 Ⅲ	
のそのそ	(동작이 둔하고 느리게 행동하는 모양) 느릿느릿
ばたばた	(바쁘게 움직여 침착하지 못한 모양) (발을) 동동
ぴょこぴょこ	(한곳에 있지 못하고 여기저기 돌아다니는 모양) 강동강동
ひょろひょろ	(비틀거리며 쓰러질 듯한 모양) 비슬비슬, 비틀비틀
ぴょんぴょん	(연속적으로 가볍게 뛰는 모양) 깡충깡충
ひらり	(가볍게 뛰어오르거나 뛰어내리는 모양) 훌쩍
よたよた	비틀비틀
よちよち	(아가의 걸음걸이) 아장아장
よろよろ	(비틀거리는 모양) 비슬비슬

0893 어제 고속도로에서 **연쇄추돌** 사고가 발생했다.

昨日高速道路で（　　　）事故が発生した。

⋯▸ _____

0894 입장권은 인터넷으로만 예매 가능합니다.

入場券はインターネットのみ（　　　）が可能です。

⋯▸ _____

0895 최근 외계인을 소재로 한 영화가 인기다.

最近、（　　　）をテーマにした映画が人気だ。

⋯▸ _____

0896 1997년 외환위기 이후 최대 불황이라고 한다.

1997年の（　　　）以降最大の不況という。

⋯▸ _____

0897 시골에서 본 밤하늘의 아름다운 은하수는 잊을 수가 없다.

田舎で見た夜空の美しい（　　　）は忘れられない。

⋯▸ _____

0898 이번 정기국회에서는 중요 법안이 많이 심의되었다.

今回の（　　　）では重要法案が多く審議された。

⋯▸ _____

0893 昨日きのうの高速道路こうそくどうろで玉突たまつき衝突しょうとつ事故じこが発生はっせいした。

「玉突き衝突」에서 「玉突き」는 원래 '당구장'의 뜻인데, 당구공을 쳤을 때처럼 순차적으로 다른 공을 친다는 데서 '추돌'의 뜻으로 쓴다.

0894 入場券にゅうじょうけんはインターネットのみ前売まえうりが可能かのうです。

'예매'의 뜻으로 「前売り」를 쓴다.

> 참고 예매권：前売券まえうりけん

0895 最近さいきん、宇宙人うちゅうじんをテーマにした映画えいがが人気にんきだ。

「宇宙人」에는 '우주 비행사'의 뜻도 있지만 '외계인'의 뜻으로도 많이 쓴다. 동 エイリアン(alien)・異星人いせいじん

0896 1997年の通貨危機つうかきき以降いこう最大さいだいの不況ふきょうという。

'외환위기'는 「通貨危機」라고 한다.

0897 田舎いなかで見みた夜空よぞらの美うつくしい天あまの川がわは忘わすれられない。

'은하수'는 「天の川」라고 하는데, 「川」는 「かわ」가 아니라 「がわ」로 읽는 점에 주의해야 한다.

0898 今回こんかいの通常つうじょう国会こっかいでは重要じゅうよう法案ほうあんが多おおく審議しんぎされた。

국회 용어	
국회결의	国会決議こっかいけつぎ
국회도서관	国会図書館こっかいとしょかん
국회의사당	国会議事堂こっかいぎじどう
국회의원	国会議員こっかいぎいん
임시국회	臨時国会りんじこっかい
정기국회	通常国会つうじょうこっかい
특별국회	特別国会とくべつこっかい

0899 아버지가 돌아가시고 난 뒤에 비로소 **이복형제**가 있다는 사실을 알았다.

父がなくなって始めて (　　　) がいるということがわかった。

…▶

0900 그는 증거를 **인멸**한 것으로 체포당했다.

彼は証拠を (　　　) したことで逮捕された。

…▶

0901 나는 어렸을 때 **골목대장**이었다.

僕は幼い頃 (　　　) だった。

…▶

0902 다단계 판매가 활개를 치게 되면 지역 경기가 악화될 가능성이 있습니다.

(　　　　) が幅を利かせるようになると、地域の景気が悪くなる可能性があります。

…▶

0903 면세점에서는 **명품**을 싸게 살 수 있다.

免税店では (　　　) が安く買える。

…▶

0904 이번 **정상회담**의 의제가 발표되었다.

今回の (　　　) の議題が発表された。

…▶

0899 **父がなくなって始**はじ**めて異母兄弟**いぼきょうだい**がいるということがわかった。**
'이복형제'에 해당하는 말은 '엄마가 다르다'는 뜻으로 「異母」를 붙여 「異母兄弟」라고
한다.

0900 **彼は証拠**しょうこ**を隠滅**いんめつ**したことで逮捕**たいほ**された。**
'인멸'은 앞쪽 한자를 '湮'이 아닌 「隠」(은)을 써서 「隠滅」이라고 한다.

0901 **僕**ぼく**は幼**おさな**い頃**ころ**ガキ大将**たいしょう**だった。**
'골목대장'을 뜻하는 「ガキ大将」에서 「ガキ」는 '개구쟁이'의 뜻이다.

0902 **マルチ商法**しょうほう**が幅**はば**を利**き**かせるようになると、地域**ちいき**の景気**けいき**が悪**わる**くな**
る可能性かのうせい**があります。**
'다단계 판매'는 우리나라식 표현이고, 일본에서는 「マルチ商法」라고 한다.

0903 **免税店**めんぜいてん**ではブランド品**ひん**が安**やす**く買**か**える。**
'명품'은 우리나라식 표현이고 일본에서는 「ブランド品」이라고 한다.

0904 **今回**こんかい**の首脳**しゅのう**会談**かいだん**の議題**ぎだい**が発表**はっぴょう**された。**

LEVEL 1

LEVEL 2

LEVEL 3

more 정상회담 용어	
남북 정상회담	南北なんぼく首脳しゅのう会談かいだん
선진국 정상회담	先進国せんしんこく首脳しゅのう会議かいぎ
주요국 정상회담	主要国しゅようこく首脳会議・サミット
한중일 정상회담	日中韓にっちゅうかん首脳会談

0905 신당 창당의 움직임을 보이고 있다.

新党 (　　　) の動きを見せている。

⋯▸ _____

0906 기계치라서 잘 몰라요.

(　　　) なので、よくわからないんですよ。

⋯▸ _____

0907 길치라서 외출하면 꼭 길을 잃어버려요.

(　　　) なので出かけると必ず道に迷います。

⋯▸ _____

0908 그는 지난 해 자민당을 탈당했다.

彼は昨年自民党を (　　　) した。

⋯▸ _____

0909 노사협상이 결렬되었다.

労使 (　　　) が決裂した。

⋯▸ _____

0910 이곳은 출입금지입니다.

ここは (　　　) です。

⋯▸ _____

0905 **新党**しんとう **結党**けっとう**の動**うご**きを見**み**せている。**

'창당'은 한자어 그대로 써서 「創党」라고 하면 안 되고 「結党」를 쓴다.

0906 **機械**きかい **音痴**おんち**なので、よくわからないんですよ。**

Hint 「**音痴**おんち」 음치, ~치

'~을 잘 못하는 사람', '~에 어두운 사람'을 가리키는 말로 '~치'가 있다. 정확한 음정을 내지 못하는 사람은 '음치', 방향 감각이 없거나 길눈이 어두운 사람은 '방향치', '길치'라고 한다. 일본어에서는 비슷한 용도로 「音痴」를 붙여 말을 만든다. '음치'는 그대로 「音痴」, '방향치', '길치'는 「方向ほうこう音痴」라고 한다. 우리말에는 없지만 '맛에 둔한 사람'은 「味あじ音痴」 또는 「味覚みかく音痴」라고 한다.

0907 **方向**ほうこう**音痴**おんち**なので出**で**かけると必**かなら**ず道**みち**に迷**まよ**います。**

0908 **彼は昨年**さくねん **自民党**じみんとう**を離党**りとう**した。**

'탈당'은 '이탈하다'의 뜻으로 「離」를 붙여서 「離党」라고 한다.

0909 **労使**ろうし**交渉**こうしょう**が決裂**けつれつ**した。**

'협상'에 해당하는 말로 「交渉」을 붙여서 표현한다.

0910 **ここは立**た**ち入**い**り禁止**きんし**です。**

금지	
금지영업(매춘·외설 등 행정 공익상 판매 금지)	禁止営業きんしえいぎょう
면회 금지	接見禁止せっけんきんし
발매 금지	発売禁止はつばいきんし・発禁はっきん
영업 금지	営業停止えいぎょうていし

0911 발리가 안 되는 테니스 선수는 일류가 될 수 없다.

(　　　) ができないテニスプレーヤーは一流にはなれない。

…▶ _____

0912 발레리나는 발가락에 **굳은살**이 많이 박여 있습니다.

バレリーナは足に (　　　) がたくさんできています。

…▶ _____

0913 발에 **물집**이 생겨 아파요.

足に (　　　) ができて痛いです。

…▶ _____

0914 **잠복**수사에 착수했다.

(　　　) 捜査に着手した。

…▶ _____

0915 훌륭하게 성장한 제자를 만나니 **감개무량**하다.

立派に成長した教え子に会い、(　　　) だ。

…▶ _____

0916 '**개굴개굴**'은 개구리의 울음소리입니다.

(　　　) はカエルの鳴き声です。

…▶ _____

0911 ボレーができないテニスプレーヤーは一流(いちりゅう)にはなれない。

테니스의 타법 중 하나인 발리(volley)는 영어 표기를 써서 「ボレー」라고 한다.

> 참고 '배구(volleyball)'의 준말도 'volley'인데 이 경우는 「バレー」라고 읽는다. 같은 철자라도 어떻게 읽느냐에 따라 뜻이 달라질 수 있으므로 주의해야 한다.

0912 バレリーナは足(あし)にたこがたくさんできています。

'굳은살'은 「たこ」 또는 「まめ」라고 한다.

> 참고 「ペンだこ」는 펜을 쥐는 손가락에 생긴 굳은살을 말하며, 「スマホだこ」는 스마트폰을 많이 사용하여 손가락에 생긴 굳은살을 말한다.

0913 足(あし)にまめができて痛(いた)いです。

'콩알처럼 생긴 물집'을 「まめ」라고 한다.

> 참고 물집을 터뜨리다 : まめをつぶす

0914 張(は)り込(こ)み捜査(そうさ)に着手(ちゃくしゅ)した。

'잠복'은 '잠복하다, 감시하다'를 뜻하는 「張り込む」의 명사를 쓴다.

0915 立派(りっぱ)に成長(せいちょう)した教(おし)え子(こ)に会(あ)い、感無量(かんむりょう)だ。

'감개무량'은 한자어 그대로 쓰지 않고, 「感無量」라고 한다.

0916 ゲロゲロはカエルの鳴(な)き声(こえ)です。

개구리의 울음소리는 「ゲロゲロ」라고 한다.

동물의 울음소리		
개	멍멍	ワンワン
고양이	냐옹	ニャー・ニャン
까마귀	까악까악	カーカー
닭	꼬끼오	コケコッコー
돼지	꿀꿀	ブーブー
병아리	삐악삐악	ぴよぴよ・ぴぃぴぃ
부엉이	부엉부엉	ホーホー・ホッホー
비둘기	구구구구	クックー
소	음매	モー・モーモー
오리	꽥꽥	ガーガー

0917 이번 주 개봉 영화는 정말 기대됩니다.

今週の (　　　) 映画は本当に楽しみです。

┈▶

0918 졸업한 후 줄곧 백수로 있습니다.

卒業してからずっと (　　　) しています。

┈▶

0919 빈말이라도 고마워요.

(　　　) だとしてもありがとうございます。

┈▶

0920 오랜만에 만난 친구에게 인사치레로 "예뻐졌네."라고 말했다.

久しぶりに会った友だちに (　　　) として「きれいになったわね。」と言った。

┈▶

0921 연줄로 입사한 사원은 오래 못 간다.

(　　　) で入社した社員は長く行かない。

┈▶

0922 우울증 등 정신질환까지 보장하는 보험이 나왔다.

(　　　) など、精神疾患まで補償する保険が出た。

┈▶

0917　**今週**こんしゅう**の封切**ふうき**り映画**えいが**は本当**ほんとう**に楽**たの**しみです。**

0918　**卒業**そつぎょう**してからずっとプータローしています。**

0919　**お世辞**せじ**だとしてもありがとうございます。**
「お世辞」(빈말)는 「お世辞を言う」「お世辞を使う」의 형태로 주로 쓴다.

0920　**久**ひさ**しぶりに会**あ**った友だちに社交辞令**しゃこうじれい**として「きれいになったわね。」と言**い**った。**
'예의상 하는 인사말, 빈말, 인사치레'를 「社交辞令」 또는 「外交辞令가いこうじれい」라고 한다.

0921　**コネで入社**にゅうしゃ**した社員**しゃいん**は長**なが**く行**い**かない。**
'연줄'을 뜻하는 「コネ」는 「コネクション(connection)」의 준말이다.

0922　**うつ病**びょう**など、精神**せいしん**疾患**しっかん**まで補償**ほしょう**する保険**ほけん**が出**で**た。**
'우울증'은 한자 '울(鬱)'을 붙여서 말하는데, 히라가나로 써서 「うつ病」라고 한다.

말하고 얘기하는 동작을 나타내는 말	
がやがや	(여러 사람이 무슨 얘기를 하는지 떠들썩하고 알 수 없는 모양) 왁자지껄
がんがん	용서 없이 잔소리를 하는 모양
くだくだ	(같은 말을 몇 번이나 장황하게 늘어놓는 모양) 장황하게
くどくど	(같은 말을 지루하게 되풀이하는 모양) 번거롭게, 지루하게
はっきり	(명확하게 말하는 모양) 똑똑히, 확실히
ひそひそ	(목소리를 낮추어 얘기하는 모양) 소곤소곤
ぺらぺら	(계속해서 잘 지껄이는 모양, 특히 외국어를 유창하게 하는 모양) 술술
ぶうぶう	(연이어 불평불만이나 잔소리를 하는 모양) 투덜투덜, 툴툴
ぶつぶつ	(작은 목소리로 중얼거리며 불평하는 모양) 중얼중얼, 투덜투덜
べらべら	(계속해서 잘 지껄이는 모양) 줄줄, 나불나불
ぼそぼそ	(작은 목소리로 분명치 않게 말하는 모양) 소곤소곤
ぽんぽん	(기탄없이 비판 또는 의견을 말하는 모양) 툭툭
もぐもぐ	(입을 벌리지 않고 씹거나 중얼거리는 모양) 우물우물
わいわい	(여러 사람이 큰 소리로 떠들어대는 모양) 왁자지껄, 와글와글

LEVEL 1

LEVEL 2

LEVEL 3

0923 핵무기의 위협을 그린 영화가 개봉되었다.

（　　　）の脅威を描いた映画が封切られた。

⋯▸

0924 원전 사고는 인재라고 한다.

（　　　）事故は人災だといわれる。

⋯▸

0925 잔머리를 굴리는 것은 좋지 않다.

（　　　）をめぐらすのはよくない。

⋯▸

0926 탕수육을 주문했더니 군만두가 서비스로 나왔다.

（　　　）を注文したら、焼き餃子がサービスで出てきた。

⋯▸

0927 식품을 맛있게 냉동하는 팁을 알려 드리겠습니다.

食品をおいしく冷凍する（　　　）を教えます。

⋯▸

0928 졸업 학점을 다 따지 못하면 졸업이 불가능하다.

卒業（　　　）をすべて修得しないと、卒業ができない。

⋯▸

0923 核兵器かくへいきの脅威きょういを描えがいた映画えいがが封切ふうきられた。

'핵무기'는 「核兵器」라고 한다.

0924 原発げんぱつ事故じこは人災じんさいだといわれる。

우리말로는 '원자력발전소'를 줄여 '원전'이라고 하는데 일본어로는 「原発」라고 한다.

0925 猿知恵さるぢえをめぐらすのはよくない。

'잔머리'는 '잔꾀, 얕은 꾀'란 뜻이므로 이에 해당하는 「猿知恵」 또는 「浅知恵あさぢえ」를 쓰면 된다.

0926 酢豚すぶたを注文ちゅうもんしたら、焼やき餃子ぎょうざがサービスで出てきた。

0927 食品しょくひんをおいしく冷凍れいとうするコツを教えます。

'팁(tip)'은 '비결, 비법'의 뜻으로 쓰는 영어 외래어인데 일본어로는 'tip'을 쓰지 않고 「こつ」를 쓰는데, 흔히 가타카나로 표기한다.

0928 卒業そつぎょう単位たんいをすべて修得しゅうとくしないと、卒業ができない。

 중화요리 이름

당면	はるさめ
마파두부	麻婆豆腐マーボーどうふ
만두	ギョウザ
베이징 오리구이	北京ペキンダック
볶음밥	チャーハン
춘권	はるまき
탕수육	すぶた
팔보채	八宝菜はっぽうさい

0929 그 회사는 올해 신입 사원을 서류 전형과 면접만으로 선발하기로 했다.

その会社は今年、新入社員を書類（　　　）とインタビューだけで
選抜することにした。

⋯▸

0930 거래처와의 가격을 흥정했다.

取引先との価格を（　　　）した。

⋯▸

0931 명예퇴직 당하는 사람들에게는 공통되는 특징이 있는 듯합니다.

（　　　）される人には共通した特徴があるようです。

⋯▸

0932 해리포터 더빙에 도전해 보았습니다.

ハリーポッターの（　　　）にチャレンジしてみました。

⋯▸

0933 주제넘지만 제가 건배 제의를 하겠습니다.

僭越ながら、私が乾杯の（　　　）を取らせて頂きます。

⋯▸

0934 보이스피싱에 걸려 사기를 당했다.

（　　　）に引っ掛かって、詐欺に遭った。

⋯▸

0929 その会社は今年、新入社員_{しんにゅうしゃいん}を書類_{しょるい}選考_{せんこう}とインタビューだけで選抜_{せんばつ}することにした。

0930 取引先_{とりひきさき}との価格_{かかく}を交渉_{こうしょう}した。
'흥정'의 뜻으로는「交渉」을 쓴다.

0931 リストラされる人には共通_{きょうつう}した特徴_{とくちょう}があるようです。
'명예퇴직'은 영어 표현「리스트럭처링」(Restructuring)의 약자를 써서「리스트라」라고 한다.

0932 ハリーポッターの吹_ふき替_かえにチャレンジしてみました。
일본어에서「더빙」(dubbing)는 녹음·녹화된 것을 다른 테이프로 복제한다는 뜻으로 주로 쓴다. 외국 영화에 자국 배우의 목소리로 녹음하는 것은「吹き替え」라고 한다.

0933 僭越_{せんえつ}ながら、私_{わたくし}が乾杯_{かんぱい}の音頭_{おんど}を取_とらせて頂_{いただ}きます。
'건배 제의'는「乾杯の音頭」라고 한다.

0934 オレオレ詐欺_{さぎ}に引_ひっ掛_かかって、詐欺_{さぎ}に遭_あった。
흔히 전화금융사기단으로 일컬어지는 보이스피싱은 음성(voice)과 개인정보(private data), 낚시(fishing)를 합성한 신조어로 전화 통화로 개인정보를 빼내 사용되는 신종 범죄이다. 일본어로는「オレオレ詐欺」또는「振_ふり込_こめ詐欺」라고 한다.

웃는 모양을 나타내는 말	
くすくす	(웃음을 억지로 참고 연속적으로 웃는 모양) 낄낄, 킥킥
くすっと	(소리를 내지 않고 한번 웃는 모양) 픽
くっくっ	(웃음을 억지로 참으며 웃는 모양) 쿡쿡
けらけら	(높은 목소리로 가볍게 웃는 모양) 깔깔
げらげら	(큰 소리로 웃는 모양) 껄껄.「けらけら」보다 무겁고 큰 느낌이다.
ころころ	(젊은 여자가 유쾌한 듯이 웃는 모양) 깔깔
にこにこ	(기쁜 듯이 연속적으로 웃는 모양) 생긋생긋, 싱글벙글
にたにた	(남이 보기에 기분이 언짢게 연속적으로 웃는 모양) 히죽히죽
にやにや	(마음속으로 생각하면서 계속 웃는 모양) 히쭉히쭉, 싱글싱글

0935 상관으로부터 **스토킹**을 당했다.

上官から（　　　）を受けた。

‥‥▶

0936 싱글맘의 빈곤이 문제시되고 있다.

（　　　）の貧困が問題視されている。

‥‥▶

0937 야간 경기에 가고 싶지만 귀가 시간이 늦어지므로 어떻게 할까 고민 중이다.

（　　　）に行きたいけれど、帰りが遅くなるので迷っている。

‥‥▶

0938 유니세프는 전 세계 어린이들의 생명과 건강을 지키기 위해 활동하는 UN기구입니다.

ユニセフは世界中の子供の命と健康を守るために活動する国連
（　　　）です。

‥‥▶

0939 상대의 **자책골** 덕분에 승리했다.

相手の（　　　）のおかげで勝利した。

‥‥▶

0940 정리해고 당한 사람들 가운데는 **노숙자**가 되고 마는 사람도 있다.

リストラされた人の中には（　　　）になってしまう人もいる。

‥‥▶

0935 　**上官**じょうかん**からストーカー行為**こうい**を受**う**けた。**

'스토킹(stalking)'은 외래어 그대로 「ストキング」라고 하지 않고 「ストーカー行為」라고 한다.

0936 　**シングルマザーの貧困**ひんこん**が問題視**もんだいし**されている。**

영어 표현 'single mother'를 우리나라에서는 '싱글맘(single+mom)'이라고 줄여서 말하고, 일본에서는 영어식으로 「シングルマザー」라고 한다.

0937 　**ナイターに行**い**きたいけれど、帰**かえ**りが遅**おそ**くなるので迷**まよ**っている。**

'야간 경기'를 뜻하는 「ナイター」는 일본식 조어로 '밤'에 해당하는 'night'에 'er'을 붙여 만든 것이다. 이에 해당하는 영어 표현 「ナイトゲーム(night game)」라고도 하지만 통상적으로 「ナイター」를 더 많이 쓴다.

0938 　**ユニセフは世界中**せかいじゅう**の子供**こども**の命**いのち**と健康**けんこう**を守**まも**るために活動**かつどう**する国連**こくれん**機関**きかん**です。**

'기구(機構)'는 영어로는 'organization'인데 우리나라는 모두 '기구'라고 번역하지만 일본에서는 「機構きこう」와 「機関きかん」으로 나누어 쓴다. 차이는 명확하지는 않지만, 'OPEC(석유수출국기구 ; Organization of Petroleum Exporting Countries)'와 같이 상부에 조직 같은 것이 존재하지 않는 경우는 「機構」를, WHO(세계보건기구 ; World Health Organization)와 같이 상부에 UN이라는 조직을 가지고 있는 경우는 「機関」을 쓴다.

참고 213쪽 〈국제기구 명칭 한·일 대조표〉 참조

0939 　**相手**あいて**のオウンゴールのおかげで勝利**しょうり**した。**

'자책골'은 영어 표현을 그대로 써서 「オウンゴール(own goal)」라고 한다.

0940 　**リストラされた人の中**なか**にはホームレスになってしまう人もいる。**

우리말의 '노숙자'를 일본에서는 영어 표현을 그대로 써서 「ホームレス(homeless)」라고 한다.

0941 양당의 **합당** 문제가 급물살을 타고 있다.

両党の (　　　) 問題が急展開で進んでいる。

⋯▶ _____

0942 집 근처에 있는 **철학관**을 찾아갔다.

家の近所にある (　　　) を訪ねた。

⋯▶ _____

0943 이번 **종강 파티**에 꼭 참석해 주십시오.

今度の (　　　) に、ぜひ出席してください。

⋯▶ _____

0944 민중의 **지팡이**인 경찰이 제 역할을 다해야 한다.

民衆の (　　　) である警察は自らの役割をまっとうしなければ
ならない。

⋯▶ _____

0945 주식시장에서 **큰손들**이 장난을 쳐서 주가가 널뛰기를 하고 있다.

株式市場で (　　　) が悪さをして株価が乱高下ている。

⋯▶ _____

0946 선거에서 **찬조** 연설로 분위기를 띠웠다.

選挙の (　　　) 演説で雰囲気を盛り上げた。

⋯▶ _____

0941 両党りょうとうの合併がっぺい問題が急展開きゅうてんかいで進すすんでいる。

'합당'에 해당하는 말을 따로 쓰지 않고 「合併」이라는 말을 써서 표현한다.

0942 家いえの近所きんじょにある運勢うんせい鑑定所かんていしょを訪たずねた。

'철학관'은 우리나라에서 쓰는 말이고 일본어로는 「運勢鑑定所」를 쓴다.

0943 今度こんどの打うち上あげコンパに、ぜひ出席しゅっせきしてください。

우리나라 대학에서는 학기가 시작할 때는 개강 파티를 하고 끝날 때는 종강 파티를 한다. 일본에서는 개강 파티는 하지 않고 종강 파티만 하는데 이것을 「打ち上げコンパ」라고 한다. 또한 「打ち上げコンパ」는 수업 종강 외에도 동아리나 연구회 등이 끝났을 때도 한다.

0944 民衆みんしゅうの奉仕者ほうししゃである警察けいさつは自みずからの役割やくわりをまっとうしなければならない。

'민중의 지팡이'를 직역하여 「民衆の杖つえ」라고 하면 안 되고 「民衆の奉仕者」라고 한다.

0945 株式かぶしき市場しじょうで有力ゆうりょくな個人こじん投資家とうしかが悪わるさをして株価かぶかが乱高下らんこうげている。

우리말의 '큰손'은 증권이나 부동산 시장에서 큰 거래를 하는 사람이나 기관을 비유해서 나타내는 말인데, 「大おおきい手て」라고 하면 안 되고 「有力な個人投資家」라고 해야 한다.

0946 選挙せんきょの応援おうえん演説えんぜつで雰囲気ふんいきを盛もり上あげた。

LEVEL 1

LEVEL 2

LEVEL 3

우는 모양을 나타내는 말	
ああんああん	(입을 크게 벌리고 우는 모양, 특히 아이가 우는 모양) 엉엉
おいおい	(큰 소리를 내어 우는 모양) 엉엉
しくしく	(코를 훌쩍이며 조용히 우는 모양) 훌쩍훌쩍
ぴいぴい	(귀찮게 어린가 보채며 우는 모양) 빽빽
ほろほろ	(눈물이 조용히 힘없이 흐르는 모양) 주르르
めそめそ	(소리 없이 또는 낮은 소리로 우는 모양) 훌쩍훌쩍
わあわあ	(심하게 계속 우는 모양) 엉엉
わんわん	(심하게 우는 모양) 엉엉

0947 비행기는 승객이 있든 없든 정시에 출발하는 줄 알았는데, 노선에 따라서는 운항을 빼먹는 일이 꽤 있는 것 같다.

飛行機は乗客がいてもいなくても定時に出発するものだと思っているが、路線によっては（　　　）が結構あるらしい。

⋯▶ _____

0948 우리 팀은 정규 시즌에서 주니치를 꺾고 일본시리즈에 올랐다.

うちのチームは（　　　）で中日を破り、日本シリーズに上がった。

⋯▶ _____

0949 부모님의 잔소리는 한 귀로 듣고 한 귀로 흘려요.

親の小言は（　　　）ください。

⋯▶ _____

0950 요즘 드라마 주인공으로 돌싱이 인기다.

最近、ドラマの主人公として（　　　）が人気である。

⋯▶ _____

0951 역 앞에서 경찰에게 불심검문을 받았다.

駅の前で警察に（　　　）を受けた。

⋯▶ _____

0952 비정규직 사원부터 해고했다.

（　　　）社員から解雇した。

⋯▶ _____

0947 飛行機は乗客_{じょうきゃく}がいてもいなくても定時_{ていじ}に出発_{しゅっぱつ}するものだと思っているが、路線_{ろせん}によっては間引_{まび}き運航_{うんこう}をすることが結構_{けっこう}あるらしい。

'운항을 빼먹는 일'을 직역하여 「運航_{うんこう}を漏_もらすこと」라고 하면 안 되고, 「間引き運航をすること」라고 한다.

0948 うちのチームはレギュラーシーズンで中日_{ちゅうにち}を破_{やぶ}り、日本シリーズに上_あがった。

'정규 시즌'은 「レギュラーシーズン」이라고 한다.

0949 親_{おや}の小言_{こごと}は聞_きき流_{なが}してください。

문장에서 '한 귀로 듣고 한 귀로 흘리다'라는 말은 '대충 무시하다'의 뜻이므로 「聞_きき流_{なが}す」 또는 「聞_きき捨_すてる」를 써야 한다.

0950 最近_{さいきん}、ドラマの主人公_{しゅじんこう}としてバツ一_{いち}が人気_{にんき}である。

우리말 사전에 없는 말이지만 흔히 이혼하고 싱글 생활을 하는 사람을 일컬어 '돌싱'이라고 하는데 이것은 '돌아온 싱글'의 줄임말이다. '돌싱'을 뜻하는 일본어는 「バツ一」이다.

0951 駅の前で警察_{けいさつ}に職務_{しょくむ}質問_{しつもん}を受_うけた。

0952 非正規_{ひせいき}雇用_{こよう}社員から解雇_{かいこ}した。

LEVEL 1

LEVEL 2

LEVEL 3

 잠자는 모습을 나타내는 말

うつらうつら	(선잠이 들거나 졸려서 깜빡깜빡 조는 모양) 꾸벅꾸벅
うとうと	(선잠이 들거나 깜빡깜빡 조는 모양) 깜빡깜빡, 꾸벅꾸벅
ぐうぐう	(코를 고는 모양, 깊이 잠이 든 모양) 드르렁드르렁
ぐっすり	(깊이 잠든 모양) 푹
こっくりこっくり	(머리를 꾸벅거리며 조는 모양, 또는 낮잠 자는 모양) 꾸벅꾸벅
すやすや	(편하게 잠이 든 모양) 새근새근

0953 저는 면허는 취득했지만, 운전은 해본 적이 전혀 없는 **장롱면허 소지자**입니다.

私は、免許は取得したものの、全く運転したことがない
(　　　　) です。

⋯▶

0954 비장애인이 몸에 여러 가지 기구를 달고 **장애인 체험**을 하다.

(　　　　) が体に色々な器具をつけて (　　　　) の体験をする。

⋯▶

0955 까마귀 고길 먹었어요? 왜 그렇게 잘 잊어먹어요?

(　　　　)？ どうしてそんなによく忘れちゃうんですか。

⋯▶

0956 '부부 싸움은 칼로 물 베기'라잖아요?

「(　　　　)。」と言うんじゃないですか。

⋯▶

0957 미세먼지에 주의하세요.

(　　　　) に気をつけてください。

⋯▶

0953 私は、免許_{めんきょ}は取得_{しゅとく}したものの、全_{まった}く運転_{うんてん}したことがないペーパー
ドライバーです。

'장롱면허 소지자'를 뜻하는 「ペーパードライバー」는 'paper+driver'라는 일본식 조
어로 줄여서 「ペードラ」라고도 한다.

0954 健常者_{けんじょうしゃ}が体_{からだ}に色々_{いろいろ}な器具_{きぐ}をつけて障害者_{しょうがいしゃ}の体験_{たいけん}
をする。

'장애인'은 「障害者」이지만, '비장애인'이라는 말은 정상인이라는 뜻의 「健常者」를
쓴다.

0955 ミョウガの食_たべすぎじゃない? どうしてそんなによく忘_{わす}れちゃうんですか。

'까마귀 고기를 먹다'라는 말은 '잘 잊어버리다'의 뜻이다. 비슷한 뜻으로 쓰이는 일본
어 표현은 「ミョウガを食べすぎる。」라고 한다. 여기서 「みょうが」는 '양하'라는 식
물인데 일본에서는 이것을 너무 많이 먹으면 건망증이 심해진다는 말이 있는 데서 이
러한 표현이 나왔다.

0956 「夫婦_{ふうふ}喧嘩_{けんか}は犬_{いぬ}も食_くわぬ。」と言_いうんじゃないですか。

우리나라 속담인 '부부 싸움은 칼로 물 베기'와 비슷한 일본어는 「夫婦喧嘩は犬も食わ
ぬ。」이다.

0957 PM2・5に気_きをつけてください。

'미세먼지'는 「PM2・5_{ピーエムにてんご}」 또는 「微少粒子状_{びしょうりゅうしじょう}物質_{ぶっしつ}」라고
한다.

통증을 나타내는 말	
きりきり	배가 콕콕 찌르듯이 아픈 모양
ずきずき	(상처가 쑤시면서 아픈 모양) 욱신욱신
ずきんずきん	(머리·상처·종기 등이 쑤시면서 아픈 모양) 욱신욱신
ちくりと	(바늘 등으로 찌르는 모양) 콕, 따끔하게
ぴりぴり	①(몹시 매운 맛에 대한 느낌) 얼얼, 알알. ②(바늘에 찔렸을 때와 같은 아픈 느낌) 따끔따끔

0958 수면부족으로 다크서클이 생기고 말았다.

睡眠不足で (　　　) ができちゃった。

  …▸ _____

0959 친구 아버님이 돌아가셔서 밤샘을 하고 왔다.

友だちのお父さんが亡くなったので (　　　) に行ってきた。

  …▸ _____

0960 남성보다 여성에게 골다공증이 많이 발생합니다.

男性より女性に (　　　) が多く発生します。

  …▸ _____

0961 날치기에 주의하시기 바랍니다.

(　　　) にご注意ください。

  …▸ _____

0962 노조는 내일부터 무기한 농성에 들어간다고 한다.

労組は明日から無期の (　　　) に入るという。

  …▸ _____

0963 은행 계좌를 틀 때 막도장만 있으면 된다.

銀行口座を作成する時、(　　　) があればよい。

  …▸ _____

0958 睡眠不足すいみんぶそくで目めの下したのクマができちゃった。

우리말로는 영어 표현 'dark circle'을 그대로 써서 표현하지만, 일본어로는 「ダークサークル」이라고 하지 않고 「目めの下したのクマ」라고 한다. '눈 밑에 다크서클이 생기다'는 「目の下にクマができる」 또는 「目元めもとにクマができる」라고 한다.

0959 友だちのお父さんが亡なくなったのでお通夜つやに行いってきた。

문장에서 '밤샘'은 '초상집에서 밤을 새는 일'을 말하기 때문에 「徹夜てつや」는 타당하지 않다. 이 경우는 「通夜」를 써야 한다.

> 참고 「通」을 「つ」로 읽는 경우는 「通夜」뿐이다.

0960 男性より女性に骨粗鬆症こつそしょうしょうが多おおく発生はっせいします。

0961 ひったくりにご注意ちゅうください。

'날치기'에 해당하는 말은 「ひったくり」이다. '날치기 당하다'는 「ひったくりにあう」라고 한다.

0962 労組ろうくみは明日から無期むきの立たてこもりに入はいるという。

일본어의 「籠城」은 「アトリエに籠城して製作に励む。」(아틀리에에 틀어박혀 제작에 힘쓰다.)「ふぶきで山小屋に籠城する。」(눈보라로 산막에 갇히다.)와 같이 '한곳에 틀어박혀 나가지 않는 것'의 뜻으로 쓰이기 때문에 우리말의 '농성'의 뜻으로는 거의 쓰이지 않는다. '농성'의 뜻으로는 「立てこもり」를 써야 한다.

0963 銀行ぎんこう口座こうざを作成さくせいする時、認印みとめいんがあればよい。

 잘못 쓰기 쉬운 한·일 어휘 Ⅷ

족자(簇子)	掛物かけもの
종합(綜合)	総合そうごう
중장년층(中壯年層)	中高年層ちゅうこうねんそう
중상모략(中傷謀略)	誹謗ひぼう中傷ちゅうしょう
직함(職銜)	肩書かたがき
진일보했다	一歩いっぽ進すんだ
찬반(贊反)	賛否さんぴ
책방(册房)	本屋ほんや·書店しょてん
철사(鐵絲)	針金はりがね
초등학교(初等學校)	小学校しょうがっこう
초인종(招人鐘)	呼鈴よびりん
추수(秋收)	刈入かりいれ

0964 이라크는 유엔의 대량살상무기 사찰에 응하지 않았다.

イラクは国連の (　　　) の査察に応じなかった。

⋯▸ _____

0965 그는 일주일째 연락두절이다.

彼は、一週間 (　　　) だ。

⋯▸ _____

0966 그는 갑작스런 어머니의 죽음에 오열했다.

彼は急な母の死に (　　　) した。

⋯▸ _____

0967 데이트레이딩은 투자가 아니라 투기다.

(　　　) は投資ではなく、投機だ。

⋯▸ _____

0968 포승에 묶여 법정에 출두했다.

(　　　) をつけて法廷に出廷した。

⋯▸ _____

0969 맛있는 것이 있으면 먹고 싶어지는 법입니다.

おいしい物があると食べたくなる (　　　) です。

⋯▸ _____

0964 **イラクは国連**こくれん**の大量破壊兵器**たいりょうはかいへいき**の査察**ささつ**に応**おう**じなかった。**

0965 **彼は、一週間**いっしゅうかん**音信不通**いんしんふつう**だ。**

'연락두절'의 의미로 쓰는 「音信不通」는 「いんしんふつう」 또는 「おんしんふつう」 두 가지로 읽을 수 있다.

0966 **彼は急**きゅう**な母の死**し**に号泣**ごうきゅう**した。**

0967 **デイトレードは投資**とうし**ではなく、投機**とうき**だ。**

'데이트레이딩'은 짧은 시간에 주식을 사고팔아 순간의 차익을 남기는 거래 형태를 말하는데 일본어로는 「デイトレード」라고 한다.

0968 **腰縄**こしなわ**をつけて法廷**ほうてい**に出廷**しゅってい**した。**

0969 **おいしい物**もの**があると食**た**べたくなるものです。**

문장에서 '법'은 '법률'이 아니므로 「法ほう」를 쓸 수는 없다. 이 경우는 '보편적인 경향'을 나타내는 「もの」를 써야 한다.

잘못 쓰기 쉬운 한·일 어휘 IX	
추첨(抽籤)	抽選ちゅうせん
치명타(致命打)	致命的ちめいてきな打撃だげき
치약(齒藥)	歯磨はみがき
친구(親舊)	友達ともだち
친정(親庭)	実家じっか
침대(寢臺)	ベッド
팔자(八字)	運命うんめい
편지(便紙)	手紙てがみ
편지지(便紙紙)	便箋びんせん
포기(抛棄)	放棄ほうき
폭설(暴雪)	大雪おおゆき
표(票)	切符きっぷ

0970 요즘은 농약을 치지 않는 유기농 채소가 인기다.

最近は農薬を (　　　) 有機野菜が人気だ。

⋯▸ _____

0971 설날에 친구랑 팽이를 치며 놀았다.

お正月に友だちとこまを (　　　) 遊んだ。

⋯▸ _____

0972 웹서핑 하다가 시험공부도 안 하고 자 버렸다.

(　　　) していて試験勉強もせずに寝てしまった。

⋯▸ _____

0973 재활치료 덕분에 혼자서 걸을 수 있게 되었다.

(　　　) のおかげで一人で歩けるようになった。

⋯▸ _____

0974 나는 살이 잘 찌는 체질이다.

私は (　　　) 体質である。

⋯▸ _____

0975 속이 안 좋아요? 등을 문질러 줄까요?

(　　　) ですか。背中をさすりましょうか。

⋯▸ _____

0970 最近さいきんは農薬のうやくをかけない有機ゆうき野菜やさいが人気にんきだ。

'농약을 치다'는 액체를 흩뿌리는 것이므로「かける」를 써야 한다.

0971 お正月しょうがつに友だちとこまをまわしながら遊あそんだ。

'팽이를 치다'를 직역하여「こまをうつ」라고 하면 안 된다. 팽이는 도는 것이기 때문에 '팽이를 치다'는 '팽이를 돌리다'의 뜻이다. 따라서「こまをまわす」라고 한다.

0972 ネットサーフィンしていて試験勉強しけんべんきょうもせずに寝ねてしまった。

'웹서핑'은「ウェブサーフィン」이 아니라「ネットサーフィン」이라고 한다.

0973 リハビリのおかげで一人ひとりで歩あるけるようになった。

'재활치료'는 영어 표현「リハビリテーション(rehabilitation)」을 일본식으로 줄인 말로「リハビリ」라고 한다.

0974 私は太ふとりやすい体質たいしつである。

'살이 잘 찌는'을 직역하여「よく太ふとる」라고 하면 안 된다. 이 경우는「やすい」(~하기 쉬운)를 써서「太りやすい」라고 한다.

0975 気分きぶんが悪わるいですか。背中せなかをさすりましょうか。

'속이 안 좋다'는 '과식·멀미 등으로 속이 메스껍다(울렁거린다)'는 뜻이 있는「気分が悪い」를 써야 한다.

잘못 쓰기 쉬운 한·일 어휘 X

풍경(風磬)	風鈴ふうりん
풍향계(風向計)	風見かざみ
하인(下人)	召使めしつかい
학년(學年)	年生ねんせい
학점(學點)	単位たんい
학창시절(學窓時節)	学生時代がくせいじだい
항구(港口)	港みなと
항소(抗訴)	控訴こうそ
해일(海溢)	津波つなみ
행선지(行先地)	行ゆき先さき
현수막(懸垂幕)	垂たれ幕まく
호수(湖水)	湖みずうみ

365

0976 궁지에 몰려서 야반도주했지만, 빌린 돈은 반드시 갚겠습니다.

切羽つまって（　　　）したんだけど、お借りしたお金は必ずお返
しします。

…▸ _____

0977 늘 자세를 바르게 하지 않으면 새우등이 되고 말아요.

いつも姿勢をよくしていないと、（　　）になりますよ。

…▸ _____

0978 이번 영화는 그렇게 기대하지 않았는데, 개봉해 보니 굉장한 인기였다.

今度の映画はあまり期待しなかったけれど、（　　　）してみると
すごい人気だった。

…▸ _____

0979 굿바이 홈런으로 극적인 승리를 거두었다.

（　　　）で劇的な勝利を収めた。

…▸ _____

0980 그는 깡패 생활에서 손 씻었다고 하지만 등에 새긴 문신은 아직도 선명하다.

彼はやくざから（　　　）というが、背中の入れ墨はまだ生々
しい。

…▸ _____

0976 切羽ぜっぱつまって夜逃ょにげしたんだけど、お借かりしたお金かねは必かならずお返かえしします。

'야반도주'는 '밤에 도망간다'는 뜻의 「夜逃げ」를 쓴다.

0977 いつも姿勢しせいをよくしていないと、猫背ねこせになりますよ。

우리나라에서는 굽은 등을 뜻하는 말로 '새우등'이라고 하지만, 일본어에서는 고양이에 비유하여 「猫背」라고 한다.

0978 今度こんどの映画えいがはあまり期待きたいしなかったけれど、封切ふうきりしてみるとすごい人気にんきだった。

0979 サヨナラホームランで劇的げきてきな勝利しょうりを収おさめた。

우리말은 외래어로 '굿바이 홈런'이라는 말을 쓰지만 일본어에서는 「グッドバイホームラン」이라고 하지 않는다.

0980 彼はやくざから足あしを洗あらったというが、背中せなかの入いれ墨ずみはまだ生々なまなましい。

'(나쁜 일에서) 손을 씻다, 이제까지 하던 일을 그만두다'에 해당하는 일본어는 '발을 씻다'라는 뜻인 「足を洗う」를 쓴다.

> *Hint* 「足あしを洗あらう / 足を抜ぬく / 手てを切きる」손을 씻다, 발을 빼다

(1) 「足を洗う」는 '(나쁜 일에서) 손을 씻다, 이제까지 하던 일을 그만두다'의 뜻이다.

(2) 「足を抜く」는 어떠한 집단이나 일과의 관계를 끊는다는 점에서 「足を洗う」와 거의 같은 뜻이지만, 「足を洗う」보다 그것들과 관계가 더욱 밀접하다.

(3) 「手を切る」는 「(誰)と手を切る」의 형태를 취하며, 「足を洗う」는 직업이나 활동에서 빠져나온다는 뜻을 가지고 있기 때문에 「(なに)から足を洗う」의 형태로 쓴다. 「やくざと手てを切きる。」(폭력 집단과 손을 끊다.)에서 「やくざ」는 야쿠자의 구성원을 가리키며, 활동을 의미하는 것은 아니다.

 걱정되어 마음을 놓지 못하다, 안절부절못하다

気きが気でない	나쁜 예감을 주는 일이 가까운 미래에 일어날 것 같은 강한 불안감이 생겨서 진정하지 못한다는 뜻을 나타낸다.
気もそぞろ	불안한 기분은 없고, 다른 일이 마음에 걸려 지금 하고 있는 일에 집중할 수 없어서 진정되지 않는 상태를 나타낸다.
心配しんぱいだ・不安ふあんだ	단순히 어떤 일이 나쁜 결과가 되지 않을까 마음에 걸려 진정이 되지 않는다는 의미이며, 시간적으로 절박한 느낌은 약하다.

0981 공약이 공수표로 끝났다.

公約が (　　　) に終わった。

…▸ _____

0982 애완동물을 조련할 때 가장 효과적인 방법은 당근과 채찍을 적절하게 사용하는 것이다.

ペットを調教する際、最も効果的な方法は、(　　　) を使い分けることだ。

…▸ _____

0983 왜 저에게 누명을 씌우는 거예요?

なぜ私に (　　　) のですか。

…▸ _____

0984 바가지 씌우기는 곤란해요.

(　　　) は困ります。

…▸ _____

0985 요리에 랩을 씌워 주세요.

料理にラップを (　　　) ください。

…▸ _____

0986 팔 굽혀 펴기를 몇 개 정도 할 수 있어요?

(　　　) を何個ぐらいできますか。

…▸ _____

0981 公約こうやくが空手形からてがたに終おわった。

'공수표'는 「空小切手」라고 하면 안 되고 「空手形」라고 한다.

> 참고 공수표를 떼다(날리다) : 空手形からてがたを切きる

0982 ペットを調教ちょうきょうする際さい、最もっとも効果的こうかてきな方法ほうほうは、飴あめとムチを使つかい分わけることだ。

'당근과 채찍'을 일본어로는 '엿과 채찍'이라는 뜻으로 「飴とムチ」라고 한다.

0983 なぜ私に濡衣ぬれぎぬを着きせるのですか。

'씌우다'에 해당하는 일본어는 「かぶせる」지만, 모든 표현에 다 쓸 수 있는 것은 아니기 때문에 주의해야 한다. 이 문장에서 '누명을 씌우다'는 「濡衣を着せる」라고 한다.

0984 ぼったくりは困こまります。

'씌우기'라는 말이 있다고 해서 「かぶせる」를 쓰면 안 된다. 이 문장에서 '바가지를 씌우기'는 「ぼったくる」의 명사를 써서 표현한다.

0985 料理りょうりにラップをかぶせてください。

이 문장과 같이 '어떤 물건에 그것보다 큰 물건을 위에서 씌워서 보이지 않게 감추다'의 뜻을 나타낼 때는 「かぶせる」를 써야 한다.

0986 腕立うでたて伏ふせを何個なんこぐらいできますか。

잘못 쓰기 쉬운 한 · 일 어휘 XI	
호언(豪言)	豪語ごうご
혼담(婚談)	縁談えんだん
홍보(弘報)	広報こうほう
홍역(紅疫)	麻疹はしか・ましん
화초(花草)	草花くさばな
화투(花鬪)	花札はなふだ
혼혈아(混血兒)	あいの子こ・ハーフ
환갑(還甲)	還暦かんれき
흑백논리(黑白論理)	白黒論理しろくろろんり
흑백사진(黑白寫眞)	白黒写真しろくろしゃしん・モノクロ写真しゃしん

0987 파일을 열어 보았지만 글자가 깨져서 읽을 수 없었다.
ファイルを開いてみたが、(　　　)読めなかった。

⋯▶ _____

0988 에너지절약 운동이 전국적으로 추진되고 있다.
(　　　) 運動が全国的に進められている。

⋯▶ _____

0989 **호프집**에서 생맥주를 마셨다.
(　　　) で生ビールを飲んだ。

⋯▶ _____

0990 비가 오면 야외 **호프집**의 매상은 떨어진다.
雨が降ると、(　　　) の売り上げは落ちる。

⋯▶ _____

0991 젊은이가 **경로석**에 앉아 있는 것은 꼴사납다.
若者が (　　　) に座るのはみっともない。

⋯▶ _____

0992 지도교수와 면담하고 졸업 논문 주제에 대해 상의했다.
指導 (　　　) と面会し、卒論のテーマについて相談した。

⋯▶ _____

0987 ファイルを開_ぁいてみたが、文字化_{もじば}けして読_よめなかった。

'글자가 깨지다'는 「文字化けする」라는 한 단어로 기억해 두어야 한다.

0988 省_{しょう}エネ運動_{うんどう}が全国的_{ぜんこくてき}に進_{すす}められている。

'에너지 절약'은 「省エネ」라고 한다. 「省エネ」는 「省エネルギー」의 준말이다.

0989 ビアホールで生_{なま}ビールを飲_のんだ。

우리말의 '호프집'은 독일어의 'Hof'에서 나온 말인데 일본에서는 쓰지 않는다. 영어 표현을 써서 「ビアホール・ビヤホール(beer hall)」라고 한다.

0990 雨_{ぁめ}が降_ふると、ビアガーデンの売_ぅり上_ぁげは落_ぉちる。

'야외 호프집'은 「ビアガーデン」 또는 「ビヤガーデン」이라고 한다.

0991 若者_{わかもの}がシルバーシートに座_{すわ}るのはみっともない。

'경로석·노약자석'은 일본식 조어로 「シルバーシート(silver+seat)」라고 쓰거나 「優先席_{ゆうせんせき}」라고 한다.

0992 指導_{しどう}教官_{きょうかん}と面会_{めんかい}し、卒論_{そつろん}のテーマについて相談_{そうだん}した。

'지도교수'에서 '교수'에 해당하는 말로는 「教官」을 쓴다.

음에 따라 뜻이 달라지는 한자 모음 II		
葛藤	つづらふじ	칡과 등나무
	かっとう	갈등
堪能	かんのう	능숙함, 또는 그런 사람
	たんのう	①만족함. ②기술에 숙달함
工夫	くふう	①고안·궁리·생각을 짜냄. ②깊이 생각함
	こふう	토목공사의 인부
今日	きょう	오늘
	こんにち	①금일, 오늘. ②오늘날, 요즘
金星	きんせい	금성
	きんぼし	①(스모에서 平幕_{ひらまく}의 선수가 横綱_{よこづな}에게 이기는 일. ②수훈, 공훈
頭数	あたまかず	인원수
	とうすう	(짐승 등의 수를 말할 때) 두수
仏語	ぶつご	①불교 용어. ②부처의 말
	ふつご	불어, 프랑스어. =フランス語_ご
三色	みいろ	세 가지 색
	さんしき・さんしょく	삼원색

0993 저는 현빈의 왕팬(열혈팬)이에요.

私はヒョンビンの（　　）です。

…▸ _____

0994 원고는 원상 복귀뿐만 아니라 위자료도 청구했다.

原告は原状回復のみならず（　　）をも請求した。

…▸ _____

0995 노사 협상이 결렬되었다.

労使（　　）が決裂した。

…▸ _____

0996 최근 부실 공사 문제가 심각해지고 있습니다.

最近、（　　）工事問題が深刻になっています。

…▸ _____

0997 경찰이 불법 체류자에 대한 단속에 들어갔습니다.

警察が不法（　　）に対する取り締まりを始めました。

…▸ _____

0998 이 드라마는 조선 시대를 배경으로 한 사극이다.

このドラマは朝鮮時代を背景にした（　　）である。

…▸ _____

0993 私はヒョンビンの大<small>だい</small>ファンです。

0994 原告<small>げんこく</small>は原状<small>げんじょう</small>回復<small>かいふく</small>のみならず慰謝料<small>いしゃりょう</small>をも請求<small>せいきゅう</small>した。

0995 労使<small>ろうし</small>交渉<small>こうしょう</small>が決裂<small>けつれつ</small>した。

'협상'에 해당하는 말로는 「交渉」를 쓴다.

0996 最近、手抜<small>てぬき</small>工事<small>こうじ</small>問題が深刻<small>しんこく</small>になっています。

0997 警察が不法<small>ふほう</small>滞在者<small>たいざいしゃ</small>に対<small>たい</small>する取<small>と</small>り締<small>し</small>まりを始めました。

'체류자'를 뜻하는 말의 가운데 한자 「在」에 주의해서 써야 한다.

0998 このドラマは朝鮮<small>ちょうせん</small>時代<small>じだい</small>を背景<small>はいけい</small>にした時代劇<small>じだいげき</small>である。

우리말에서는 '사극·시대극'이라는 말을 모두 쓰지만, 일본어로는 「時代劇」라고 한다.

LEVEL 1

LEVEL 2

LEVEL 3

잘못 쓰기 쉬운 한·일 한자성어 II

속수무책(束手無策)	お手上<small>てあ</small>げ
시종일관(始終一貫)	終始一貫<small>しゅうしいっかん</small>
오합지졸(烏合之卒)	烏合<small>うごう</small>の衆<small>しゅう</small>
요령부득(要領不得)	不得要領<small>ふとくようりょう</small>
우이독경(牛耳讀經)	馬<small>うま</small>の耳<small>みみ</small>に念仏<small>ねんぶつ</small>
유비무환(有備無患)	備<small>そな</small>えあれば患<small>うれ</small>いなし
이구동성(異口同聲)	異口同音<small>いくどうおん</small>
이전투구(泥田鬪狗)	泥仕合<small>どろじあい</small>
의기상투(意氣相投)	意気投合<small>いきとうごう</small>
일망무제(一望無際)	一望千里<small>いちぼうせんり</small>
일심전력(一心專力)	一意専心<small>いちいせんしん</small>
일일여삼추(一日如三秋)	一日三秋<small>いちじつさんしゅう</small>
일희일비(一喜一悲)	一喜一憂<small>いっきいちゆう</small>

0999 그 문제에 대한 **찬반** 논쟁이 치열하게 전개되었다.

その問題に対する (　　　) 論争が熾烈に展開された。

⋯▸ _____

1000 오늘 아침 고등학교 은사님의 **부고**를 접하였습니다.

今朝、高校の恩師の (　　　) に接しました。

⋯▸ _____

0999 その問題もんだいに対たいする賛否さんぴ論争ろんそうが熾烈しれつに展開てんかいされた。

'찬반'은 한자를 그대로 써서 「賛反」이라고 하지 않고, 「賛否」라고 한다.

1000 今朝けさ、高校こうこうの恩師おんしの訃報ふほうに接せっしました。

'부고'는 「訃報」라고 쓰는 데 주의하자.

잘못 쓰기 쉬운 한·일 한자성어 Ⅲ	
자초지종(自初至終)	一部始終いちぶしじゅう
작심삼일(作心三日)	三日坊主みっかぼうず
전무후무(前無後無)	空前絶後くうぜんぜつご
전전긍긍(戰戰兢兢)	戦々恐々せんせんきょうきょう
전화위복(轉禍爲福)	禍わざわい転てんじて福ふくとなす
죽마고우(竹馬故友)	竹馬ちくばの友とも
지피지기(知彼知己)	彼を知しり己おのれを知しる
진인사대천명(盡人事待天命)	人事じんじを尽つくして天命てんめいを待まつ
천양지차(天壤之差)	天てんと地ちの差さ・雲泥うんでいの差さ・月つきとすっぽん
천정부지(天井不知)	天井てんじょう知しらず
초지일관(初志一貫)	初志貫徹しょしかんてつ
칠전팔기(七顚八起)	七転八倒しちてんばっとう
탁상공론(卓上空論)	机上きじょうの空論くうろん
파안대소(破顏大笑)	破顔一笑はがんいっしょう
피차일반(彼此一般)	お互たがい様さま
혈혈단신(孑孑單身)	天涯てんがい孤独こどく
현모양처(賢母良妻)	良妻賢母りょうさいけんぼ
호각지세(互角之勢)	互角ごかく
호사다마(好事多魔)	好事魔多こうじまおおし
호언장담(豪言壯談)	大言壮語たいげんそうご
화중지병(畫中之餠)	絵えに描かいた餅もち

부록

일본어 지식 족보

INDEX

일본어 지식 족보

중급과 고급 문법을 위주로 주요 학습 팁을 정리했습니다.

틀리기 쉬운 외래어의 カタカナ 표기

외래어의 カタカナ 표기가 항상 규칙대로만 이루어지는 것은 아니지만, 어느 정도의 규칙만 파악해 두고 예외적인 것은 그때그때 익혀 두도록 하자.

1 일본어의 カタカナ는 영국식 영어 발음에 따라 표기한다. 따라서 대부분은 문자 그 자체의 음가를 낸다.

애니메이션 animation	アニメーション

2 영어의 발음이 [ou]로 되는 것은 장음으로 처리한다. 대부분「ー」로 나타낸다.

볼링 bowling	ボーリング
발레 ballet	バレエ (예외)

3 모음 [a, i, u, e, o] 다음에 [r]이 오면 대부분 장음화한다.

애프터서비스 after service	アフターサービス
컬러 colour	カラー
캘린더 calendar	カレンダー
커튼 curtain	カーテン
햄버거 hamburger	ハンバーガー
엔지니어 engineer	エンジニア (예외)
달러 dollar	ドル (예외)

4 영어 단어 마지막 철자가 [e]로 끝나고, 그 앞에 모음이 있으면 [e]의 앞 모음은 대부분 장음화한다.

노트 note	ノート
룰 rule	ルール
서비스 service	サービス
스테이지 stage	ステージ
이미지 image	イメージ
초콜릿 chocolate	チョコレート

카누 canoe カヌー

5 이중모음은 대부분 장음화한다.

리드 lead リード

무드 mood ムード

보트 boat ボート

인터뷰 interview インタービュー

팀 team チーム

6 영어 단어의 [b, d, g, j, v]는 탁음을 붙인다.

비디오 video ビデオ

클럽 club クラブ

핸드백 handbag ハンドバッグ

7 우리말에서는 [p]와 [f] [ph]를 구분하지 않고 대부분이 [ㅍ]로 발음하는데, 일본어에서 는 [p]는 [パ・ピ・プ・ペ・ポ]로, [f]와 [ph]는 [ファ・フィ・フ・フェ・フォ]로 나 누어서 발음한다.

아스팔트 asphalt アスファルト

필리핀 Philippines フィリピン

8 [ng]의 발음을 우리말에서는 [ŋ]로 하는데, 일본어에서는 [ŋ g](ング)로 발음한다.

노래 song ソング

스위밍 swimming スイミング

9 [a]의 발음을 우리말에서는 주로 [æ]로 발음하는데, 일본어에서는 [a]로 발음하는 경우 가 많다.

스크랩 scrap スクラップ

10 [ca]의 발음을 우리말에서는 주로 [kæ]로 발음하는데, 일본어에서는 [kya]로 발음하는 경우가 많다.

스캔들 scandal スキャンダル

캐치 catch キャッチ

캐리어 career キャリア

11 [e]의 발음을 우리말에서는 주로 [i]로 발음하는데, 일본어에서는 음가 그대로 발음하기 때문에 [e]로 발음하는 경우가 많다.

디자인 design デザイン

비즈니스 business	ビジネス
이코노미스트 economist	エコノミスト

12 마지막이「자음 + y · i · ey」등으로 끝나는 단어는 대부분 장음이 된다.

섹시 sexy	セクシー
스키 ski	スキー
위스키 whisky	ウイスキー
카피 copy	コピー
택시 taxi	タクシー

13 마지막 음이 자음이고 바로 앞의 발음이 단모음일 경우, 모음과 마지막 자음 사이에 촉음 기호「ッ」가 들어간다.

머리 head	ヘッド
신 god	ゴッド
애완동물 pet	ペット
침대 bed	ベッド
컷 cut	カット
핫도그 hotdog	ホットドッグ

14 [wi, wee]는 우리나라 발음은 '위'가 되는데, 일본어에서는「イ」로 발음한다.

샌드위치 sandwich	サンドイッチ
스위스 Swiss	スイス
스위치 switch	スイッチ

자동사와 타동사의 구별 방법

기본적으로「〜が + 자동사」,「〜を + 타동사」이다. 자동사와 타동사를 외울 때는「〜が見える」「〜を見る」를 기준으로 삼아 기억하면 좋다.

1 어미가「す」로 끝나는 동사는 모두 타동사이다.

起ぉきる	起ぉこす
減へる	減へらす

2 1그룹 동사와 2그룹 동사가 짝을 이루고 있는 경우 1그룹 동사는 자동사, 2그룹 동사는 타동사이다.

3 「来くる・行いく・走はしる」 등은 자동사로만 쓰이고, 「食たべる・読ょむ・待まつ」 등은 타동사로만 쓰인다.

4 「開ひらく・吹ふく」 등은 자동사와 타동사의 형태가 같다.

자동사를 타동사로 바꾸는 규칙

(が) ~aru	→ (を) ~eru		(が) ~u	→ (を) ~eru
上ぁがる	→ 上ぁげる		開ぁく	→ 開ぁける
集ぁつまる	→ 集ぁつめる		片かたづく	→ 片かたづける
改ぁらたまる	→ 改ぁらためる		進すすむ	→ 進すすめる
かかる	→ かける		立たつ	→ 立たてる
決きまる	→ 決きめる		付っく	→ 付っける
定さだまる	→ 定さだめる		続っづく	→ 続っづける
閉しまる	→ 閉しめる		整ととのう	→ 整ととのえる
止とまる	→ 止とめる		向むく	→ 向むける
始はじまる	→ 始はじめる			
(が) ~ru	**→ (を) ~seru**		**(が) ~u**	**→ (を) ~asu**
合ぁう	→ 合ぁわせる		済すむ	→ 済すます
乗のる	→ 乗のせる		減へる	→ 減へらす
見みる	→ 見みせる		沸ゎく	→ 沸ゎかす
(が) ~oru	**→ (を) ~osu**		**(が) ~iru**	**→ (を) ~osu**
起ぉこる	→ 起ぉこす		起ぉきる	→ 起ぉこす
直なおる	→ 直なおす		落ぉちる	→ 落ぉとす
残のこる	→ 残のこす			
回まゎる	→ 回まゎす			
(が) ~eru	**→ (を) ~asu**		**(が) ~eru**	**→ (を) ~yasu**
出でる	→ 出だす		冷ひえる	→ 冷ひやす
溶とける	→ 溶とかす		増ふえる	→ 増ふやす
減へる	→ 減へらす			
(が) ~reru	**→ (を) ~su**		**(が) ~iru**	**→ (を) ~asu**
壊こゎれる	→ 壊こゎす		生いきる	→ 生いかす

倒たおれる	→ 倒たおす		満みちる	→ 満みたす
汚よこれる	→ 汚よこす			

(が) ~reru	→ (を) ~ru		(が) ~u → (を) ~su	
折おれる	→ 折おる		及およぶ	→ 及およぼす
切きれる	→ 切きる		消きえる	→ 消けす
破やぶれる	→ 破やぶる		外はずれる	→ 外はずす
割われる	→ 割わる			

자동사와 타동사의 형태가 같은 것			예외	
開ひらく	→ 開ひらく		なる	→ する
吹ふく	→ 吹ふく		入はいる	→ 入いれる

자동사와 가능형의 형태가 같은 동사

자동사와 가능형이 같은 동사가 있다. 가능문에는 '대상'이 존재하지만, 자동사문에는 '대상'이 존재하지 않는다.

타동사	자동사	가능형
売うる	売れる	売れる
折おる	折れる	折れる
書かく	書ける	書ける
切きる	切れる	切れる
裂さく	裂ける	裂ける
釣つる	釣れる	釣れる
解とく	解ける	解ける
取とる	取れる	取れる
抜ぬく	抜ける	抜ける
脱ぬぐ	脱げる	脱げる
焼やく	焼ける	焼ける
割わる	割れる	割れる

주요 자동사와 타동사

자동사	
合ぁう	話はなしが合う
開ぁく	窓まどが開く
明ぁける	夜よるが明ける
暖ぁたたまる	冷ひえた体が暖まる
当ぁたる	宝たからくじが当たる
集ぁつまる	お金かねが集まる
改ぁらたまる	法律ほうりつが改まる
荒ぁれる	田畑たはたが荒れる
生いきる	経験けいけんが生きる
痛いたむ	肘ひじが痛む
浮うく/浮うかぶ	船ふねが浮く(浮かぶ)
動うごく	機械きかいが動く
埋うずまる	欠員けついんが埋まる
移うつる	事務所じむしょが移る
生うまれる	子供こどもが生まれる
起おきる	子供が起きる
治おさまる	騒さわぎが治まる
収おさまる	家具かぐが収まる
落おちる	石いしが落ちる
及およぶ	影響えいきょうが及ぶ
降おりる	乗客じょうきゃくが降りる
折おれる	枝えだが折れる
かかる	電話でんわがかかる
欠かける	メンバーが欠ける
片かたづく	部屋へやが片づく
消きえる	火ひが消える
聞きこえる	音楽おんがくが聞こえる
傷きずつく	心こころが傷つく
決きまる	予定よていが決まる
崩くずれる	山やまが崩れる
砕くだける	岩いわが砕ける

타동사	
合ぁわせる	話を合わせる
開ぁける	窓を開ける
明ぁかす	夜を明かす
暖ぁたためる	冷えた体を暖める
当ぁてる	宝くじを当てる
集ぁつめる	お金を集める
改ぁらためる	法律を改める
荒ぁらす	田畑を荒らす
生いかす	経験を生かす
痛いためる	肘を痛める
浮うかべる	船を浮かべる
動うごかす	機械を動かす
埋うずめる	欠員を埋める
移うつす	事務所を移す
生うむ	子供を生む
起おこす	子供を起こす
治おさめる	騒ぎを治める
収おさめる	家具を収める
落おとす	石を落とす
及およぼす	影響を及ぼす
降おろす	乗客を降ろす
折おる	枝を折る
かける	電話をかける
欠かく	メンバーを欠く
片かたづける	部屋を片づける
消けす	火を消す
聞きく	音楽を聞く
傷きずつける	心を傷つける
決きめる	予定を決める
崩くずす	山を崩す
砕くだく	岩を砕く

覆_{くつが}える	政権_{せいけん}が覆る	覆_{くつが}す	政権を覆す

覆くつがえる	政権せいけんが覆る	覆くつがえす	政権を覆す
加くわわる	メンバーが加わる	加くわえる	メンバを加える
転ころがる	ボールが転がる	転ころがす	ボールを転がす
裂さける	布ぬのが裂ける	裂さく	布を裂く
刺ささる	とげが刺さる	刺さす	とげを刺す
定さだまる	目標もくひょうが定まる	定さだめる	目標を定める
冷さめる	湯ゆが冷める	冷さます	湯を冷ます
仕上しあがる	論文ろんぶんが仕上がる	仕上しあげる	論文を仕上げる
閉しまる	ドアが閉まる	閉しめる	ドアを閉める
進すすむ	予定よてい通どぉり、計画けいかくが進む	進すすめる	予定通り、計画を進める
済すむ	宿題しゅくだいが済む	済すます	宿題を済ます
備そなわる	条件じょうけんが備わる	備そなえる	条件を備える
染そまる	手てが黒くろく染まる	染そめる	髪を赤く染める
揃そろう	数かずが揃う	揃そろえる	数を揃える
倒たおれる	木きが倒れる	倒たおす	木を倒す
高たかまる	評判ひょうばんが高まる	高たかめる	評判を溜まる
建たつ	家いえが建つ	建たてる	家を建てる
溜たまる	水みずが溜まる	溜ためる	水を溜める
垂たれる	よだれが垂れる	垂たらす	よだれを垂らす
散ちらかる	部屋へやが散らかる	散ちらかす	部屋を散らかす
散ちる	花はなびらが散る	散ちらす	花びらを散らす
捕つかまる	犯人はんにんが捕まる	捕つかまえる	犯人を捕まえる
つく	冷房れいぼうがつく	つける	冷房をつける
続つづく	会議かいぎが続く	続つづける	会議を続ける
潰つぶれる	会社かいしゃが潰れる	潰つぶす	会社を潰す
強つよまる	圧力あつりょくが強まる	強つよめる	圧力を強める
連つらなる	名前なまえが連なる	連つらねる	名前を連ねる
出でる	結論けつろんが出る	出だす	結論を出す
通とおる	鉄道てつどうが通る	通とおす	鉄道を通す
退どく	敵軍てきぐんが退く	退どける	敵軍を退ける
解とける	問題もんだいが解ける	解とく	問題を解く
届とどく	プレゼントが届く	届とどける	プレゼントを届ける
整ととのう	準備じゅんびが整う	整ととのえる	準備を整える

止とまる	車くるまが止まる	止とめる	車を止める
泊とまる	家いぇに友ともだちが泊まる	泊とめる	家に友だちを泊める
治なおる	病気びょうきが治る	治なおす	病気を治す
直なおる	テレビが直る	直なおす	テレビを直す
流ながれる	音楽おんがくが流れる	流ながす	音楽を流す
なくなる	自信じしんがなくなる	なくす	自信をなくす
鳴なる	ベルが鳴る	鳴ならす	ベルを鳴らす
慣なれる	犬いぬが慣れる	慣ならす	犬を慣らす
煮にえる	黒豆くろまめが煮える	煮にる	黒豆を煮る
逃にげる	犯人はんにんが逃げる	逃にがす	犯人を逃がす
抜ぬける	腰こしが抜ける	抜ぬかる	腰を抜かす
濡ぬれる	服ふくが濡れる	濡ぬらす	服を濡らす
残のこる	ご飯はんが残る	残のこす	ご飯を残す
載のる	新聞しんぶんに記事きじが載る	載のせる	新聞に記事を載せる
入はいる	お茶ちゃが入る	入いれる	お茶を入れる
生はえる	ひげが生える	生はやす	ひげを生やす
剥はげる	ペンキが剥げる	剥はぐ/剥がす	ペンキを剥ぐ(剥がす)
始はじまる	会議かいぎが始まる	始はじめる	会議を始める
外はずれる	ボタンが外れる	外はずす	ボタンを外す
離はなれる	親おやから子供こどもが離れる	離はなす	親から子供を離す
腫はれる	傷口きずぐちが腫れる	腫はらす	傷口を腫らす
冷ひえる	ビールが冷える	冷ひやす	ビールを冷やす
引ひっかかる	着物きもののすそが釘くぎに引っかかる	引ひっかける	着物のすそを釘に引っかける
広ひろまる	噂うわさが広まる	広ひろめる	噂を広める
深ふかまる	友情ゆうじょうが深まる	深ふかめる	友情を深める
塞ふさがる	出口でぐちが塞がる	塞ふさぐ	出口を塞ぐ
ぶつかる	車くるまがぶつかる	ぶつける	車をぶつける
震ふるえる	声こえが震える	震ふるわせる	声を震わせる
減へる	体重たいじゅうが減る	減へらす	体重を減らす
曲まがる	腰こしが曲がる	曲まげる	腰を曲げる
見みえる	星ほしが見える	見みる	星を見る

満_みちる	任期_{にんき}が満ちる	満_みたす	任期を満たす
乱_{みだ}れる	秩序_{ちつじょ}が乱れる	乱_{みだ}す	秩序を乱す
向_むく	関心_{かんしん}が向く	向_むける	関心を向ける
燃_もえる	写真_{しゃしん}が燃える	燃_もやす	写真を燃やす
漏_もれる	ため息_{いき}が漏れる	漏_もらす	ため息を漏らす
焼_やける	パンが焼ける	焼_やく	パンを焼く
休_{やす}まる	体_{からだ}が休まる	休_{やす}める	体を休める
和_{やわ}らぐ	雰囲気_{ふんいき}が和らぐ	和_{やわ}らげる	雰囲気を和らげる
歪_{ゆが}む	顔_{かお}が歪む	歪_{ゆが}める	顔を歪める
弱_{よわ}る/弱まる	力_{ちから}が弱る(弱まる)	弱_{よわ}める	力を弱める
破_{やぶ}れる	ノートが破れる	破_{やぶ}る	ノートを破る
割_われる	ガラスが割れる	割_わる	ガラスを割る

경어

존경 표현을 만드는 방법

1 경어 동사를 사용할 경우(경어 동사표 참조)

2 동사의 ます형 또는 동작성 명사에 「お・ご」를 붙여 규칙적으로 바꾸는 경우

① お(ご)~になる ; 거의 모든 동사에 쓸 수 있지만, 동사의 ます형이 1음절일 때는 사용하지 못한다.

お休_{やす}みになる   쉬시다, 주무시다

② お(ご)~なさる ; ①보다 좀 더 문어적인 표현이다.

お休みなさる   쉬시다, 주무시다

③ お(ご)~です : 보통 현재의 상태나 곧 일어날 것 같은 상태를 나타내며, 「~ている」로 바꿔 쓸 수 있는 경우가 많다. 명사를 수식할 경우에는 「お(ご)~の＋名詞」가 되며, 부정형은 「お(ご)~でない＋名詞」가 된다.

持_もっている   → お持ちです

持っている人_{ひと}   → お持ちの方_{かた}

持っていない人   → お持ちでない方

④ お(ご)~くださる/お(ご)~ください : 「~てくださる」「~てください」로 바꿔 쓸

수 있으며, 높이는 정도가 높기 때문에 널리 쓰인다.

待ﾏまつ   → お待ちください

3 「れる・られる」와 같은 수동형의 형태를 사용하는 경우.
존경의 뜻은 앞의 1, 2보다 약하지만 규칙적이므로 널리 쓰인다. 다만 수동형과 형태가 같기 때문에 혼동을 일으킬 수 있으니 주의해야 한다.

この本ﾎほんは山田ﾔやまだ先生ﾎせんせいが書ﾎかかれました。 이 책은 야마다 선생님께서 쓰셨습니다.

三浦ﾎみうらさんも読ﾎよまれましたか。 미우라 씨도 읽으셨습니까?

겸양 표현을 만드는 방법

1 경어 동사를 사용할 경우(경어 동사표 참조)

2 동사의 연용형, 명사에 「お・ご」를 붙여, 규칙적으로 바꾸는 경우

① お(ご)〜する/いたす : 동사의 경우에 일반적으로 사용되는 형태이다.

お知ﾎしらせする 알려드리다

② お(ご)〜申ﾎもうし上ﾎあげる : ①보다 겸양의 정도가 높다.

③ お(ご)〜いただく : 상대로부터 은혜를 입은 경우에 쓰인다.

④ お(ご)〜願ﾎねがう : 윗사람에게 부탁할 때 쓴다.

⑤ 기타
お(ご)〜にあずかる : 윗사람의 호의나 은혜 등을 입을 경우에 쓴다. ③보다 겸양의 정도가 높다.
お(ご)〜を仰ﾎあおぐ : 윗사람으로부터 가르침이나 지시, 지원 등을 받고 싶을 때 쓴다.
お(ご)〜を賜ﾎたまわる : 고귀한 사람이나 윗사람으로부터 뭔가 받을 경우에 쓴다. 겸양의 정도가 높다.

겸양 표현에 관한 주의 사항

1 「まいる」「申ﾎもうす」「伺ﾎうかがう」등의 겸양 표현을 잘못해서 존경 표현으로 사용하지 않도록 주의하자.

2 「お(ご)〜する/いたす」는 「お・ご」가 붙어 있어서 존경 표현으로 잘못 사용하는 경우가 있다.

3 「いただく」는 '마시다, 먹다'의 쓰일 경우는 공손어가 되는 경우도 있지만, 「もらう」라는

뜻으로 쓰일 때는 겸양어이다. 따라서 아랫사람에게 받을 경우나 윗사람에게 뭔가 하도록 말할 경우에는 쓸 수 없다.

これは子供こどもからもらった物ものです。(○)

これは子供からいただいた物です。(×)

運転うんてん免許証めんきょしょうは三番さんばんの窓口まどぐちでお受取うけとりください。(○)

運転免許証は三番の窓口でいただいてください。(×)

4 「～(さ)せていただく」도 주의해야 할 표현이다.

a. あした休やすませていただいてもよろしいでしょうか。(○)

b. 日本にほん滞在中たいざいちゅうはいろいろといい経験けいけんをさせていただきました。(○)

c. 一言ひとことお礼れいの言葉ことばを述のべさせていただきます。(○)

d. 頭あたまが痛いたいです。帰かえらせていただきます。(○)

즉, a와 같이 허락을 받고 ~하다'라는 뜻으로 쓰인 경우도 있고, b와 같이 '상대방 덕분에 ~이 가능했다'는 경우는 적절한 겸양 표현이다. 그러나 c에서는 단지 자신의 행위를 정중하게 말하려는 것뿐으로 a와 같은 의미는 없다. 또한 d와 같은 말투에서는 '상대방의 의지와 상관없이 ~하겠다'는 강한 의지 표현이 되어 공손한 표현은 되지 않는다.

5 「差さしあげる」는 윗사람에게 물건을 드리거나 자신이 그 사람을 위해서 뭔가를 할 경우에 사용하는 겸양어이다. 그러나 1인칭 주체의 행위로서는 강압적 뜻이 강해지기도 하기 때문에, 「お(ご)～する/いたす」의 형식을 쓰는 것이 좋다.

わたしは先生せんせいにそのニュースを知しらせて差さしあげました。(×)

わたしは先生にそのニュースをお知らせしました。(○)

주요 경어 동사표

기본형	존경	겸양
する	なさる	いたす
来くる	いらっしゃる	まいる/伺うかがう/上あがる
	おいでになる	
	見みえる/お見みえになる	
	お越こしになる	

行いく	いらっしゃる おいでになる	まいる、 伺うかがう/上ぁがる
～てくる/～ていく	～ていらっしゃる	～てまいる/～て上がる
いる	いらっしゃる おいでになる	おる
～ている	～ていらっしゃる	～ておる
訪たずねる/ 訪問ほうもんする		伺うかがう/上ぁがる
言いう	おっしゃる	申もうす/申もうし上ぁげる
思おもう		存じる
知しっている	ご存ぞんじです	存ぞんじている(おる)/ 存じ上げている
食たべる/飲のむ	あがる/召めし上ぁがる	いただく
気きに入いる	気きに召めす	
聞きく	(～が)お耳みみに入はいる	伺うかがう/承うけたまわる/ 拝聴はいちょうする
会ぁう		お目めにかかる
見みせる		お目めにかける/ ご覧らんに入いれる
見みる	ご覧らんになる	拝見はいけんする
～て見みる	～て覧らんになる	
借かりる		拝借はいしゃくする
上ぁげる		差さし上ぁげる
～てあげる		～て差さし上ぁげる
もらう		いただく/ちょうだいする/ 賜たまわる
～てもらう		(目上に)～ていただく
くれる	くださる	
～てくれる	～てくださる	
分わかる/ 引ひき受うける		承知しょうちする /かしこまる

추량 표현 「そうだ」「らしい」「ようだ」「だろう」「みたいだ」의 비교

1 의문사「だれ・なに・なぜ・どのように」등을 동반하는 문장은「だろう」만 쓸 수 있다.

彼は一体何を食べたん<u>だろう</u>。(○)　그는 도대체 뭘 먹었지?
　　　そうだ/ようだ/らしい(×)

2 화자 자신이 경험한 것을 나타내는 표현은「ようだ」뿐이다.

この薬は確かに効く<u>ようだ</u>。(○)　이 약은 확실히 듣는 것 같다.
　　　そうだ/だろう/らしい(×)

단, 약의 효능을 타인에게 들은 경우는 다른 표현도 가능하다.

3「～と思(おも)う」앞에 올 수 있는 것은「だろう」뿐이다.

僕は、彼が多分、来る<u>だろう</u>と思う。(○)　나는 그가 아마도 올 것이라고 생각한다.
　　　そうだ/ようだ/らしい(×)

4 눈으로 직접 보거나 직감적으로 느껴지는 사실을 나타낼 수 있는 것은「そうだ」뿐이다.

あっ、もう少しで崖が崩れ<u>そうだ</u>。(○)　앗! 조금만 있으면 벼랑이 무너질 것 같다.
　　　ようだ/らしい/だろう(×)

단, 자신이 보고 있는 것이 아니라면 다른 표현도 쓸 수 있다.

5 자신의 추론이라는 것을 강조할 때 쓸 수 있는 것은「ようだ」뿐이다.

僕が思った通り、彼は来ない<u>ようだ</u>。(○)　내 생각 대로 그는 오지 않을 것 같다.
　　　そうだ/らしい(×) だろう(△)

단, 자신의 추측과 타인으로부터 들은 것이 일치하는 문맥에서라면 가능하다.

6 직감, 육감으로 느낀 것을 표현하는 것은「ようだ」뿐이다.

誰か玄関に来ている<u>ようですよ</u>。(○)　누군가 현관에 온 것 같아요.
　　　そうです/らしいですよ/だろう(×)

7 상대방의 상태를 바로 앞에서 말할 때는「ようだ」만 쓸 수 있다.

すっかりお元気になられ<u>ようですね</u>。(○)　완전히 건강해지신 것 같아요.
　　　そうですね(△) らしいですよ/だろう(×)

「ば」「と」「たら」「なら」의 차이점

1 뒤의 사항이 시간적으로 앞의 사항을 앞지를 경우에는 「なら」만 쓸 수 있다. 즉 「A なら B」의 형태로 'B가 먼저고, A가 뒤'는 시간적 관계를 나타낸다.

写真を撮る<u>なら</u>カメラを貸してあげよう。(○) 사진을 찍을 거라면 카메라를 빌려줄게.
　　　　ば/と/たら(×)

2 1과 반대로 앞의 사항이 종료되지 않으면 뒤의 사항이 일어나지 않는 경우에는 「なら」는 쓸 수 없다.

この本を読め<u>ば</u>、日本の文化がわかります。(○) 이 책을 읽으면 일본 문화를 알 수 있습니다.
　　　と/たら(○) なら(×)

3 같은 사람이 'A를 한 뒤에 B를 한다'는 의미의 문장으로, 뒷부분에 화자의 명령이나 의뢰 등이 있을 때는 「たら」만 쓸 수 있다.

手紙を書い<u>たら</u>封筒に入れてください。(○) 편지를 쓰면 봉투에 넣어 주세요.
　　　　ば/と/なら(×)

4 「ば」와「なら」는 문말에 과거형을 쓸 수 없다.

電気をつける<u>と</u>、明るくなった。(○) 전기를 켜니 밝아졌다.
　　　たら(○) ば/なら(×)

단, 과거의 습관 등일 때는 사용할 수 있다.

昔は結婚しなけれ<u>ば</u>一人前と認められなかった。(○)
옛날에는 결혼하지 않으면 한 사람의 성인으로 인정받을 수 없었다.

5 「と」는 문장 끝에 의지나 명령 등을 사용할 수 없다.

天気が良けれ<u>ば</u>、出掛けよう。(○) 날씨가 좋으면 나가자.
　　　　たら/なら(○) と(×)

6 동사에 붙어서 '어떤 사건이 일어날 것이다, 또는 일어나고 있다'는 것을 인정하고, 그것에 대한 화자의 의지, 의견을 서술할 때는 「なら」만 쓸 수 있다.

東京へ行く<u>なら</u>、新幹線が便利ですよ。(○) 도쿄에 갈 거라면 신칸센이 편리합니다.
　　　　ば/と/たら(×)

INDEX

정답 및 해설의 Hint 코너와 more에 제시된 학습 정보를 쉽게 찾아볼 수 있도록 한글 자음 순과 かな 순으로 정리했습니다.

가나다 순

「かな」순

네이티브는 쉬운 일본어로 말한다
1000문장 편

부록
mp3 파일
무료 다운로드

최대현 지음 | 592쪽 | 16,000원

일본인이 항상 입에 달고 살고,
일드에 꼭 나오는 1000문장을 모았다!

200여 편의 일드에서 엄선한 꿀표현 1000문장! 네이티브가 밥 먹듯이 쓰는
살아 있는 일본어를 익힌다. 드라마보다 재미있는 mp3 파일 제공.

난이도	첫걸음	초급	중급	고급	목표	교과서 같은 딱딱한 일본어에서 탈출하여 네이티브처럼 자연스러운 일본어 회화 구사하기
대상	반말, 회화체를 배우고 싶은 학습자 일드로 일본어를 공부하는 초중급자					

비즈니스 일본어회화&이메일 핵심패턴 233

부록
- 휴대용 소책자
- mp3 파일
- 무료 다운로드

인현진 지음 | 312쪽 | 16,800원

일본 비즈니스의 모든 상황은 233개 패턴으로 이뤄진다!

전화 통화, 출장, 프레젠테이션, 이메일 등 비즈니스 현장에서 겪게 되는 모든 상황을 모아, 꼭 필요한 233개 패턴으로 압축했다. **비즈니스 회화뿐만 아니라 이메일까지 한 권으로 OK!**

난이도	첫걸음 | 초급 **중급** 고급	시간	80일
대상	일본을 대상으로 비즈니스를 해야 하는 직장인, 고급 표현을 익히고 싶은 일어 초중급자	목표	내가 쓰고 싶은 비즈니스 표현 자유자재로 만들기